工程建设项目管理方法与实践丛书

# 工程项目文化建设

《工程建设项目管理方法与实践丛书》编委会　组织编写
吴　益　陈泓树　刘卫平等　编著

中国建筑工业出版社

图书在版编目（CIP）数据

工程项目文化建设/吴益等编著．—北京：中国建筑工业出版社，2014.1
（工程建设项目管理方法与实践丛书）
ISBN 978-7-112-16125-6

Ⅰ.①工⋯ Ⅱ.①吴⋯ Ⅲ.①工程项目管理-企业文化 Ⅳ.①F284

中国版本图书馆CIP数据核字（2013）第273506号

工程建设项目管理方法与实践丛书
**工程项目文化建设**
《工程建设项目管理方法与实践丛书》编委会　组织编写
吴　益　陈泓树　刘卫平等　编著

\*

中国建筑工业出版社出版、发行（北京西郊百万庄）
各地新华书店、建筑书店经销
北京科地亚盟排版公司制版
北京云浩印刷有限责任公司印刷

\*

开本：787×960毫米　1/16　印张：12½　字数：245千字
2014年3月第一版　　2014年3月第一次印刷
定价：**35.00**元
ISBN 978-7-112-16125-6
（23214）

**版权所有　翻印必究**
如有印装质量问题，可寄本社退换
（邮政编码　100037）

作为《工程建设项目管理方法与实践丛书》之一，本书力图在介绍成功企业经验的基础上，对项目文化的内涵及特征、项目文化在工程项目管理中的作用、项目文化的结构以及项目文化的塑造与构建等方面进行一次梳理和归纳。本书针对项目文化建设的科学路径，重在解析项目文化如何承接企业文化，如何优化设计项目文化的管理职责、资源配置，以及建设项目文化如何策划、实施和考核评价，并辅以大量的实际操作案例，通过建立和运行务实有效的项目文化管理体系，以文化绩效提升项目管理成效，助力于企业使命、愿景和核心价值观的实现，反哺于企业的快速健康发展。全书图文并茂，案例丰富，可读性和操作性强，既可供施工企业管理人员在工程实践中学习参考，也可作为高等院校相关专业师生的教学参考书。


责任编辑：范业庶
责任设计：张　虹
责任校对：张　颖　赵　颖

# 《工程建设项目管理方法与实践丛书》

## 编写委员会

**主　任：** 李福和　张兴野

**副主任：** 何成旗　郭　刚　赵君华　曾　华　李　宁

**委　员：**（按姓氏笔画排序）

　　　　　马卫周　戈　菲　计　渊　李效飞　杨　扬

　　　　　杨迪斐　张　明　张军辉　范业庶　易　翼

　　　　　胡　建　侯志宏　栗　昊　蒋志高　舒方方

　　　　　蔡　敏

# 丛书序言一

## 做项目管理实战派

　　实践如何得到理论指导，理论又如何联系实际，是各行业从业者比较困惑的问题，工程建设行业当然也不例外。这些困惑的一个直接反映，便是如汗牛充栋般的项目管理专著。这些专著的编撰者主要有两类，一类来自于大专院校和科研院所的专家教授，一类来自于长期实践的项目经理，虽然他们也在努力地尝试理论联系实际，但由于先天的局限性，仍表现出前者着力于理论，后者更偏重于实践的特点。而由攀成德管理顾问公司的咨询师编写的这套书，不仅吸收了编写者多年的研究成果，同时汲取了建筑施工企业丰富的实践经验，应该说在强调理论和实践的有机结合上做了新的探索。这也是攀成德公司的李总邀请我为丛书写序，而我欣然应允的原因所在。

　　咨询公司其实是软科学领域的研发者和成果应用者，他们针对每一个客户的不同需求，都必须量身打造适合的方案和实施计划，因此需要与实际结合，不断研究新的问题，解决新的难题。总部设在上海的攀成德公司，作为国内一家聚焦于工程建设领域的专业咨询公司，其术业专攻的职业精神和卓有成效的咨询成果，无疑是值得业界尊敬的。

　　此次攀成德公司出版的这套项目管理丛书，是其全面深入探讨工程项目管理的集大成之作。全书共有 11 本，涉及项目策划、计划与控制、项目团队建设、项目采购、成本管理、质量与安全管理、风险管控、项目管理标准化、信息化以及项目文化等内容，涵盖了项目管理的方方面面，整体上构架了一个完整的体系；与此同时，从每本书来看，内容又非常专注，专业化的特点十分明显，并且在项目内容细分的同时，编写者也综合了不同专业工程项目的特点，涉及的内容不局限于某个细分行业、细分专业，对施工企业具有比较广泛的参考价值。

　　更难能可贵的是，本套丛书顺应当今项目大型化、复杂化、信息化的趋势，立足项目管理的前沿理论，结合国内建筑施工企业的管理实践，从中建、中交、中水等领军企业的管理一线，收集了大量项目管理的成功案例，并在此基础上综合、提炼、升华，既体现了理论的"高度"，又接了实践的"地气"。比如，我看到我们中建五局独创的"项目成本管理方圆图"也被编入，这是我局借鉴"天圆

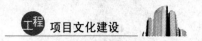

地方"的东方古老智慧，对工程项目运营管理和责任体系所做的一种基础性思考。类似这样的总结还有不少，这些来自于实践，基于中国市场实际，符合行业管理规律的工具，都具有推广价值，我感觉，这样的总结与提升是非常有意义的，也让我们看到了编写者的用心。

来源于实践的总结，最终还要回到实践。我希望，这套书的出版，可以为广大的工程企业项目管理者提供实在的帮助。这也正是编者攀成德的理想：推动工程企业的管理进步。

是为序。

中国建筑第五工程局有限公司董事长

# 丛书序言二

人们有组织的活动大致可以归结为两种类型：一类是连续不断、周而复始，靠相对稳定的组织进行的活动，人们称之为"运作"，工厂化的生产一般如此，与之对应的管理就是职能管理。另一类是一次性、独特性和具有明确目标的，靠临时团队进行的活动，人们称之为"项目"，如建设万里长城、研发原子弹、开发新产品、一次体育盛会等。周而复始活动的管理使人们依靠学习曲线可以做得很精细，而项目的一次性和独特性对管理提出了重大挑战。

项目管理的实践有千百年的历史，但作为一门学问，其萌芽于70年前著名的"曼哈顿计划"，此后，项目管理渗透到了几乎所有的经济、政治、军事领域。今天，项目管理的研究已经提升到哲学高度，人们不断用新的技术、方法论探讨项目及项目管理，探索项目的本质、项目产生和发展的规律，以更好地管理项目。

工程建设领域是项目管理最普及的领域之一，项目经营、项目管理、项目经理是每个工程企业管理中最常见的词汇。目前中国在建的工程项目数量达上百万个，在建工程造价总额达几十万亿，工程项目管理的思想、项目管理的实践哪怕进步一点点，所带来的社会效益、环境效益、经济效益都是无法估量的。

项目管理是系统性、逻辑性很强的理论，但对于多数从事工程项目管理的人来说，很难从哲学的高度去认识项目管理，他们更多的是完成项目中某些环节、某些模块的工作，他们更关注实战，需要现实的案例，需要实用的方法。基于此，我们在编写本丛书时，力求吸取与时俱进的项目管理思想，与工程项目管理结合，避免陷入空谈理论。同时，精选我们身边发生的各类工程项目的案例，通过案例的分析，达到抛砖引玉的目的。作为一家专业和专注的管理咨询机构，攀成德的优势在于能与众多企业接触，能倾听到一线管理者的心声，理解他们的难处；在于能把最新的管理工具应用到管理的实践中，所以这套丛书包含了工程行业领导者长期的探索、攀成德咨询的体会以及中国史无前例的建设高潮所给予的实践案例。书中的案例多数来自优秀的建筑企业，体现行业先进的做法及最新的成果，以期对建筑企业有借鉴意义和指导作用。

理论可以充实实践的灵魂,实践可以弥补理论的枯燥。融合理论和实践,这是我们编写本丛书的出发点和归宿。

# 前　言

企业文化是一种实践，其本质不在于知，而在于行。

当企业管理爬升到企业文化这个高度，并使企业文化变成时尚管理方式时，文化应该成为一种智慧，以便您可以更好地辨析……

当让利（压价）、垫资、拖欠工程款，这些悬在施工企业头上的"三把刀"并未全然逝去时，商业欺诈风险、员工素质风险、技术进步风险、质量风险、安全风险、环保风险、成本风险、违约风险、通货膨胀风险，以及企业品牌风险等接踵而来，施工企业随时可能被竞争对手那炙热的刀俎无情宰割。

所有风险，只能通过企业优化管理来规避和化解。而且，每破解一道风险，都必须付出人力、物力和财力的无限成本。于是，从人治、法治到心治，成为人们梦寐以求的管理境界。

可是，对建筑企业90%的管理者来说，心治不是"天方夜谭"就是"海市蜃楼"。

被誉为心治模式并冠以"高级管理形态"、"竞争软实力"等美名的企业文化，总是受限于建筑行业和施工企业的特殊性而难以收效，企业文化并没有成为"引领企业发展"的灵丹妙药。归根到底，作为建筑企业的基本单元——项目经理部及其员工总是南征北战、四海为家，人员整体素质偏低、流动性大、管理不规范、安全事故多发等特性，让业已成熟的企业文化在项目落地时成为最大难题，文化之脉拦腰切断的现象比比皆是。

让建筑企业的领导、文化管理人员和项目经理"头痛"的是，当人们津津乐道施工项目是建筑企业的"窗口"、生产管理的"基点"和经济效益的"源泉"时，鲜有以施工项目的文化建设为切入点，实现项目管理的根本变革，藉以提高项目运作质量，使之成为施工企业生存发展的永恒主题。针对项目文化建设的科学路径，本书重在解析项目文化如何承接企业文化，如何优化设计项目文化的管理职责、资源配置，以及建设项目文化如何策划、实施和考核评价，并辅以大量的实际操作案例，通过建立和运行务实有效的项目文化管理体系，以文化绩效提升项目管理成效，助力于企业使命、愿景和核心价值观的实现，反哺于企业的快速健康发展。

实践出真知，实干才兴企。上海攀成德企业管理顾问公司不啻长期开展项目

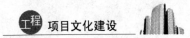

文化的理论研究，更重要的是从大型建筑企业集团、重大施工项目的鲜活实践找到心治的答案。荟萃专家的研究成果和"土专家"富有泥土气息的最宝贵经验，中国建筑业第一本施工项目文化建设的专著才得以呈现在您的面前，并期望得到您的指正。

本书第一、二章由吴益编写，第三、五章由陈泓树编写，第四章由廖佳璐编写，第六章由李璐、鲍丽、吴波编写，第七、八章由刘卫平编写。全书由何成旗、吴益进行统筹修改、增删、审定。本书在编写过程中，曾参考和引用了部分国内外有关的研究成果和文献，在此一并向相关机构和作者，以及所有帮助过本书编写和出版的朋友们表示诚挚的感谢！

编　者

# 目　录

1 概述 ································································· 1
　1.1 项目文化的定义 ················································· 1
　　1.1.1 文化 ························································ 1
　　1.1.2 企业文化 ···················································· 2
　　1.1.3 项目文化 ···················································· 4
　1.2 项目文化的结构 ················································· 8
　　1.2.1 基础部分 ···················································· 9
　　1.2.2 主体部分 ···················································· 9
　　1.2.3 外在部分 ···················································· 10
　1.3 项目文化的内涵 ················································· 10
　1.4 项目文化的功能 ················································· 13
　　1.4.1 提升员工凝聚力 ············································· 13
　　1.4.2 提升项目生产力 ············································· 14
　　1.4.3 提升社会影响力 ············································· 15

2 项目文化建设 ·························································· 18
　2.1 项目文化建设的基本理念 ······································· 18
　　2.1.1 项目文化建设的"四个准则" ································ 18
　　2.1.2 项目文化建设的"九条铁律" ································ 24
　2.2 项目文化建设的指导思想 ······································· 25
　　2.2.1 坚持以文化铸魂为根本，实现文化立企 ····················· 25
　　2.2.2 坚持以文化育人为关键，实现文化治企 ····················· 26
　　2.2.3 坚持以文化塑形为目标，实现文化强企 ····················· 28
　2.3 项目文化建设的根本任务 ······································· 30
　　2.3.1 为客户创造价值 ············································· 30
　　2.3.2 为员工创造价值 ············································· 31
　　2.3.3 为企业创造价值 ············································· 32

  2.3.4 为社会创造价值 ………………………………………… 32
 2.4 项目文化建设的主要目标 ……………………………………… 32
  2.4.1 满意客户 ……………………………………………… 33
  2.4.2 成就员工 ……………………………………………… 33
  2.4.3 回报企业 ……………………………………………… 33
  2.4.4 造福社会 ……………………………………………… 34
 2.5 项目文化建设的基本内容 ……………………………………… 34
  2.5.1 加强精神文化建设 …………………………………… 34
  2.5.2 加强制度文化建设 …………………………………… 37
  2.5.3 加强行为文化建设 …………………………………… 38
  2.5.4 加强物质文化建设 …………………………………… 38
  2.5.5 加强品牌文化建设 …………………………………… 39
  2.5.6 加强和谐文化建设 …………………………………… 40
 2.6 项目文化建设的过程方法 ……………………………………… 43
  2.6.1 项目文化建设策划 …………………………………… 45
  2.6.2 项目文化建设实施 …………………………………… 48
  2.6.3 项目文化建设考评 …………………………………… 49
  2.6.4 项目文化建设改进 …………………………………… 52

**3 项目文化建设职责** …………………………………………………… 56
 3.1 机构设置 ………………………………………………………… 56
  3.1.1 领导机构 ……………………………………………… 56
  3.1.2 主管部门 ……………………………………………… 56
  3.1.3 其他部门 ……………………………………………… 59
 3.2 人员配置 ………………………………………………………… 60
  3.2.1 主管人员岗位设置 …………………………………… 60
  3.2.2 主管人员岗位职责 …………………………………… 60
  3.2.3 其他人员及职责 ……………………………………… 62
 3.3 项目文化队伍建设 ……………………………………………… 62
  3.3.1 企业层面的措施 ……………………………………… 62
  3.3.2 项目层面的措施 ……………………………………… 65
 3.4 职责考核 ………………………………………………………… 67

**4 项目文化建设资源** …………………………………………………… 68
 4.1 人力资源 ………………………………………………………… 68

4.1.1　工作组织 ………………………………………………… 69
　　4.1.2　绩效管理 ………………………………………………… 69
　　4.1.3　教育培训 ………………………………………………… 69
　　4.1.4　职业发展 ………………………………………………… 70
　　4.1.5　员工权益 ………………………………………………… 70
　　4.1.6　员工满意 ………………………………………………… 71
4.2　建设经费 ……………………………………………………… 73
4.3　基础设施 ……………………………………………………… 74
　　4.3.1　总体要求 ………………………………………………… 74
　　4.3.2　临建房 …………………………………………………… 75
4.5　技术支持 ……………………………………………………… 76
4.6　信息与知识 …………………………………………………… 78
　　4.6.1　信息 ……………………………………………………… 80
　　4.6.2　知识 ……………………………………………………… 82
4.7　相关方关系 …………………………………………………… 84

# 5　项目文化建设策划 …………………………………………… 86

5.1　策划原则 ……………………………………………………… 86
5.2　策划时机 ……………………………………………………… 86
5.3　策划主体 ……………………………………………………… 87
5.4　策划内容 ……………………………………………………… 87
　　5.4.1　建设计划 ………………………………………………… 90
　　5.4.2　建设计划说明 …………………………………………… 95
5.5　策划评审 ……………………………………………………… 105
5.6　策划交底 ……………………………………………………… 105
5.7　策划调整 ……………………………………………………… 106

# 6　项目文化建设实施 …………………………………………… 107

6.1　建设内容 ……………………………………………………… 107
　　6.1.1　建设精神文化 …………………………………………… 107
　　6.1.2　建设制度文化 …………………………………………… 117
　　6.1.3　建设行为文化 …………………………………………… 122
　　6.1.4　建设物质文化 …………………………………………… 128
　　6.1.5　建设品牌文化 …………………………………………… 130

6.1.6　建设和谐文化 ································································· 141
6.2　建设要求 ············································································ 145
　　6.2.1　学习型组织建设 ····························································· 145
　　6.2.2　建设员工队伍 ································································ 148
　　6.2.3　开展联建联动 ································································ 153
　　6.2.4　与思想政治工作和精神文明建设相结合 ······························· 153
　　6.2.5　保障员工文化权益 ·························································· 154
6.3　文化活动管理 ······································································ 156
　　6.3.1　活动策划 ······································································ 156
　　6.3.2　工作实施 ······································································ 156
6.4　《企业视觉形象识别工作手册》内容要求 ································· 157

# 7　项目文化建设考核评价 ··································································· 162

7.1　考核评价主体 ······································································ 162
7.2　考核评价方式 ······································································ 162
　　7.2.1　评价策划 ······································································ 163
　　7.2.2　问题整改 ······································································ 163
　　7.2.3　检查报告 ······································································ 163
　　7.2.4　工作总结 ······································································ 164
7.3　考核评价内容 ······································································ 166
7.4　考核评价结果 ······································································ 175
7.5　考核评价结果应用 ································································ 175

# 8　项目文化建设绩效 ········································································ 178

8.1　定性绩效 ············································································ 178
8.2　定量绩效 ············································································ 181

**参考文献** ··························································································· 185

# 1 概　　述

"文化",是一个既新鲜又古老的词汇。

企业文化,是一种新的现代企业管理理论。

20世纪80年代,随着日本企业的异军突起,文化与管理渐渐联姻,文化落地、管理升级,孕育出"企业文化"这一新兴管理理论。伴随欧美管理技术与东方文化的深度交融或撞击,企业文化逐渐转变成为一种具有时尚特性的管理手段,倍受人们关注,并走进中国的不同企事业单位,自然也成为施工企业的探索和实践。

## 1.1 项目文化的定义

### 1.1.1 文化

对"文化"的定义,总是"仁者见仁,智者见智"。根据美国文化学家克罗伯和克拉克洪1952年出版的《文化:概念和定义的批评考察》统计,世界各地学者对文化的定义有160多种。而到目前,仅是学术界关于企业文化的概念就多达300多种。

从词源上说,西方的"文化"一词源于拉丁文 culture,原意是"耕作、培养、教育、发展、尊重"。1871年,英国人类学家爱德华·泰勒在《原始文化》一书中对文化这样表述:"知识、信仰、艺术、道德、法律、习惯等凡是作为社会的成员而获得的一切能力、习性的复合整体,总称为文化"。

在中国,"文化"一词古已有之。2500多年前,《易经》中早就有"观乎天文,以察时变;观乎人文,以化成天下"的提法。"文"最初的字形是上下重叠的两个"×",有点象"交"字,应当是在物体上做个记号,以表示某个物件是属于某人生产、使用或者所有。

汉代许慎的《说文解字》称:"文,错画也。象交文。今字作纹。"可见"文"的最初意义应当是"纹"。"化",古字为"匕",会意字。甲骨文上从二人,象二人相倒背之形,一正一反,以示变化。汉代许慎的《说文》称"匕,变也"。段注曰:"上匕之而下从匕谓之化"。可见,"化"的最初意义应当是变化。

从上可见,"文"的本义,系指各色交错的纹理,有文饰、文章之义,其引申为包括语言文字在内的各种象征符号,以及文物典章、礼仪制度等。"化"本义为变易、生成、造化,所谓"万物化生",其引申义则为改造、教化、培育等。

"文"与"化"结合成为"文化"一词,其意义应当是指人类根据以往的实践经验所获得的知识、经验进行创造文明成果的过程。

《现代汉语词典》这样解释"文化":

——人类在社会历史发展过程中所创造的物质财富和精神财富的总和,特指精神财富,如文学、艺术、教育、科学等。

——考古学用语,指同一个历史时期的不以分布地点为转移的遗迹、遗物的综合体。同样的工具、用具、制造技术等是同一种文化的特征,如仰韶文化、龙山文化。

——运用文字的能力及一般知识:学习文化、文化水平。

### 1.1.2 企业文化

(1) 企业文化的定义

企业文化,又称公司文化。这个词的出现,始于 20 世纪 80 年代初。自诞生之日起,专家学者就致力于企业文化概念的讨论和界定,提出了种种表述。到目前为止,企业文化如同文化一样,国内外尚无公认的定义。

在国外,西方学者们一般把企业文化界定在一个组织中形成的独特的文化观念、价值观念、信念、历史传统、价值准则、行为规范等。关于企业文化的本质,他们较为一致的看法是企业价值观,认为企业价值观是使职工情绪饱满、互相适应和协调一致,做出不同凡响的贡献,产生有高度价值的目标感的关键,是企业兴旺、成功、发展的原动力。IBM 的董事长小托马斯·沃森认为,一个组织与其他组织相比较取得何等成就,主要决定于它的基本哲学、精神和内在动力,这些比技术水平、经济资源及组织机构、革新和选择时机等重要得多。约翰·P·科特和詹姆斯·L·赫斯克特认为,企业文化是指一个企业中各个部门,至少是企业高层管理者们所共同拥有的那些企业价值观念和经营实践;是指企业中一个分部的各个职能部门或地处不同地理环境的部门所拥有的那种共同的文化现象。特雷斯·E·迪尔和阿伦·A·肯尼迪认为,企业文化是价值观、英雄人物、习俗仪式、文化网络、企业环境。威廉·大内认为,企业文化就是传统氛围构成的公司文化,它意味着公司的价值观,诸如进取、守势或是灵活——这些价值观构成公司员工活力、意识和行为的规范;管理人员身体力行,把这些规范灌输给员工并代代相传。美国麻省理工学院教授爱德·加沙因认为,企业文化是在企业成员相互作用的过程中形成的,为大多数成员所认同的,并用来教育新成员的一套价值体系（包括共同意识、价值观念、职业道德、行为规范和准则等）。

在国内，全景式管理的观念认为，企业文化是企业内的群体对外界普遍的认知和态度。还有的学者和企业家认为，企业文化就是企业在各种社会活动及经营活动中，努力贯彻并实际体现出来的，以文明取胜的群体竞争意识，包括价值观、道德、精神追求、生活习俗、思维方式等。企业文化就是在一个企业的核心价值体系的基础上形成的，具有延续性的共同的认知系统和习惯性的行为方式——这种共同的认知系统和习惯性的行为方式使企业员工彼此之间能够达成共识，形成心理契约。

通过参考多种资料，对所认识企业文化的概念归纳如下：

企业文化是企业领导人精心培育、全体员工一致认同、经过长期塑造形成的共同遵循的价值观、目标愿景、行为规范以及物化到企业全部活动、所有流程、各个层面的灵魂个性和精神动力，是企业长期形成的一种稳定的文化传统，以及企业员工共同的价值观、思想信念、行为准则、道德规范的总和，其实质是企业员工的经营理念、价值观和企业精神。

从狭义理解来说，企业文化是指企业所形成的具有自身个性的经营宗旨、价值观念和道德行为准则的综合。

（2）企业文化的内涵

企业文化，从本质上看是一种产生于企业之中的文化现象，它的出现与现代企业管理在理论和实践的发展密不可分，从管理的角度看，企业文化是为达到管理目标而应用的管理手段。因此，企业文化不仅具有文化现象的内容，还具有作为管理手段的内涵。

——企业文化是以企业管理主体意识为主导、追求和实现一定企业目的的文化形态，并不是企业内部所有人员的思想、观念等文化形态的大杂烩。从一定意义上说，企业文化就是企业管理的文化。

——企业文化是一种组织文化，有自己的共同目标、群体意识及与之相适应的组织机构和制度。企业文化所包含的价值观、行为准则等意识形态和物质形态均是企业群体共同认可的，与无组织的个体文化、组织的民族文化、社会文化是不同的。

——企业文化是一种"经济文化"。企业文化是企业和企业职工在经营生产过程和管理活动中逐渐形成的，离开企业的经济活动，就不可能有企业文化的形成，更谈不上形成优秀的企业文化。

（3）企业文化的表现形式

企业文化的表现形式多种多样，主要包括企业哲学、企业精神、企业目标、企业道德、企业风尚、企业民主、企业形象、企业价值观、企业素质和企业行为规范等；企业经营哲学是企业文化的核心。

### 1.1.3 项目文化

（1）项目

对于"项目"，《质量管理体系 基础和术语》（GB/T 19000—2008）是这样定义的：

项目（project）：由一组有起止日期的、协调和受控的活动组成的独特过程，该过程要达到符合包括时间、成本和资源约束条件在内的规定要求的目标。

注1：单个项目可作为一个较大项目结构中的组成部分。

注2：在一些项目中，随着项目的进展，其目标才逐渐清晰，产品特性逐步确定。

注3：项目的结果可以是单一或若干个产品。

（2）建设工程项目

根据《建设工程项目管理规范》（GB/T 50326—2006）的定义，建设工程项目（construction project）：为完成依法立项的新建、扩建、改建等各类工程而进行的、有起止日期的、达到规定要求的一组相互关联的受控活动组成的特定过程，包括策划、勘察、设计、采购、施工、试运行、竣工验收和考核评价等，简称为项目。

（3）施工项目

根据《工程建设企业项目管理实施手册》的定义，施工项目：企业自工程施工投标开始至保修期满为止的全过程中完成的项目。

除特别说明外，本书所指的"项目"仅指施工项目。

（4）项目文化

关于"项目文化"，目前还没有一个准确的概念，中国建筑业协会调研员、企业文化专家、精细管理工程创始人刘先明认为："项目文化是施工企业为主体和主导，以工程建设项目为施工企业文化建设的延伸点、载体、阵地，而建设、呈现、沉淀的一种文化。项目文化是施工企业的企业文化延伸、落地到工程项目上的具体表现；项目文化是施工企业文化的重要支撑，项目文化是对施工企业文化的丰富。"

我们认为，"项目文化"的定义除了考虑与企业文化的承载关系外，还要考虑文化主体的相关类别和项目预期目标等因素。因此，本书将"项目文化"定义为：

"项目文化是企业精神文化、制度文化、行为文化、物质文化和品牌文化在项目管理的实践，通过员工与相关方贯彻企业核心价值观，实现项目目标的所有过程和要素的总和。"

案例 1-1：中交某集团铁路项目文化建设实施意见（节录）

第一条 铁路项目文化建设的必要性

（略）

第二条 铁路项目文化建设的内涵

铁路项目文化是公司文化的重要组成部分。铁路项目文化建设是指公司员工在铁路施工中，在主动认知、全面适应铁路管理运行规则、及时对项目管理各环节进行整合互补的基础上，传承文化的优良传统，吸收铁路文化的优秀特征，建设更为优秀、具有"快、严、精、融"特色的铁路项目文化，并形成卓有成效的管理过程。

第三条 铁路项目文化建设的基本原则

（一）同一性原则。参加铁路施工的各项目部文化建设在公司总项目部的统一要求和策划下开展。尤其在对外形象展示上，更要强化公司文化的同一性。

（二）开放性原则。要以开放、包容的态度，在严格遵循铁路系统推行的"六位一体"和"四个标准化"要求的基础上，按照认知、适应、吸收、提升的思路，推进文化的创新，规避因文化差异而造成的文化冲突带给项目的风险。

（三）传承性原则。在铁路项目文化建设过程中，必须坚持文化竞优、诚信、坚韧、和谐的优良传统，实现文化的优势互补、创新提升，引领铁路项目更好地发展。

（四）适应性原则。要务求实效，通过开展铁路项目文化建设，适应各方需求，做到和谐共处，用心浇注各相关方的满意。

（五）人本性原则。坚持以人为本，在加强宣传教育、引领全员参与的基础上，着重处理好各单位员工、不同文化背景员工间的关系，发挥最大合力。

第四条 铁路项目文化建设应该吸收的优秀特征

（一）严明的执行纪律。

"半军事化"管理的文化传承，成就了铁路建设队伍极其严格的全员执行力，在关键时刻能形成极为强大的团队战斗力。

（二）顽强的工作作风。

铁路工程自然环境恶劣，施工条件艰苦，造就了铁路建设队伍特别能吃苦的战斗精神、特别顽强的工作作风以及迅速行动的快速反应能力。

（三）严格的信用评价。

信用评价体现了铁路建设系统对质量管理高标准严要求的管理特征。在日常内业资料的质量、整改的及时性、迎检的重视程度上表现出高度的责任感。

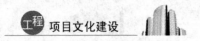

（四）全员的索赔意识。

表现在极强的索赔意识、极高的索赔技巧和极细的日常索赔资料的积累上。从开工初期同设计院的沟通，工程技术人员对图纸的审核，施工过程中的设计变更、索赔补差，到竣工后取得的可观成果成为了推进铁路建设企业发展的主要效益源泉之一。

（五）超强的沟通能力。

无论是和上级单位、地方政府的工作交往，还是和业主、监理及当地百姓的沟通，铁路建设企业逢山凿路、遇水架桥的工作特点在一定程度上练就了企业为了市场开拓、工程进展，该出手时就出手的超强公关意识和沟通能力。

（六）双赢的形象推介。

构件的外观质量、施工的宏大场面、"硬""软"文化齐头并进的样板工点，形象推介中既以选择性的局部"亮点"提升整体形象，又以只增加局部投入节约了成本。

第五条 铁路项目文化建设的重点内容

（一）强化全公司一盘棋观念，建设"令出必行"的执行文化。各分部必须坚决贯彻执行总项目部的统一要求，创造性地开展工作。总项目部要充分发挥凝聚、指挥和协调的作用，强化大局意识，促进各分部之间的资源共享和共同进步；严明纪律，打造中交××的铁军形象；严格奖惩，强化全员执行力。

（二）坚决践行公司核心价值观，锻造"诚信高效"的品牌价值。要以"干一流的、做最好的"核心价值观指导实践，施工中坚决树立"效率就是效益，拼搏就能成功"的观念，以施工节点的多项第一和信用评价的最好成绩确立同台竞技的优势地位。要锻造"三快一猛"的工作作风，强调"反应快、决策快、行动快，勇猛奋战"，及早筹划、及早进场、及早开工，努力比别人早一点、快一步、好一些，提升队伍决策果断、雷厉风行的综合素质。

（三）大力培育安全文化，建设"本质安全型"项目。要树立"安全第一，生命至上"的观念，认真落实铁路系统关于安全管理的各项制度；强化制度执行力，坚决落实一票否决权；做好各项应急预案，注重实用价值；加强环境和水资源保护，强化环境和谐；强化分包单价的合理性，避免因价格过低导致事故的发生。从而以人的安全、机械安全、系统安全和制度规范、管理科学来保证项目的安全运行。

（四）高度重视信用评价工作，建设"全方位精细"的精细文化。

1．着力于信用评价意识的提升。公司总部要为信用评价开展发挥引领和指导作用。各铁路项目部都要从公司整体信用评价的大局出发，坚决摒弃轻视和小我的意识，树立全员、全过程、全方位的精细理念，做好信用评价工作要求的每一个细节。

2. 着力于信用评价办法的研究。项目部管理人员都要认真学习评价办法，研究检查的方式、内容、要求，使整个检查评价体系内化于心。要重视和检查人员的提前沟通工作，做好迎检准备。

3. 着力于加强外业管理和内业资料完善。严格按照规范设计施工，严格各施工流程，提高现场质量；加强现场安全管理，杜绝各类重大事故的发生。做好资料的整理和归档工作，确保资料的准确性、可追溯性、闭合性以及与施工的同步性。

4. 着力于迎检程序的制度化。要转变迎检观念，树立"检查就是提升管理"的理念；要重视迎检接待工作，高标准地进行迎检现场的布置，设立专门迎检小组，形成迎检的流程化、制度化。

5. 着力于问题的迅速整改和及时反馈。对于每一次检查发现的问题，要以积极的态度迅速组织整改，防止"扣分点"再次扣分。整改落实的结果要及时反馈。

（五）全员重视索赔艺术，建设"全员全过程创效"的效益文化。

（略）

（六）注重内部员工的文化融合，建设"企员互惠"的人本文化。

1. 注重引进人才的文化融合。要认真学习引进人才在铁路施工方面的管理经验和方法，多听取意见；提供舞台，发挥他们的专业优势；多一些包容和尊重，关心他们的思想和生活状况，帮助解决实际困难，使其尽快融入公司大家庭。

2. 加强对员工的人文关怀。多交心，勤沟通，随时做好思想工作；适当增加资金投入，活跃职工业余文化生活；妥善处理好工、休矛盾，合理安排员工休假，在员工遇到婚、丧、病等特殊情况时，尽量满足员工需求。

3. 加大铁路施工人力资源管理。要保持铁路工程施工核心管理人员和关键岗位技术人员的相对稳定，保证工程施工管理的连续性；要加强铁路施工管理人员，特别是关键岗位人员的系统培训，要高度重视新进厂毕业生的岗前培训和岗间培训。

4. 抓好《员工礼仪手册》的学习和践行。针对铁路项目文化中重视礼仪接待的特征，项目部要高度重视，在组织员工认真学习的基础上，抓好践行，发挥文化优势，树立高素质形象。

（七）高度重视征地拆迁，建设"内和外顺"的和谐文化。

（略）

（八）完善架子队管理模式，提升整体管控水平。

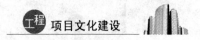

(略)

(九)坚持统一策划,展示集团公司整体高素质形象。

在执行《形象视觉识别系统实施手册》规范要求的基础上,在以下四个方面要高度重视:

1. 形象亮点的选择性。总项目部应根据项目情况,从大小临建起,有目的地确定一两个样板工点,并进行专门研究;总项目部要从大局考虑,建立专项资金,投入亮点工程打造,既为迎检奠定基础,同时也能以点带面,拉动工程整体提升。

2. 理念宣传的同一性。铁路项目部都只能宣传集团公司文化核心理念,尤其是核心价值观、服务信条和"效率就是效益,拼搏就能成功"的理念;各个分部新开工项目办公区域或梁、板场必须树立主打集团公司核心价值观的大型广告牌;所有会议室必须主打集团公司服务信条,同时可宣传开展项目文化建设、总项目部统一确立的项目管理目标或核心理念;线下工程大型构筑物上、大型隧道入出口上方等要有明显的司名标志;工程的重要部位或工程所在地城市,要树立建设精品铁路、造福当地百姓之类的大型宣传广告牌。

3. 视觉识别的规范性。铁路系统标准化管理中对某些方面形象标识设计有明确要求的,按业主要求执行;业主没有明确要求的,一律按形象视觉识别系统的规范性要求执行。尤其需要注意各分部门牌、安全帽、工装、彩旗、幻灯片模板、桌牌等细节的规范统一。

4. 标牌布置的人本性。项目部的标牌在摆放位置、标牌内容等方面应注重营造温馨的人文关怀氛围。如施工妨碍公共交通的致歉牌、交叉路口的指示牌、办公生活区的功能导引牌、施工现场的告诫和警示牌、食堂的健康提示、厕所的卫生提示、安全叮咛用语、员工自编的警句、员工家属的善意提醒等,既要体现对员工的关爱,又要体现对来宾的尊重,既要体现细微关怀,又要体现大企业风范。

第六条 铁路项目文化建设的组织领导

(略)

第七条 本意见适用于公司参与铁路项目建设的单位和项目部。

## 1.2 项目文化的结构

对应于企业文化的研究实践,项目文化的结构应该由三部分并分为三个层次组成,即基础部分、主体部分、外在部分。其中,基础部分为核心层次,主体部分为基本层次,外在部分为表面层次。如果将项目文化的结构形象地比作一棵大树,那么,树根是基础部分,树干是主体部分,花、果、叶则是外在部分。

应该注意的是,项目文化结构的基础部分、主体部分和外在部分是密不可分的,它们之间相互影响、相互作用,共同构成了项目文化的完整体系,并完整体现企业文化。其中,基础部分是最根本因素,它决定着其他两个部分。因此,在研究项目文化三重结构的时候(图1-1),要区分层次,紧紧抓住这一核心,才能取得准确、全面的认识,并通过项目文化建设让价值观内化于心、固化于制、外化于行。

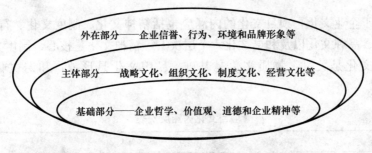

图1-1　项目文化三重结构图

### 1.2.1　基础部分

项目文化结构的基础部分,主要是反映企业哲学、企业价值观、企业道德、企业精神等企业的意识活动组成,这是项目文化的最核心的结构层次,是结构中的稳定因素。项目文化中最受社会、政治、经济、文化影响的就是结构的基础部分,就像大树根须吸收水分和土壤一样,以决定树的生长。一旦扎下了根,树就会慢慢成长,属于比较稳定的状态;项目文化结构的基础部分是企业文化的决定因素,如果结构基础扎实,结构主体和结构就比较牢靠。

### 1.2.2　主体部分

项目文化结构的主体部分,主要是反映企业文化中的战略文化、组织文化、制度文化、经营文化等组成,应能够集中体现企业发展战略、企业组织、企业制度和企业经营机制。

项目文化的主体结构,是企业文化的主要承载者,受核心层的影响,因而影响表面层次。这个主体结构就像大树的树干和深刻的年轮体现树的生命一样,结构的主体部分以特有的形态,来体现企业文化核心结构的内容和要求,并以此形成企业文化的个性特征,形成企业的重要特色。

### 1.2.3 外在部分

项目文化结构的外在部分,主要是反映企业的信誉、行为、环境、形象等最表层的因素,是人们直接可以感受到的,从直观上把握不同企业文化的依据。就好比种什么树开什么花、结什么果一样,结构的外在部分以其外在的表层形式体现核心层和基本层的水平、规模和特色。通过项目文化的外层结构,人们可以了解到其所属企业特有的哲学、价值观念、精神风貌和道德规范。

### 1.3 项目文化的内涵

对应于企业文化,项目文化的内涵应包括精神文化、制度文化、行为文化、物质文化、品牌文化以及和谐文化六个层次——精神文化是核心,制度文化是保证,行为文化是关键,物质文化是基础,品牌文化是形象,和谐文化是目标(表 1-1)。

**项目文化内涵层次表**　　　　　　　　　　　表 1-1

| 内涵层次 | | 基本释义 |
| --- | --- | --- |
| 项目文化 | 精神文化（核心） | 包括人本文化等,依据公司使命、愿景和价值观,确定项目的使命、愿景(目标)、价值观(口号)等 |
| | 制度文化（保证） | 包括流程文化等,贯彻项目使命、愿景、价值观的组织机构、管理职责及规章制度等 |
| | 行为文化（关键） | 包括活动文化、廉洁文化等,指贯彻项目使命、愿景、价值观的员工行为规范等 |
| | 物质文化（基础） | 包括器物文化、显性文化等,指贯彻项目使命、愿景、价值观的各种物质设施和提供的产品和服务等 |
| | 品牌文化（形象） | 包括形象文化、露天文化等,指贯彻项目使命、愿景、价值观对企业声誉、外部认知的影响等 |
| | 和谐文化（目标） | 包括社区文化、大众文化、民族文化等,指贯彻项目使命、愿景、价值观对公众、自然和社会的影响等 |

从表 1-1 看出,从精神文化、制度文化、行为文化、物质文化、品牌文化到和谐文化,既是一个由内涵到外延的过程,也是一个由虚到实、由里到表的过程,更是一个由企业到社会的过程。

(1) 精神文化

在企业文化中,精神文化是指企业生产经营过程中,受一定的社会文化背景、意识形态影响而长期形成的一种精神成果和文化观念,包括企业精神、企业经营哲学、企业道德、企业价值观念、企业风貌等内容,是企业意识形态的总和。而项目的精神文化,是最深层次的文化内涵,集中体现项目的使命、愿景和价值观，是制度文化、行为文化、物质文化、品牌文化以及和谐文化的升华，属于上层建筑范畴，成为整个项目文化系统的核心理念。

（2）制度文化

在企业文化中，制度文化是企业为实现自身目标对员工的行为给予一定限制的文化，它具有共性和强有力的行为规范的要求，主要包括企业领导体制、企业组织机构和企业管理制度三个方面，规范着企业的每一名员工，如工艺操作流程、厂纪厂规、经济责任制、考核奖惩等都是企业制度文化的内容。而项目的制度文化是项目管理机构、职责及相应规章制度等内控要素，成为项目文化系统的运行保障。

案例1-2：上海建工某公司以先进理念融入工地管理，推动形成科学规范的管理制度

项目是企业管理的基础，是企业效益的源泉，是企业一切工作的重心。公司始终把用先进的理念来引领管理、支撑管理作为工地文化建设的重点，努力推动形成科学的管理制度。比如，在深化总承包管理方面，倡导"求实创新"的理念，坚持实际、实效、科学，推动开展总承包、总集成大讨论活动，形成了大型工程总包与施工的分层管理、特大型工程工作组协调管理、中小型工程劳务分包与专业分包管理或包定额消耗管理等行之有效的管理模式，并努力形成科学、规范的管理制度。又比如，以"优质、文明、高速、低耗"施工方针为引领，推动深化质量、文明、环保、效益等综合管理，形成了施工总交底和分部分项交底的双重交底制度、"样板先行、优化工艺、统一标准、全面施工"的创优流程。在实施项目技术经济责任承包过程中，倡导"公平公正"的理念，树立尊重劳动的观念，树立广大职工是主体的意识，推动实施责、权、利相统一的项目承包细则，形成了从承包抵押、效益评估到考核兑现的合理分配机制，使国家、集体和个人利益得到有效保障。公司还大力倡导"绿色、环保、低碳"的理念，推动开展创建节约型工地活动，形成了节能减排工作体系和绿色施工规范制度，尤其在世博中心等重大工程建设中，采用太阳能、LED照明、冰蓄冷系统、雨水收集等新的节约环保施工技术，使工程成为第一个荣获美国LEED金奖的世博会绿色建筑。

（3）行为文化

在企业文化中，行为文化是指员工在生产经营及学习娱乐活动中产生的活动文化，包括企业经营、教育宣传、人际关系活动、文娱体育活动中产生的文化现象，以及企业行为的规范、企业人际关系的规范和公共关系的规范（企业行为包括企业与企业之间、企业与顾客之间、企业与政府之间、企业与社会之间的行

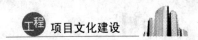

为)。而项目的行为文化,是员工及其对相关方施加影响,在项目管理全过程中所体现的工作作风、精神面貌和人际关系等的动态体现,是团队精神和价值观的折射,成为项目文化系统的行动支持。

(4) 物质文化

在企业文化中,物质文化是指产品和各种物质设施等构成的器物文化,是一种以物质形态加以表现的表层文化。企业生产的产品和提供的服务,是企业生产经营的成果,是物质文化的首要内容;企业的生产环境、厂貌、建筑、广告、产品包装与设计等也构成企业物质文化的重要内容。而项目的物质文化,是由员工及其对相关方施加影响,共同创造或形成的物质设施,或共同提供的产品和服务,是以物质形态显现出来的表层项目文化,成为项目文化系统的表层体现。

(5) 品牌文化

在企业文化中,品牌文化是指优秀的企业文化向社会大众展示着企业成功的管理风格、良好的经营状况和高尚的精神风貌,从而为企业塑造良好的整体形象,树立信誉,扩大影响,是企业巨大的无形资产。而项目的品牌文化,是由员工及其对相关方施加影响,集中产生的对企业和社会的综合效应,成为项目文化系统的社会影响。

**案例 1-3:中铁某局贵广铁路项目部创新求精,以点带面,打造企业品牌**

在贵广铁路标准化及企业文化建设过程中,项目部始终坚持着高标准,处处体现着创新精神。项目上下所有员工都充分发挥着各自的聪明才智,力争每一处都做到人无我有,人有我精。根据不同需要将营区和工地分为三个层次进行设置,比如各级重点关注的两安隧道二号斜井营区,场地、便道全部硬化,修建了金鱼池、喷泉、石刻、瀑布等景观,种植了花草树木,与自然相得益彰、融为一体,让职工工余有休闲、怡情的场所;隧道内,所有管线悬挂笔直平顺,施工完成的仰拱整洁平整,围岩量测点、里程标识、安全宣传灯箱、各类警示标牌等一应俱全。移动式卫生间彰显着人文关怀。中心水沟的防护栏全部安装了警示霓虹灯,电缆槽、边沟侧安装了反光隔离柱和道钉,在车灯的映照下流光溢彩、格外醒目,既起到了安全作用,又达到了美化效果。该项目部成为全线闻名的标准化建设文明工地。以点带面,其他工地也进行了因地制宜的绿化、修饰,充分体现了绿色环保和建设和谐社会的主旨。

以两安隧道二号斜井为代表的项目工地,由于企业文化建设在贵广铁路全线独具特色,业主、兄弟单位、地方政府部门等多次派人前来观摩学习,周边百姓也经常将工地作为景点照相留念。

(6) 和谐文化

在企业文化中，和谐文化是以和谐的内涵为理论基础的文化体系，是当今世界最先进的思想文化，是创建和谐社会与创建和谐世界的前提条件。只有在和谐文化的引导下，才能创造出和谐的政治与和谐的经济，只有用和谐文化培养出来的人，才能自觉地去创建和谐社会与和谐世界。而项目的和谐文化，是由员工及其对相关方施加影响，实现人与人的团结和睦和员工自身的身心和谐，促进项目与周边人文、自然和社会的和谐相处、协调发展。

## 1.4 项目文化的功能

文化是一种力量。工程项目是施工企业拓展市场的阵地，优化资源的平台，造就人才的舞台，创造效益的源头，展示形象的窗口和党风廉政的关口。项目文化是企业文化在项目管理的具体实践，是贯彻企业价值观、经营理念和品牌建设的基础载体，建设项目文化的目的，就是打造项目的硬实力、软实力，形成企业发展的推动力（图1-2）。

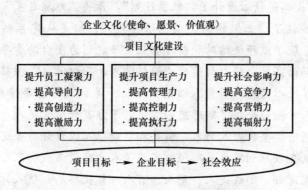

图1-2 项目文化功能因素及其相互关系图

### 1.4.1 提升员工凝聚力

人，是企业管理最重要、最宝贵的资源。企业文化是一种柔性管理方式，存在于员工的无意识行动中，是企业优秀精神的提炼和企业发展的导向。项目文化运用企业文化的力量，体现的形式是"润物有声，如水之性"，"上善若水，水善利万物而不争"，最终推动企业的持续发展。因此，项目文化最重要的是以先进的文化引导人、激励人、塑造人，从而实现项目员工的凝聚力（见表1-2）。

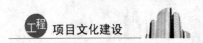

项目文化提升员工凝聚力表　　　　　表1-2

| 目的 | | 基本释义 |
|---|---|---|
| 提升员工凝聚力 | 导向力 | 统一员工共同的价值观，彰显企业文化的导向功能，明明白白告诉员工什么是企业大力提倡的，什么是企业要求做到的，什么是企业大力反对的，什么是企业坚决禁止的，通过发挥导向作用培养员工争当一流、勇挑重担的进取精神，兢兢业业、认真负责的敬业精神，精益求精、一丝不苟的工作作风，通过提升导向力聚焦项目目标和员工力量，发挥"目标主导，文化引领"功能 |
| | 创造力 | 通过项目贯彻使命、愿景和价值观，培养人、锻炼人、造就人、尊重人，从而调动员工的积极性、主动性和创造性，激发员工个人价值得以实现的愿望，打造思想统一、目标一致，而且相互支持、密切协作、精诚团结的优秀团队 |
| | 激励力 | 用使命和愿景激发项目员工的精神力量，发挥个人在团队的智慧与能量，使工作由被动管理向自我驱动、自我提升、自我激励的方式转变，引爆员工的内心力量，产生强大的裂变效应和激励力 |

案例1-4：安徽某建工集团将项目文化建设融入到人才培养工作中

具体措施：一是每月举办两次培训。解决缺什么，补什么，利用工作空闲进行集中"充电"；二是精心设计了"雏鹰计划"，开展"雏鹰之星"每月评选，营造氛围；三是实施了"三级梯队"动态培养模式；四是从完善制度和机制上入手，创造性地开展了以师徒结对和制订职业生涯规划为平台的青年培养模式；五是从企业文化层面高度，精心打造出"诚信做事，用心做人"项目核心文化，对青年人才起到了拴心留人，凝聚人心的效果；六是加大与青年情感与思想交流，定期召开青年人才座谈会，了解思想和需求，千方百计为青年人才打造了一个快速发展的绿色通道。坚持以人为本，引导和帮助职工设计好符合企业需要和个人自身发展的职业生涯规划及发展路径，实施了人才建设三级梯队管理，建立人才档案，动态跟踪考评，形成选人、用人、育人一体化格局，使人才培养工作制度化、规范化和经常化，做到了在企业发展的同时，员工也同样得到发展进步。

### 1.4.2 提升项目生产力

企业文化是一种无形的生产力，一种潜在的生产力，是企业弥足珍贵的无形资产和精神财富。企业文化实践告知我们，企业文化作为支配一切管理活动的灵魂，在现代经济大潮中显示着它独具的文化管理魅力。因此，项目文化成为项目管理的精神动力和重要实践，成为实现项目目标的内生力和驱动力——建设项目文化，就是通过形成项目的管理力、控制力和执行力，从而提升生产力（表1-3）。

项目文化提升项目生产力表　　　　　　　　　　　　　　　表1-3

| 目的 | | 基本释义 |
|---|---|---|
| 提升项目生产力 | 管理力 | 建设项目文化，就是按目标导向推进思想建设、组织建设、队伍建设、品牌建设等，加强项目管理要素协调和过程控制，更好地畅通交流信息渠道，防范项目风险，控制各类冲突，提升管理的适宜性和有效性 |
| | 控制力 | 以贯彻价值观为核心，项目文化建设的过程和内容，正是项目管理制度建设、作风建设和反腐倡廉建设的过程和内容，通过管理的有效约束，进一步落实岗位工作职责、规范员工行为，形成风清气正、高效运行的项目管控机制 |
| | 执行力 | 项目文化推行的人本理念、安全质量子文化、标准化文明工地等，有助于构建和谐的施工关系、和谐劳动关系和和谐社会关系，使项目安全质量工作持续稳定可控，实现施工中人、物、系统、制度的和谐统一，促进施工生产，实现现场与市场的良性互动 |

**案例1-5：中铁某局宁武A3标项目部抓好项目文化建设提升企业软实力**

宁武A3标经理部承担着宁武高速公路全长7.216478公里的施工任务，地处闽北山区，地形复杂、交通不便、雨水天气多、管理难度大。该经理部从物资机械管理入手，将公路项目管理融入"四个标准化建设"（管理制度标准化、人员配备标准化、现场管理标准化、过程控制标准化），严控责任成本过好"紧日子"。

严格制度，净化物资机械管理环境，杜绝干部职工亲属在项目上分包工程、物资采购供应以及机械租赁等行为；严格录用，提高物资机械使用效率。采取招议标方式选择劳务队伍，入场后，对进场机械设备（包括小型机具）进行技术状况验证，对每台设备做机械管理现场标识，进场以来已完成124台机械设备的进场验证和81台机械设备的过程验证，验证合格率100%；严格管控，畅通物资机械周转途径，经理部无论是对从公司其他项目调入的活动板房、钢筋加工棚、地磅、钢模及小型机具等，还是现场招标准入的大宗材料和"三材"，一律由项目材料员、搅拌站长和试验室主任共同执行验规格、验品种、验质量、验数量的"四验"制，验收入库，极大地畅通了物资机械的周转；严格管理，优化物资机械工序衔接，经理部采用数控立式钢筋弯曲中心和数控弯箍机对钢筋进行加工，提高钢筋利用率。

### 1.4.3　提升社会影响力

企业兴旺在于管理，管理优劣在于文化。企业文化是拓展经营业务，提升社会美誉的灵魂和旗帜。因此，优秀的项目文化，对内是团队凝聚力，对外是品牌

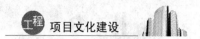

影响力,而且必将通过团队凝聚力的提升,积极塑造和展示良好的社会形象,不断提升企业的社会影响力(表1-4)。

项目文化提升社会影响力表　　　　　　　　表1-4

| 目的 | | 基本释义 |
|---|---|---|
| 提升社会影响力 | 竞争力 | 项目文化渗透到管理体制、施工生产和激励机制的每个环节和整个过程之中,就能驱动员工正直诚信、敬岗爱业、进取创新、追求卓越,为施工企业直接带来良好经济效益和社会效益,从而使文化管理成为企业管理的最高境界和行业竞争的最高形态 |
| | 营销力 | 建设项目文化,能有效地促进施工企业的品牌传播和形象提升,能更多、更好地增加施工企业的发展空间、机会,能直接带来后续工程项目的承建,项目文化能体现出文化营销的功效 |
| | 辐射力 | 建设项目文化,就是通过对员工进行良好的精神塑造并对相关方施加影响,实现企业价值观在项目基层的持续渗透,通过员工以个体形象构筑企业整体形象,实现向业主、监理、分包商以及社区、政府组织辐射的功能,树立企业的良好形象 |

**案例1-6:中铁某局二公司京福项目文化建设受好评**

京福项目建点伊始,就注重抓好项目文化建设,在工地建设和驻地建设上,营造浓厚的企业文化氛围,起到了宣传企业,鼓舞员工士气,规范员工行为的作用,有效地促进了项目管理。

项目根据任务的特点和局京福项目部的要求,确定了"树立一个信念:没有难点,只有亮点!誓达两个目标:信誉争第一,效益创一流!确保三大效益:社会效益、经济效益、人才效益!实现四个满意:让社会、业主、公司、参建员工满意!"的总体工作目标,班子成员以"打破常规不违规,强攻硬上不蛮干"的气魄,"干好工作是基础,做好管理是关键,三大效益是目标,团队精神是保障"的建设理念,发挥了班子的核心作用。项目严格按照《企业文化手册》和《企业视觉识别系统管理手册》的要求,加强文明工地建设、标准化工地建设、"三工建设"和工地宣传,全方位地宣传企业品牌和深刻内涵。

项目紧密围绕施工生产推进安全文化建设。为确保施工生产安全,培育安全文化,采取了各项措施:一是从制度上加强安全文化管理,建立健全各种安全质量组织、保证体系、管理制度,签订安全生产目标责任书56份;二是从思想上树立安全文化理念,以"人人抓安全、时时讲安全、事事要安全"的安全目标贯穿于安全活动始终;三是建立起完整的应急体系,包括爆炸、触电、防汛等应急预案;四是持续开展"班前安全宣誓"活动,营造出浓厚的安全生产文化氛围。

项目以"创先争优"活动为契机,打造亮点工程,创建样板标准示范工程。项目部按照"抓源头、抓过程、抓细节"的要求,强化日常检查,做到一丝不苟、精益求精，真正把技术标准、管理标准、作业标准全面落到实处，做到人员配置标准化、管理制度标准化、现场管理和过程控制标准化，全面纵深推进争先创优打造亮点工程，取得明显成效。

2010年6月下旬，在闽北地区遭遇历史罕见的重大洪涝灾害之际，项目积极组织投身抗洪抢险。并于灾后购置4万余元方便面、花生油、大米等慰问品对受灾较重的南岸村、芹口村等进行慰问。投入大型机具帮助灾后重建，赢得了群众对铁路建设者的信任和赞扬。在地亩拆迁等问题上得到了地方的大力协助，征迁工作进展快速有序，为全面组织会战，打好攻坚战，快速掀起大干高潮奠定了坚实的基础。

# 2　项目文化建设

建设项目文化贵在过程，重在结果。

明确项目文化建设的基本理念、指导思想、根本任务、主要目标、基本内容和过程方法，才可能以卓越的过程创取卓越的结果，确保项目文化具有先进性、时代性和独特个性，并具有持续的适宜性、充分性和有效性，为推动企业稳定协调健康发展做出贡献。

## 2.1　项目文化建设的基本理念

项目文化是项目的灵魂。管理大师彼得·德鲁克说："企业成功靠的是团队，而不是个人"。一个团队要想有战斗力，首先要有凝聚力。要有凝聚力，就要通过共同的价值观把不同专业、不同年龄、不同地域、不同理想的员工聚合在一起，形成项目的利益共同体和命运共同体。在施工合同约定的工期内，文化建设需要经过一个时期的总结提炼，并在实践中不断变革、创新和发展，不断进行升华和提高，是一个不断积累、传播、整合与变革的过程，循环往复，永无止境。因此，建设先进的项目文化，需要遵循"四个准则"和"九条铁律"。

### 2.1.1　项目文化建设的"四个准则"

项目管理的约束条件具有复杂性和多样性，决定项目文化建设必须对重要的因素和过程统筹兼顾，坚持与实施"三次经营"战略相结合，与制度创新和管理变革相结合，与思想政治工作和精神文明建设相结合，与人才强企和队伍建设相结合。

（1）坚持与实施"三次经营"战略相结合

当前，有人把项目管理的"第三个新走向"描述为"建筑业的项目管理由工程现场为主的初级阶段，进入了以项目全过程经营为特色的新走向"，提出项目管理的双向延伸，即延伸上游的投标，延伸下游的竣工跟踪，并提出实施法人管项目，实行"三次经营"的全过程管理——"一次经营"为施工前的投标经营；"二次经营"为施工中的过程经营；"三次经营"为竣工后的追踪经营。

因此，项目管理既是一种经营活动，同时又是观念塑造的过程，其实质就是一种文化的培育与建设。愿景、使命与价值观是战略管理至关重要的"基石"：

愿景告诉人们"我们将成为什么",使命回答"我们因何而存在",价值观是企业始终恪守的价值标准和行为准则。围绕"三次经营"总结、提炼愿景、使命和价值观的过程,就是项目对于自身进行战略思维的过程。

(2) 坚持与制度创新和管理变革相结合

项目管理,简单地说就是管"人"和理"事"两大职能,其实质就是项目人和事的组织与协调,使人"做正确的事"、"正确的做事"和"把事做正确"。这与项目文化建设的目的是一致的。管理对"人"而言,就是创造一个好的工作环境,让员工乐于其间工作,并能发挥专长,成就一番事业;对"事"而言,就是制定一个切实可行的发展目标和管理规范,组织团队高效执行,并对其结果进行考核和反馈,实现组织的高效能和管理的高效益。

制度创新与管理变革的实质是文化创新。项目文化创新,就需要破除理念陈旧、机制不活、体制僵化、技术落后,实现项目管理与制度建设与时俱进。企业制度创新的任务,就是要建立良好的工作机制、制定合理的管理制度,形成明确的行为导向,激励先进,鞭策落后,有效保护和激发员工的工作热情和敬业精神,让好人自律,能主动积极地做好工作、干成事业,让动机不纯的坏人得到应有的惩罚,使其行为有所收敛,想干坏事也干不成。制度创新与管理变革,就是要用文化引导制度建设,以企业先进的理念,整合、修订、不断完善和改进管理制度,剔除现有制度中不合理的成分,使整个文化理念和制度体系主次得当、系统协调、结构清晰、条例清楚,保持企业上下文化的同一性和统一性,规范企业行为,理顺管理秩序,有效提升项目管理水平。

案例 2-1:中交某工程局立足于将安全规律转化为自觉行为,扎实推进项目安全文化

1. 加强组织保证,建立网络体系

工程局成立了三级安全文化建设领导小组,对安全文化建设进行组织、领导、安排和部署;建立起"三级负责、四位一体"的安全文化网络体系,即"决策层、管理层和操作层"各负其责,党政工团一体化运作的安全文化网络体系。

2. 典型示范引导,探索有效路径

2008年,根据不同工程类型、专业领域,工程局选择了4家具有一定基础的公司,设立了5个安全文化建设示范点。2009年、2010年、2011年,连续3年召开安全文化建设现场推进会,通过典型引路、由点及面,推动在全局范围内广泛开展安全文化建设。

3. 强化教育培训,安全意识内化于心

"珍爱生命,安全为天"、"安全为了生产,生产必须安全"、"任务再重重不

过安全,金钱再贵贵不过生命"……工程局通过持续地宣传、引导,逐渐让安全文化的理念扎根于员工的心中。如宁波分公司预制厂对新进员工进行三级安全教育,教育结束后发放安全护照和上岗证,对全体员工实施分批、分岗位的日常安全教育,对特殊工种坚持培、复训,确保100%持证上岗率等。

4. 发挥制度优势,安全理念固化于制

安全制度是安全文化从理念向行为转化的保障。2009年10月,工程局印发了《安全生产管理制度汇编》,建立起了一整套安全管理的规章制度。在安全文化建设领导小组的统一协调下,建立安全管理层级网络,建立健全安全生产责任制,制定安全绩效考核制度,创造性地建立适合企业需要的安全管理机制、制度。此外,还尝试了安全否决制、兼职协管员联检制、"劳务工业余学校"培训制等,使"要我安全"的刚性接受,转化为"我要安全"的主动理念。

5. 创新活动载体,安全观念外化于行

在安全文化建设中,工程局不仅充分发挥固有的设施、平台作用,体现宣传推进的强势,而且不断创新安全文化建设载体,努力体现安全文化建设的人文内涵,促使安全文化落实到员工的行为、行动上。

创建手机短信平台。利用现代通信技术,定期进行安全温馨短信群发,如:"家人的嘱咐期盼您、同事的啰嗦祝福您、醒目的标牌告诫您、我们的短信提醒您——注意安全"。

家企互动,发掘亲情力量。向员工家属寄出一封"有一种叮咛叫注意安全,有一种等待叫平安归来"的充满温情的安全家书,家属们迅速反馈情深意切的平安寄语。

布设安全文化墙。以漫画、警句和员工自己创作的作品图文并茂地展示安全文化,使员工随时感受到安全文化的震撼和警示作用。

编印《安全文化建设手册》。不少项目部都制定了一套切合实际、融入心中的安全文化手册,人手一本,以班组为单位,班前班后组织员工学习,努力提高安全意识。

开展生动活泼的特色活动。如安全大脚印——鼓励员工开工前先在地上勾画的大脚印上站一会儿,想想自己一天的准备工作是否做到位,还有没有疏忽遗漏的地方;安全镜——工作前照一照,确认着装是否符合要求;开展"安全卫士"和季度"安全之星"评比活动,举办"说案例,讲安全"故事会,组织各项安全知识技能竞赛和安全生产知识辩论赛,"安全伴我行"演讲比赛等。

6. 开放开明建设,实现全方位渗透

工程局的安全文化建设坚持走了一条开放之路,把所有员工及其家属、业主、监理、劳务工、农民工都吸纳到安全文化建设这一共同体之中,实现了文化的全方位渗透。请业主、监理一起参与，听取他们的意见和建议；邀请指挥部安全专家授课，监理公司对安全质量同步验收，建立与业主、监理共建联检制，逐步建立起安全文化建设的长效机制，确保人、机、物、环境四要素的安全；组织员工家属参观生产线，召开员工家属亲情恳谈会，发放安全调查亲情卡；将农民工纳入到创建主体，对农民工实行送教上门，建立起了农民工安全信息卡、安全知识教育卡，开设劳务工业余学校。

(3) 坚持与思想政治工作和精神文明建设相结合

文化建设、思想政治工作和精神文明建设，是属性和结构不同的概念。但在化解矛盾、和谐关系、提升素质、改进管理等方面，目标一致，内容互补，彼此渗透，相互影响，有着异曲同工之功效。项目思想政治工作和精神文明建设，是确保项目和谐稳定的重要保证和精神动力，也是项目文化建设的重要载体。

在项目文化建设中，要充分发挥思想政治工作的优势，深入开展文明和谐创建活动，用社会主义精神文明和核心价值观占领文化建设的主阵地，通过良好的文化养成，不断提升员工素质，促进企业和谐。因此，要牢固树立"以人为本"的管理思想和全心全意依靠工人阶级办企业的方针，充分发挥国有企业的传统与组织优势，形成一种党政工团齐抓共管，项目上下全员参与，合力创建、共谋发展的文化运行工作机制，基于人性、彰显个性、融于管理、体现特色，深入开展群众性的文明和谐创建和员工喜闻乐见的各种文化体育活动，有效地加强和改进项目思想政治工作和精神文明建设，陶冶员工情操，活跃内外氛围，扩大对外影响，提升团队素质，为企业又好又快发展提供强大的精神动力、智力支持和思想保证。

案例2-2：某石油勘探局油建一公司以项目文化建设促进项目战斗力的不断提升

和谐之家：增添施工项目的亲和力和凝聚力

施工项目一般都远离基地，项目人员远离亲人。油建一公司对此在项目文化建设中融入"家"的理念，以人为本，增强施工项目的亲和力和凝聚力。

这个公司从夯实基层基础工作入手，先后投入160多万元，为25个基层队建起了"职工之家"，配备了电脑、办公桌、电视机、DVD、文件柜等办公和娱乐用品。他们还为每名职工制作了胸卡，为每个施工队照了"全家福"。建立了项目职工之家活动室，设置了图书角，配备了各类期刊、技能书籍，设置了报架、施工队荣誉柜，为职工营造了良好的文化生活氛围。

针对外部市场施工项目增多的实际，这个公司积极改善项目职工生活工作环境，为职工宿舍配备空调、电视机；给施工队食堂配备了电冰箱、冰柜、消毒柜、蒸饭箱、整套的炊具等设施。同时提高职工伙食标准。

为了让外部项目施工人员安心一线生产，这个公司不断拓展"家"的范围，建立了外出项目施工人员家庭承诺服务制度，为项目职工家人看病用车、陪护病人、接送子女上学、房屋修缮等方面提供服务，解决了项目职工后顾之忧。每逢节假日，这个公司党政主要领导还组织慰问团，赴一线慰问职工，让一线职工处处体会到企业大家庭的温暖。为解决外部项目职工"找对象难"的问题，组成了"红娘团"，采用多种交流和联谊方式，为大龄青年牵线搭桥解决婚姻问题，通过努力，已有十多名长年在外部项目施工的大龄青年职工解决了婚姻问题。

创效之家：提高项目的市场影响力和战斗力

全面培养项目职工"家"意识，提高"家"的影响力和战斗力，是这个公司项目文化建设的重要内容。提高靠精品创优彰显项目在市场中的影响力和战斗力。近两年，共创建出忠武管道、新疆牙哈油田产能建设等局级以上精品工程几十项，涌现出一批用户满意单位和名牌施工队，企业知名度和影响力逐步扩大。

在项目队伍建设中，这个公司结合本项目实际，制定出符合实际的队伍管理办法和文明行为考核细则，强化队伍的约束管理，将道德规范、行为准则执行情况纳入考核职工、奖励先进、利益分配和竞争上岗的轨道，激励约束职工养成良好的职业行为习惯，提高队伍的整体素质，确保队伍在外部市场建功立业。还注重发挥先进典型的示范、带头作用，先后在项目中树立了"全国五一劳动奖章"获得者沈××、李×，以及公司专业带头人等先进典型。通过在项目中开展向典型学习，让典型引路，提高了项目职工队伍的战斗力。

在兰银输气管道建设中，这个公司承建了兰银管道白银支线工程54公里管线施工任务。项目部向参建职工提出，要实现"构建和谐兰银线、打造样板EPC"的施工标准的目标，精细管理项目成本、科学规范施工。经过6个月的艰苦奋斗，最终比业主计划提前两个月，在全线8家分包商中率先完成主体施工任务，工程优良率达93%以上，被业主誉为敢打硬仗的"威武之师"。

绿色之家：增进项目的社会融合力和辐射力

这个公司把"绿色施工"理念，导入到施工项目之中，全力打造施工项目与施工环境的和谐。提出：项目施工走到那里，就把文明洒到那里。

心系百姓，用真诚营造施工和谐。为了营造和谐的施工氛围，这个公司项目部积极主动地为施工当地百姓办实事，办好事。公司在港枣成品油管道工程施工中，项目部组织30多名职工主动帮助当地村民收割了近百亩农作物，同时针对当地部分沟渠破损严重的状况，项目部主动抽调人员设备，义务为当地村民修筑了20多条水干渠，彻底消除了防洪事故隐患。项目职工的文明举止赢得了当地政府和村民的信赖和支持。

在冀宁管道施工中，这个公司项目部得知一当地女子的两个孩子考上大学，却因家境贫困而无力支付学费后，这个公司项目部100多名职工纷纷慷慨解囊，踊跃捐款，在一天的时间内，为困难学子捐献了7700元人民币。此事在当地一时传为美谈，既融洽了油地关系，又为项目施工营造了和谐的工作氛围。

绿色施工，创造施工与自然的和谐。在项目施工中，这个公司把保护环境作为项目特色文化建设的核心内容。在全体项目职工中积极倡导"绿色施工"理念，实施施工环境保护"一票否决"制度，提出了"不落地一粒施工废弃物，施工污染为'零'"等口号。同时，在项目施工管理上，加大"绿色施工"的现场监督管理，实现了"绿色施工"目标。

近几年来，这个公司下江南、上高原、进新疆，施工的足迹遍及国内20多个省、市、自治区，承建了上百项外部工程项目，全部实现了重大工业污染破坏事故为零，污染物达标排放，固体废弃物实现无毒害化处置的环境保护工作目标。

(4) 坚持与人才强企和队伍建设相结合

项目文化建设的实质就是塑造人的灵魂，用明确的愿景目标与价值理念，告诉员工干什么，怎么干，干到什么程度，为大家指明努力的方向，使大家模糊的认识清晰起来，工作的信心增强起来，创造的热情高涨起来，达到为项目、为企业、为社会、为他人、为自己负责的自主管理的境界，从而实现人生价值的自我管理、自我提升。

实施"人才强企"战略，就是要通过项目文化建设，营造这样一种氛围：由知识的积累和对项目贡献的大小来决定员工的发展，让员工能够靠知识、技术和业绩来获得报酬、地位与尊重，使拥有知识和技术的员工与拥有职位和权力的管理者同样获得应有的尊严和价值。同时，要大力加强人才队伍建设，建立和完善人才队伍的选拔、培养、使用、考核和管理机制，在发现人才、凝聚人才、造就人才、用好人才上不断探索实践，着力培养经营管理人员和精通专业技术的高素质员工队伍，提高企业推动科学发展的能力和促进科学发展的水平。

案例2-3：上海建工某公司把工地文化延伸到分包队伍，推动建立合作共赢的运行机制

近年来，随着公司施工规模不断扩大，分包队伍数量逐年增加，劳务民工已经成为工程建设的主要力量，因此，该公司始终把劳务民工这一群体作为深化工地文化建设的重点对象，努力用先进的管理理念、和谐的氛围推动形成与分包队

伍合作共赢的运行机制。比如，公司通过建立合格分包商名录，邀请分包队伍参加公司重大会议；定期召开分包会议，评选和表彰一批工程质量、安全文明施工创优和合同履约等方面的优秀分包单位、施工班组长以及操作能手；把分包队伍作为公司的第四层次职工，作为管理的基础，纳入企业总体管理，实行制度化管理。公司还从维护农民工职工的合法权益和生命安全出发，采取措施全面强化对施工现场一线操作人员的准入管理，成立领导小组，建立专职工作小组，对施工现场作业人员进行信息登记，分批分期进行体检、岗前培训，合格的发放健康证、安全和上岗操作证，在公司、工地建立网上信息平台，进行动态管理。同时，加强施工现场门卫管理，对进出施工现场人员进行检查登记把关，严禁无证人员进入施工现场，形成了长效管理机制。

在实施"走出去"战略中，公司从"合作共赢"的理念出发，制定了"带队出海"的方针，把长期合作、有信誉的分包队伍带出去，共同打品牌、拓市场。在天津，公司和优秀分包队伍一起合作，在小伙巷工程共同打造了很有影响力的观摩工程，为承接后续任务打下了基础。公司在天津承接了42万平方米的商业街文化中心特大型项目以后，广大分包队伍纷纷自愿要求与公司共赴艰难、共创品牌，为工程开好局、起好步作出了贡献。

### 2.1.2 项目文化建设的"九条铁律"

项目文化建设的理念层出不穷，实践活动丰富多彩。为了建设项目文化实现成功并富有成效，企业和项目部在项目文化建设的基本理念中，应注意遵循"九条铁律"（表 2-1）。

项目文化建设"九条铁律"　　　　表 2-1

| | 九条铁律 | 基本释义 |
| --- | --- | --- |
| 1 | 远见卓识的领导 | 以项目经理为核心的项目领导层应以前瞻性的视野、敏锐的洞察力，确立项目的使命、愿景和价值观，带领全体员工实现战略和目标 |
| 2 | 战略导向 | 以战略统领项目的管理活动，获得持续发展和成功 |
| 3 | 顾客驱动 | 将顾客当前和未来的需求、期望和偏好作为改进产品和服务质量，提高管理水平以及不断创新的动力，以提高顾客的满意和忠诚程度 |
| 4 | 社会责任 | 为项目管理过程对社会产生的影响承担责任，促进社会的全面协调可持续发展 |
| 5 | 以人为本 | 所有管理活动应以激发和调动员工的主动性、积极性为中心，促进员工的发展，保障员工的权益，提高员工的满意程度 |
| 6 | 合作共赢 | 与顾客、关键的供方及其他相关方建立长期伙伴关系，互相为对方创造价值，实现共同发展 |

续表

| 九条铁律 | | 基本释义 |
|---|---|---|
| 7 | 重视过程与关注结果 | 既要重视过程，更要关注结果；要通过有效的过程管理，实现卓越的结果 |
| 8 | 学习、改进与创新 | 培育学习型组织和个人是项目追求卓越的基础，传承、改进和创新是项目持续发展的关键 |
| 9 | 系统管理 | 将项目视为一个整体，以科学、有效的方法，实现经营管理的统筹规划、协调一致，提高管理的有效性和效率 |

## 2.2 项目文化建设的指导思想

项目文化建设，要坚持以科学发展观为指导，认真贯彻企业核心价值观，紧密围绕工期、安全、质量、效益等目标，坚持以文化铸魂为根本、实现文化立企，坚持以文化育人为关键、实现文化治企，坚持以文化塑形为目标、实现文化强企，使企业文化在项目员工中内化于心、固化于制、外化于形，推动企业文化在施工一线落地生根，为实现企业又好又快发展提供文化支撑。

### 2.2.1 坚持以文化铸魂为根本，实现文化立企

文化是一种精神，是企业的立德之魂、发展之根。项目文化建设要以贯彻社会主义核心价值体系为根本，在实践企业文化理念过程中实施文化铸魂，实现文化立企。

——坚持理论指导，永葆先进。项目文化建设要树立中国特色社会主义共同理想，弘扬和培育以爱国主义为核心的民族精神和以改革创新为核心的时代精神，树立和践行社会主义荣辱观。

——坚持系统推进，注重实效。项目文化建设要对项目管理、品牌形象、员工思想等各个方面统筹规划，先易后难，分步实施，通过合同要求和项目特点找准切入点，扎扎实实推进，取得实实在在的效果。

——坚持相互结合，同步推进。项目文化建设要把项目文化建设与思想政治工作、精神文明建设相结合，充分发挥企业大政工的优势，利用党建思想政治工作和精神文明建设的有效载体，实现文化引领、各项工作同步推进。

——坚持遵循规律，保持个性。项目文化建设要遵循企业文化建设规律，在先进思想的统领和引导下，继承发扬企业文化建设的传统经验，结合项目实际和员工特点着眼未来，力求创新，做到高起点、有特色，为企业可持续发展提供强有力的文化支撑。

### 2.2.2 坚持以文化育人为关键，实现文化治企

文化是一种能量，是企业的立人之道、发展之力。项目文化建设要以贯彻企业核心价值观为指南，在实践企业文化理念过程中推进文化育人，实现文化治企。

——坚持文化引领，心治管理。项目文化建设要围绕价值观的贯彻，强化使命和愿景对员工的凝聚，并从思想、组织、制度和作风等多个方面细化措施，激发员工的归属感和荣誉感，塑造员工主人翁精神和团队意识，促进员工积极融入团队，把项目管理的层次提升到由人治、法治到心治的转变，实现从制度管人到文化育人的转变。

——坚持领导表率，全员参与。项目文化建设要做到项目班子带头实践价值观，有效激励和凝聚全体员工，并组织各种活动广泛发动员工，形成员工与项目同呼吸、共命运的价值链。同时，整合内外部资源，与相关方形成合力，共同倡导在统一价值观之下齐心协力实现项目目标。

——坚持以人为本，人文关怀。项目文化建设要充分尊重员工主体地位，维护员工合法权益，关心员工工作、生活，保障员工身心健康，建立困难帮扶机制和员工心理疏导等工作机制，帮助员工形成自尊自信、理性平和、积极向上的健康心态。

——坚持提升素质，推进成才。项目文化建设要创建学习型项目、成立项目夜校，形成团队学习和创新的浓厚氛围，通过宣贯文化理念、吸收文化建设的优秀成果，大胆创新思维观念，不断更新知识、技术和管理手段，通过提升学习能力，提高员工和务工人员的政治思想水平、专业技术技能和道德文明素质，帮助员工实现职业生涯规划，重视员工个人价值实现，推进员工成长成才。

案例 2-4：中建上海河间路保障性住房项目部用企业文化培育项目团队

**1. 树立社会主义核心价值观**

中建企业核心价值观——"敬业、爱人、秉正、图新"，蕴含敬业、创新、奉献、仁爱和坚持真理的精神，符合社会主义核心价值观要求，是中建企业文化的核心。项目围绕这个核心进行教育：

① 目标教育。学习中建"核心价值观"和"一最两跨"目标，了解项目效益指标和创优目标，指导员工规划发展目标，把企业、项目、个人目标结合教育，讲清三者利益关系，使员工认识只有实现企业目标才能实现个人目标，懂得

把国家和人民利益放在首位。

②品牌教育。学习贯彻中建"奉献精品工程、营造和谐家园"经营理念和"中国建筑,服务跨越五洲;过程精品,质量重于泰山"质量方针,讲清品牌的作用和力量,引导员工树立"质量第一"、"过程精品"和"社会责任"意识,在建造精品工程中实现自我价值。

③服务意识教育。建立服务、沟通机制。组织员工回访参建单位,征求意见,认真整改,使相关方满意。树立"以客户为中心"的管理理念,自觉接受业主和监理的监督,提高服务意识。

经过核心价值观的教育,员工普遍认同中建核心价值观,把它作为自己的价值取向和行为规范。

2. 培养"诚实守信"作风

"诚信立业"是企业经营理念的核心。中建"诚信经营、创造财富;回报社会、福利员工"的企业宗旨,以诚信为立业之本。项目把企业宗旨作为培养员工"诚实守信"作风的指南。把履行合同作为诚信教育的载体,教育员工践行企业宗旨,坚守诚信守约原则,树立"诚实守信"作风,员工自觉履行合同,维护业主合法权益。与参建单位以诚相待,建立协调和谐的工作关系。

3. 培养员工创新精神

①发挥员工个体意识,鼓励创新精神。组织员工论证技术方案和创优措施,采纳员工创新意见;②开展技术创新,推广应用新技术,开展QC小组活动,提高团队创新意识和能力。桩端后注浆新工艺和建筑节能新技术等方面取得了显著成绩。在上海市建筑质量协会QC成果发布会上发布了《XR无机浆料外墙保温施工质量控制》和《桩端后注浆质量控制》两项QC成果,分别获得了一、三等奖。

4. 营造"以人为本、团结和谐"工作环境

高度重视人的因素,把人文关怀作为企业文化建设的情感投资:

① 建立民主议事、平等对话沟通机制。领导发扬民主,听取员工意见,进行深入沟通,解决工作困难和员工思想问题,员工感到受尊重。

② 办好职工食堂、改善办公生活条件、组织旅游、慰问病员,员工觉得领导关心自己。

③ 开展争优创先活动,评选先进集体和优秀员工,实行奖励,员工觉得付出得到了回报。

④ 开展寓教于乐活动。年终聚餐,组织员工表演自创文娱节目和抽奖活动,积极参加公司体育比赛,多次获得名次。员工产生自豪感和荣誉感。

⑤ 为员工过集体生日,送上一份礼物,祝福员工生日快乐。员工产生幸福

感和归属感。

5. 建立绩效考核激励机制

把青年员工放在重要岗位工作，指派老师指导，进行绩效考核，作为任职提薪、评先表彰的依据。对考核优秀者，向公司提出晋升建议，为他们搭建发展平台。对业绩差的，领导对其约谈，指出问题和努力方向，促其改进。三年来，有5名员工提升为项目执行经理和生产经理，有10名青年员工晋升为项目部门经理，年轻人比学赶帮超蔚然成风。

### 2.2.3 坚持以文化塑形为目标，实现文化强企

文化是一种追求，是企业的立业之向、发展之旨。项目文化建设要以实现企业宏伟愿景为目标，在实践企业文化理念过程中实施文化塑形，实现文化强企。

——坚持服务中心，科学发展。项目文化建设要根据"战略主导，文化先行"、"发展是第一要务"的要求，结合企业愿景，既立足于项目实际，又着眼于企业长远目标和发展战略，始终以促进生产经营为中心，以现场带动市场为根本，提升经营品质和经济效益，提高项目的市场竞争力和企业的品牌影响力，推动企业可持续发展。

——坚持履行使命，实现目标。项目文化建设要围绕企业使命，并针对经营发展战略目标统一思想、凝聚力量，使广大员工针对实现目标的重点或难点，在文化理念的引导、支持、保障下，自觉融入施工生产实践，在"塑造品牌、树立形象"的目标引领下创新管理理念、方式、成果和影响，有效履行使命任务，为企业发展提供文化支持和社会影响。

——坚持党群联动，规范管理。项目文化建设要围绕价值观，针对施工合同和企业要求，加强与党建工作、思想政治工作、精神文化建设和共青团工作、工会工作相结合，在推进项目策划、过程管控和考核评价中联动联创，通过整合运行、系统管理、营造氛围、规范行为，确保质量、进度、安全、环保、成本和文明施工等满足和超越相关方要求。

——坚持打造品牌，扩大影响。项目文化建设要以科学发展为主线，深入开展品牌创建、和谐创建等活动，通过增强创新意识、开放意识、团队合作意识和和谐共赢意识，加强品牌工程、品牌人物和品牌活动打造，加强企业形象识别系统（CI）建设，加强品牌文化形象宣传，为企业塑造品牌，通过提升顾客忠诚度和企业美誉度、知名度，扩大社会影响。

**案例 2-5：中铁某局六公司务虚务实更务真的项目文化**

优秀的项目文化能否成为企业打造项目精品工程、提升企业生产力、竞争力的有效武器，关键在于是否能将项目文化融入到项目管理当中，努力把项目文化建设的成果转化为员工的自觉行为，从而调动员工的积极性和创造性。为此，中铁某局六公司采取了一系列举措。

用突显特色的文化理念引导项目管理日趋完善。在项目文化建设的实践中，公司以"创一流产品，争铺架先锋"的企业精神为引领，号召领导干部坚守在一线，积极引入"领导在一线垂范、干部在一线锻炼、工作在一线落实、问题在一线解决、感情在一线加深、威信在一线树立、成效在一线体现"的七个"一线工作法"。通过实践证明，这种新的管理理念得到广大一线员工的普遍认可，良好的现场管理水平也受到了业主好评，为企业抢占市场、提升企业形象创造了有利条件。

用共同的价值观凝聚力量，打造优秀团队。工程施工需要团队有良好的协作精神。近年来，随着工程业务量的不断增加，施工负荷越来越大，为按时完成工期，公司多次掀起大规模的大干热潮。哈大项目部面对工期紧、任务重的实际情况，全体员工充分认识"敢于胜利，永争第一"的建设精神，多次开展"党员争先锋"、"青年突击队"等抢夺工期活动，在全线争优争先，优质、高效地干好每项工程，顺利通过上级的多次审查认证，获得外界一致认可和好评，被称为哈大线的"放心单位"。哈大项目部在箱梁制架方面取得的优异成绩，也为公司进一步站稳传统市场、进军新的市场打下了坚实基础。

把项目文化融入细节管理，提升项目生产效率。近年来，公司着力加强项目管理能力建设，通过舆情宣传和形势教育，公司培育出了一套以狠抓企业精细化管理为主要内容的文化理念，并由此推出的"红线成本"管理办法，既增强了项目成本管控能力，又确保了管理过程的可控性，提高了生产效益。

以创新文化带动企业制度创新、管理创新和科技创新。公司积极在项目营造"以创新求发展"的文化氛围，努力引导项目实施制度创新、管理创新和技术创新。通过大胆创新，促进了公司不断攀登科技施工的新高峰，从国家级大奖到省市奖项的不断获得，显示出公司朝气蓬勃的创新实力与能力，这些都与公司倡导和营造的创新文化有机联系，密不可分。

培育项目安质文化，加强安质管理。公司始终重视安质文化建设，坚持开展安全质量宣传活动。通过实践摸索，公司推出了以"一本《质量安全》手册、一套安质宣传系统、一套安全监管制度、一套安全生产流程"为主的"四个一"安全质量文化体系，使项目安全质量工作持续稳定可控。同时，公司还加强对各项目安全生产的追踪了解、动态宣传，从而树立起安全生产典型，推动全员对安全质量工作重要性的高度认识，为企业健康发展提供了坚强的思想后盾。

中铁某局六公司通过狠抓项目文化建设，塑造优秀企业品牌，让企业文化在项目上落地生根，促进了项目管理层次的提升，推动了企业跨越式发展，基本实现了以项目文化促进项目生产力发展、最终提升企业核心竞争力的目标。

## 2.3 项目文化建设的根本任务

建筑企业和施工项目推进文化建设，根本任务是服从和服务于施工生产，按"项目文化价值模型"实现相关主体利益最大化，真正为客户（业主、监理、分包等）、员工、企业和社会创造价值（图2-1）。

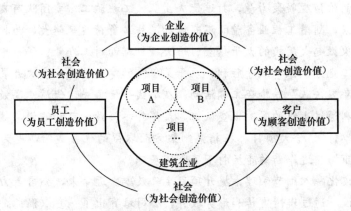

注：本文把业主、监理等称为外部客户，把分包、材料供方等称为内部客户。

图 2-1 项目文化价值模型图

### 2.3.1 为客户创造价值

企业的一切价值均源于客户的高度认同和充分信赖，只有客户才是企业价值的提供者和最终评判者。要通过项目文化建设，更好地关注客户需求、超越客户需求，为客户提供建筑系统化解决方案。因此，要坚持围绕中心、服务项目，坚持以生产经营为中心，紧密围绕工程项目建设任务，充分发挥服务保证作用，把项目文化建设融入项目管理，融入广大员工的生产生活，以文化建设促进项目管理，促进团队建设，通过全面实现项目建设目标体现项目文化"为客户创造价值"的理念。

## 2.3.2 为员工创造价值

全体员工是所有价值的创造者和实现者，没有员工的积极努力和奉献，任何企业的可持续发展就难以凝聚核心动力。要通过建设项目文化与员工一道共享成果、同筑未来，让管理成果和发展绩效惠及员工。因此，要坚持以人为本、共享共建，坚持以人为本，尊重员工主体地位，发挥员工主体作用，充分调动员工的积极性、主动性和创造性，不断提高员工的文化技术素质，以员工的全面进步推动项目建设，以项目建设成果惠及广大员工，做到"在共建中共享，在共享中共建"，通过全面实现项目建设目标体现项目文化"为员工创造价值"的理念。

### 案例 2-6：中铁某局京沪项目部的"三工"建设

中铁某局京沪项目部将"工地文化、工地生活、工地卫生"为主要内容的"三工"建设，也就是积极为广大员工创造安全有序的劳动条件，卫生舒适的生活条件和健康有益的文化娱乐条件作为项目文化建设的重要内容。

京沪线是公司有史以来上人最多的工程项目，先后上线职工和劳务工近三千人，这样庞大的队伍仅靠行政手段是难以管好的。京沪项目部推行人性化的管理模式，把关心员工生活作为抓好企业文化建设的基础。"要想按期建成京沪线，首先要为职工营造一个舒适的'家'"。

"京沪一家人"是项目部推行人性化的管理理念，无论职工、合同工、还是民工，都一视同仁。"冬送温暖、夏送凉爽、一年四季送关爱"。暑期施工，职工每天都能喝上绿豆水，回到驻地能洗上热水澡。人丹、十滴水、清凉油、啤酒、矿泉水以及水壶、草帽等物品，逐点儿的分发到每一位职工和民工的手里，两个暑期中没有一个自然减员。冬季来临，项目部及时采购七百余件羽绒服和棉大衣分发到每位上线职工和合同工手里，并就职工、民工驻地的防寒、防冻、防煤气工作统一安排部署。双节将至，项目部购置了月饼、水果、肉、啤酒等物品送到每个分部，各分部自娱自乐搞起了联欢。春节到了，坚守岗位的职工在工地上迎来了项目部用大客车接来的探亲的家人。项目部对合同工、民工还实行了员工化管理，除了在生活上关心，在工作中更注重对他们的技能培养，合同工、民工中工班长、"岗位明星"也不断涌现，极大地调动了他们的积极性。在京沪，项目部就像一个大家庭，关心人、尊重人、理解人、帮助人的故事层出不穷，感人至深。2005年十月份，一年多没有回过家的40多台轨型车辆司机们，享受了一次特别待遇：在标有"我给家里捎句话"的签名本上写下自己最想对家人说的心里话，由书记走家串户把大家的心里话带到每个家庭，报个平安，送上祝福。三分部一位接触网工的女儿身患白血病就医陷困境，项目部党工委及时发起募捐活动，从各项目部到后方基地，从民工到当地村民，大家纷纷解囊相助。公司领导闻知此事后，各捐款1000元。集团公司领导在网站上得知此事后作出批示：希望大家为奋战在京沪线上的将士们排忧解难。集团公司机关干部职工纷纷捐款，几天时间共捐款3万元，并派专人亲自送到这位工人家中。好心的人们用真情和行动诠释着创建和谐企业的真谛，京沪将士们也充分感受到了大家庭般的温暖。不断丰富的京沪线的职工文化生活、不断改善的职工工作和生活环境、体贴入微的人本关怀，使广大职工建设京沪电气化铁路的积极性不断高涨，从而有效地保证了京沪电气化铁路建设各项施工任务的有序推进。

### 2.3.3 为企业创造价值

企业作为建筑企业和施工项目的投资者和委托人，是实施"法人管理项目"，从而实现企业发展最为坚实可靠的后盾。为出资者提供持续价值回报，是施工项目应尽的责任和义务。因此，要坚持重在建设、不断创新，把项目文化建设纳入工程项目建设的总体目标，加强领导，加大投入，做到与项目建设"同策划、同部署、同检查、同考核、同奖惩"，紧密围绕项目建设目标，勇于实践、不断创新，积极探索项目文化建设的新途径和新方法，通过全面实现项目建设目标体现项目文化"为企业创造价值"的理念。

### 2.3.4 为社会创造价值

社会是建筑企业和施工项目赖以生存和发展的土壤和环境，用真诚回报社会，用建筑改变世界，需要通过建设项目文化更好地关注建筑功用、效能、环保等元素的持续优化，为相关方和全社会创造和谐空间。因此，要坚持突出共性、彰显个性，在统一打造企业品牌的前提下，根据项目不同特点，创造符合企业战略发展、适应工程项目建设要求的项目文化，形成共性突出、各具特色、丰富多彩的项目文化建设的生动局面，并在履行社会责任、建设和谐社会中，推动企业文化在施工一线落地生根，通过全面实现项目建设目标体现项目文化"为社会创造价值"的理念。

## 2.4 项目文化建设的主要目标

建设项目文化，主要的目标是贯彻企业的使命、愿景和价值观，发挥文化的

的价值创造功能，通过满意客户、成就员工、回报企业和造福社会，不断提升员工凝聚力、项目生产力和社会影响力。

### 2.4.1 满意客户

项目文化建设的首要目标是将客户利益放在首位，为客户创造价值。项目部要高度关注客户需求、超越客户需求，为客户提供诚信、和谐的建筑产品、建造环境，以及客户满意的产品质量与服务品质，实现诚信客户，满意客户。

施工项目要高度关注客户的近期和远期利益，尊重并坚定履行对客户的每一份承诺，持续满足客户要求，为客户提供最佳解决方案和最优服务，致力于获得客户的恒久信赖，构筑与客户之间长远、共赢的伙伴关系；要通过诚信、和谐的手段和方式，组装资源、资本、管理、技术和人才，为客户提供建筑一体化解决方案和综合服务；要为项目的上级法人企业带来良好的企业形象，提升法人企业的品牌知名度和美誉度，并让新老客户和潜在客户对企业产品和服务满意程度的持续提升，使企业在行业和社会的影响持续提升。

### 2.4.2 成就员工

成就员工就是诚信员工，为员工创造价值。项目员工是一切价值的创造者和实现者，没有员工的努力奉献，实现项目目标就难以凝心聚力。项目成果必须与员工共享，并通过目标实现成就员工自我价值，并体现员工未来的价值追求和价值创造。

施工项目要恪守以人为本的思想，营造平等、尊重的组织氛围，尊重人、关心人、成就人，建立学习型组织，为员工的不同需求搭建学习平台和满足员工自我学习、自我提高的需求，当好员工技能提升和职业发展的向导，引导员工科学文化水平、职业素质和职业技能的不断提高，创新意识和自尊心、自信心、自豪感增强；要将员工政治觉悟、思想道德水平和文明素质的整体提升作为贯彻企业文化理念尤其是核心价值观的一个坐标来考量，培养具有爱企、敬业、诚信、友善的主流价值观的员工队伍；要使员工收入持续稳定增长，个人发展有上升空间，精神面貌整体良好，精神生活健康丰富。

### 2.4.3 回报企业

项目是企业法人的受托机构，为企业创造价值，是项目全体员工应尽的义务。项目文化的建设，就是通过优秀的精神文化、制度文化和行为文化等，提升项目管理水平和效益水平，为法人提供持续的价值回报。

施工项目要服从与服务于企业发展，绝对忠实于企业文化理念之下的项目规范管控，建立健全项目运行机制与管理制度，完善风险防控体系，强化风险防控手段，保护企业利益不受侵害，不断提升管理水平和盈利能力，以良好业绩回报企业；要与企业中心工作相互融合、协调发展，依靠项目文化积极引领项目目标的有效实现，确保项目员工以企业为荣，忠诚度高，自觉为企业发展做贡献；要保持项目内外的和谐稳定和员工队伍思想平稳、行为合规，有效控制群体性事件，防范安全、质量、环境污染事故和违规违纪风险。

### 2.4.4 造福社会

和谐运行、回报社会是企业公民的社会责任，是项目文化建设的根本目标。社会是企业和项目赖以生存和实现目标的土壤和环境，建设项目文化就是要与所处的外部环境建立和谐共生关系，找到互信共赢的最大公约数，通过绿色、安全、文明施工和有效沟通，与周边环境、当地社区和谐相处，赢得社会理解与公众支持，成为社区公民、促进和谐社会。

施工项目要恪守行业规范并服从属地管理，尊崇当地的伦理风俗、人文习惯，热心公益事业，主动融入当地开展有利于社区和谐的帮扶困难、抢险救灾等公益性活动，用实际行动承担政治、经济、文化等社会责任；要选树先进典型，推出工作经验，加强宣传报道和推广示范，为当地和社会提供工程标杆、学习榜样和先进理念和优秀文化；要努力对当地社会经济发展和各项事业进步做出贡献，力争在安全文明创建、质量管理、环境保护等各方面获得表彰和荣誉。

## 2.5 项目文化建设的基本内容

文化是企业的血脉，是员工的精神家园。全面提高企业文化软实力，发挥文化引领风尚、教育员工、服务生产经营、推动企业发展的作用，就必须推进施工项目的精神文化、制度文化、行为文化、物质文化、品牌文化和和谐文化建设，确保项目经理部贯彻企业的核心价值理念，提高员工的道德素质，丰富项目精神文化生活，从而增强整体实力和竞争力。

### 2.5.1 加强精神文化建设

项目是"由一组有起止日期的、协调和受控的活动组成的独特过程，该过程要达到符合包括时间、成本和资源约束条件在内的规定要求的目标"，决定了项目施工是一次性活动，项目经理配置和团队组成具有临时性、起止期限，项目组织是受托于建筑企业完成某项工程施工任务等特点。在这样不固定的因素下，要

实现项目目标,需要进行项目的精神文化建设,确定和贯彻项目部自身的使命、愿景和价值观(表2-2)。

**项目部的使命、愿景和价值观** 表2-2

| 类 别 | 内 容 |
|---|---|
| 使命(mission) | 项目部存在的价值,是项目部所应承担并努力实现的责任 |
| 愿景(vision) | 项目部对未来的展望,是项目部实现整体方向和目的的理想状态 |
| 价值观(values) | 项目部所崇尚文化的核心,是项目员工行为的基本原则 |

注:项目部的使命、愿景和价值观应结合业主等相关方的要求(如工程合同等),依据并贯彻企业的使命、愿景和价值观。通常,项目的价值观又可称为"项目口号"等。

项目部应该根据所属企业建设企业文化的要求,通过宣传、教育和制定项目制度、开展文化活动等多种形式,宣贯和实践自己的使命、愿景和价值观。

### 案例2-7:中建五局北京公司秦皇岛片区精神文化建设

一、项目口号

面对着项目部刚刚组建、管理人员来源分散的状况,项目部决定将团队建设作为项目初期的首要工作,提出了"团结凝聚力量,激情创造辉煌"的项目口号,把这群有志青年凝聚了起来。

公司很快在秦皇岛的第二个项目——北戴河国际酒店项目。项目部一方面继续保持在游艇俱乐部项目时期的优良传统,另一方面积极寻找游艇项目管理中存在的不足,确立了"在否定中超越自我,在创新中追求卓越"的项目口号。项目管理人员在这一口号的鼓舞下再接再厉,提前完成了业主封顶目标。

承接秦皇岛万科假日风景项目后,片区针对万科业主对工程质量和管理的较高要求,提出了"卓越管理,超越梦想"的口号,以标准化、精细化的管理赢得了业主的高度肯定,多次在万科北方项目评比中荣获第一,获得万科风险评估"质量优秀奖"。

一个项目一个口号一个脚印,最后都落脚到了实在的成果,它们见证了片区两年来的发展历程。伴随着片区的发展壮大,秦皇岛片区项目文化不断扩充升华,逐步形成了以"团结、创新、速度、品质"为核心的一些文化建设成果。

二、项目核心理念

片区项目管理班子把"抓文化就是抓方向、抓未来"作为指导思想,片区经理这样说道:"整个片区的文化氛围很好,口号一声喊,大家一齐向前冲!针对片区和项目的实际,我们以'团结、创新、速度、品质'为核心工作思路,植根'信·和'文化,喊出了属于秦皇岛的号子,激励员工前行。"

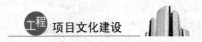

1. "团结"是发展的稳固基础

片区建立伊始就高度重视团队建设,把它作为片区工作开展的重要环节。从开始的1个项目到7个项目,片区各项目员工依然像在一个项目一样彼此熟悉、通力合作。片区这支团结和谐、凝聚力强的团队是片区荣誉的创造者和文化的承载者。

2. "创新"是发展的不竭动力

片区立足现场创新,重视文化与制度创新,制定了多项措施,形成了一系列创新管理办法。内部管理方面,制定了项目管理制度体系、项目组织管理体系、项目策划书管理体系和项目责任状管理体系四套内控管理体系。撰写了《项目履约之"四个满意"》等管理总结文章,先后推行了"部门满意度调查"、"产品责任制"、"物资品质调研"、"影像验收制度"、"信和夜校管理制度"、"供方红黑点管理制度"等。施工技术方面,优化了抗浮锚杆的施工工艺、发明了大模板三角外支撑以及门窗企口模板等,并获得了一项国家专利。创新有效提升了项目管理水平。

3. "速度"是发展的良好保障

在片区发展历程中,"速度"一直扮演着非常重要的角色,从游艇俱乐部项目"火箭速度"般的13天完成临建施工,到游艇俱乐部和国际酒店都实现100天完成主体结构封顶,五局人在这里一次次诠释了速度之美。片区所提倡"早一步海阔天空,晚一步后患无穷",无数次在实践中得到验证。片区员工不自觉地都把"速度"作为对自身做事要求的一个主要方面,大到工程施工进度,小到领导安排的每一项工作,能早一天就早一天,真正成为了工作的"主人"。

4. "品质"是发展的落脚所在

片区从2010年的"基础管理年"到2011年的"品牌建设年",到2012年的"素质提升年",体现了对"管理品质、企业品质、人文品质"的追求。"高品质"正是片区发展的方向,正在不断提升员工素质,提高了管理品质、做出了优质工程。

三、片区员工"语录"

在"团结、创新、速度、品质"核心理念的引领下,广大员工集思广益,时而灵感迸发,妙语连珠,产生了具有秦皇岛片区特色的员工"语录",如针对项目管理和履约等提出了如下语录:

"不能只盯着困难,应该多想一想干好的前景,然后采取措施。"

"万事开头难,我们必须勇敢地迈出第一步,只有实施了才知道后面要面对那些困难,困难不可怕,因为办法总比困难多。"

"追求完美,确保完整。"

"如何在所有项目中立于不败之地,不仅要看经济效益,更要看项目的创造力。"

### 2.5.2 加强制度文化建设

项目制度文化是为了贯彻价值观、实现项目目标而对员工行为给予一定限制的约束,规范着项目的每一名员工,具有共性和强有力的行为规范的要求,因而是项目组织、运营、管理等一系列行为的规范化和制度化,主要包括项目领导体制、组织机构和管理制度三个方面:

——从组织结构上,尽量建立扁平式的组织结构,加强项目成员间的沟通,加强团队成员间的融合,发挥文化的合心力;

——在项目领导体制建设上,要侧重于领导方式、领导结构和项目实际的结合,真正发挥项目组织资源的能力,顺利实现项目目标;

——在管理制度上,要着重进行人力资源管理、生产管理、沟通等制度方面的建设,推进项目人本管理的实施。

项目部应依据企业文化建设要求和自身的使命、愿景和价值观,组织制定工艺操作流程、劳动纪律、经济责任制和考核奖惩等系统性规章制度,并抓好实施和改进。

**案例2-8:中铁某局京沪高铁项目部项目文化的制度层面**

京沪线是国家干线铁路的重中之重,"京沪线上无小事",这是各级领导在开工之初对京沪线施工提出的安全要求。然而,京沪线太短的工期无疑给安全工作带来了很大压力。为此,京沪项目部把制度建设的重点放在安全文化上。既要保证质量,更要保证安全,最终要确保工期。一是用意识影响人。项目部广泛开展了"安全文化"征文活动,通过演讲会和学习专栏,让职工自己启发自己,自己教育自己。"安全无小事,责任重如山"已成为京沪线全体参建职工规范自己施工作业的行为准则。二是用制度约束人。开工前项目部印发了《安全手册》,还相继印发了《京沪线安全质量文件汇编》、《防电缆挖断措施预案》、《防基坑坍塌措施预案》、《防胀轨措施预案》、《防汛措施预案》等二十几个文件和制度,从完善制度入手,把安全细化到施工人员的每一个动作,确保每名职工人脑人心,完全理解。还将其中的最为重要环节上的安全要求制定成卡片发放到施工人员手中,作业过程必须佩带,及时提醒防范。三是通过演练锻炼人。项目部举办了如"防挖断电缆"实战演练暨培训班。为防止基坑坍塌、胀轨等现象发生,进行了轨温仪和地质触探仪实战演练等等,验证了"预案"的可行性。

### 2.5.3 加强行为文化建设

项目行为包括项目与业主、监理之间，与分包、供方之间，与社区、政府主管部门和与社会之间等的行为。项目行为文化是项目建设者在项目管理、施工生产和学习娱乐中产生的活动文化，是项目员工的工作作风、精神面貌、人际关系和公共关系的动态体现，包括项目日常生产、人际交往、对外交流、教育宣传以及文体娱乐活动中的文化现象和项目组织的整体风貌，它是团队精神和价值观的折射。

——加强项目班子行为文化建设。项目班子尤其是项目经理作为公司的代理人，负责组建项目团队，对项目进行计划、组织、领导和控制，以完成项目目标为己任，是项目的主要责任主体、项目管理的基石和项目团队的灵魂。项目经理拥有掌控项目全局的地位和能力，其知识结构、经验水平、管理素质、组织协调能力、领导艺术甚至个性和情绪，都对项目管理的成败有着决定性的影响。项目经理处在项目管理的中心位置，最清楚完成项目最需要什么样的文化，他通过选用团队成员，制订各种规则、程序、工作模式来倡导和培育这种项目文化，以作为项目完成的支持因素。因此，以项目经理为核心的项目班子是项目文化的倡导者、培育者，不但要有实践经验，更重要的是提升领导能力、凝集能力、沟通能力。

——加强项目模范人物行为文化建设。这些模范在为项目做出特殊贡献、体现出项目特殊风貌和文化的同时，也成为普通人员模仿和学习的对象。并且一旦模范人物形成群体，则会体现出项目模范的群体行为，无形中成为项目所有成员的行为规范。

——加强项目普通员工行为文化建设。普通员工是施工活动的主体，体现着整个项目的精神风貌和项目的外在形象，必须以积极的态度去从事项目的工作，以勤劳、敬业的精神来规范指导自己的行为。对项目组织来说，塑造项目人员群体文化行为文化是项目文化建设的重要内容，应建立科学、完善的正式群体，让群体人员从事项目目标所规定的行动，并使自己的行动指向于目标。同时，允许非正式群体的存在并积极引导，使其为改善人际关系和提高生产效率服务。项目应在群体中提倡并强化一种积极向上、团结奋斗的风气和行为，使成员感受到群体的压力从而产生一种积极的从众行为，对成员个体产生社会助长作用，促进项目行为文化的建立和改善。

### 2.5.4 加强物质文化建设

项目物质文化，是由项目全体人员共同创造的产品和各种物资设备等构成，是以物质形态显示出来的表层项目文化。施工服务和过程产品是项目管理的成果，是物质文化的首要内容，项目的生产环境、场内容貌、文明施工等，也构成物质文化的重要内容。

——加强项目活动环境建设。项目活动的厂房、工地、办公室等现场的布局、背景布置、卫生、秩序等情况，将直接影响到人员的效率和情绪，需要结合企业和项目特色加强规划和管理。

——加强项目技术设备文化建设。技术、设备是项目活动的物质基础，是项目物质文化的重要保证，新技术、新设备、新材料、新工艺、新产品的开发和应用，生产进程和生产的机械化、自动化、信息化，都直接关系到项目物质文化的发展水平和精神文化的发展，要适时引进新技术和新设备。

——加强项目产品文化建设。项目产品是项目的重要成果，业主期待的项目产品并不只是产品本身，还有通过这些产品透视出来的工艺水准、科技含量、管理水平以及它所反映出来的文化和精神。优良的质量、进度、安全、环保业绩，以及提供的增值服务，更会让项目产品具有文化情调、文化功能、文化心理和文化精神，使业主等相关方得到情感满足和美的享受。

### 2.5.5 加强品牌文化建设

品牌文化是企业品牌竞争力的重要体现，"品牌竞争就是文化竞争"。施工项目是建筑企业的品牌展示和对外名片——品牌由"品"和"牌"组成，"品"代表美誉度和忠诚度、"牌"代表知名度，这些美誉度、忠诚度和知名度作为联系业主心理需求与企业的纽带，成为企业文化的灵魂和依托。

（1）加强品牌工程、品牌人物和品牌活动打造

榜样就是标本，榜样就是力量。要加强标化示范工地建设，打造质量、安全和文明施工标杆项目和样板工程；加强对先进人物过程打造和表彰宣传，发挥引领作用并放大品牌效应；加强对特色工作、特色管理和特色成果的策划、推进和总结提炼，形成独具个性的活动品牌。

（2）加强企业形象识别系统建设

企业形象识别系统（Corporate Identity System，缩写为 CIS 或 CI）由理念识别（Mind Identity，MI）、行为识别（Behavior Identity，BI）和视觉识别（Visual Identity，VI）三方面组成（如图 2-2 所示），施工项目应在管理过程（从项目进场到竣工交付）、全体员工（如理念宣贯、培训、服装、礼仪等）和所辖区域（办公区、施工区和生活区），系统策划和实施规范的 CI 体系，通过完美展示项目风采塑造企业形象和品牌。

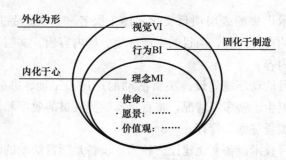

图 2-2　施工项目 CIS 结构图

(3) 加强品牌文化形象宣传

"宣传是展示形象的最佳渠道",要立足于施工成果和先进经验、优秀典型等,加强以现场可视化载体为传统方式的品牌形象宣传,如办公区、施工区和生活区等的 CI 覆盖、现场橱窗、宣传栏和标语等;加强以传统媒体为重点的品牌形象宣传,如内外部报纸、杂志、电视、广播和网络等;加强以互联网、手机等社会化媒体为创新的品牌形象宣传,如 SNS、微博、博客、微电影等,确保以项目为窗口的企业品牌实现内外部交流、分享,达成深度和广度的传播,推广企业形象。

### 2.5.6　加强和谐文化建设

施工项目面临复杂多变的内外部环境,并涉及众多利益主体,营造良好的施工环境、人文环境和自然环境,需要贯彻和谐,实施和谐。所谓和谐文化,是指一种以和谐为思想内核和价值取向,以倡导、传播、实施、奉行和谐理念为主要内容的文化形态、文化现象和文化性状,其核心内容是崇尚和谐理念,体现和谐精神,大力倡导内外和谐的理想信念,坚持和实行互助、合作、团结、稳定、有序的内外准则,促进整个和谐社会的建设。

(1) 加强道德建设,营造团结互助、和睦相处风尚

大力倡导以文明礼貌、助人为乐、爱护公物、保护环境、遵纪守法为主要内容的社会公德,大力倡导以尊老爱幼、男女平等、夫妻和睦、勤俭持家、邻里团结为主要内容的家庭美德;提倡尊重人、关心人、热爱集体、热心公益、扶贫帮困,在项目员工及与业主、监理和供方等形成团结互助、平等友爱、共同前进的社会氛围和人际关系。

(2) 加强调节机制建设,化解各种矛盾,形成和谐和睦的秩序

建立解决各种矛盾的调节机制,用理念引导、制度约束和行为规范等文化方式处理各种利益关系,倡导和谐精神,发挥文化的调节和整合作用,引导员工用正确的立场、观点和方法处理人与人、人与社区、人与自然、人与社会之间的关

系,减少思想认识上的片面性和极端化,自觉遵守管理、道德等规范,形成诚信守法、团结友善、勤俭自强、敬业奉献的良好风尚,发挥调节利益关系、化解各种矛盾的潜移默化、润物无声作用。

(3) 加强联动机制建设,密切相关关系,施加文化影响

和谐文化有灵魂、有主体,也有载体。要把业主、监理、供方、社区以及政府主管部门等,作为项目建设的利益相关主体,对他们施加文化影响、输出价值观;要与相关方开展组织联建、活动联办、品牌联创等多种活动,不断丰富文化建设的内容和方式;要立足于文化建设平台,密切各种内外部关系,发挥文化的营销力和影响力,促进和谐企业、和谐社区、和谐社会建设。

**案例2-9:上海建工某公司轨道交通工程推行"八字工作法"**

近年来,该公司紧紧抓住申办世博、城市发展的大好机遇,将"和谐为本,追求卓越"的企业理念和"科学、合作、进取"的企业精神融入轨道交通工程建设之中,在轨道交通工程施工中推行讲文明促和谐的"八字工作法",充分显示企业的管理优势,有力地推动了企业文明施工和经营工作。

"八字工作法"即:通过优、围、遮、冲、静、测、查、建措施,实现企业与社区、与员工合作互利、和谐共赢。

"优":即优化施工方案。开工前认真勘察现场,掌握社情民意,根据总承包管理要求和申通集团、建工集团施工现场管理标准,认真做好施工方案和党建思想政治工作方案策划。施工中不断优化方案,完善应急预案,加强过程监控,确保工期、质量、安全、文明施工达标。

"围":即围挡封闭施工。要做到"双隔离",施工现场内部,设置围栏或醒目标志,使施工区和生活区隔离。场容场貌严格按建工集团施工现场识别规范及施工现场管理标准落实,做到整洁有序。工地四周应按规定设置连续密封的围栏,与社区隔离。围栏外立面形象宣传规范,外观整洁美观,具有良好视觉效果并将对周边社区、道路影响降到最低程度。

"遮":即采取措施遮挡污染物扩散。用绿网覆盖易扬尘的堆土和建筑材料,防止扬尘对周边道路、住宅、商铺的侵袭。夜间遮挡现场灯光、电焊火花,避免对居民区的直接照射,力争不扰民、少扰民。

"冲":即采取冲洗措施确保施工现场内外清洁。定时清洗施工场地、下水道、沉淀池,并随时对进出施工现场的土方车、混凝土搅拌车等流动性施工机械冲洗,做到轮胎不带泥、泥浆不外溢、道路不污染、现场不扬尘。

"静":即减少施工现场噪声。特别在夜间施工,强调"三不准":一是装卸货物用手势指挥,不准吹哨;二是施工车辆司机不准鸣喇叭;三是施工人员操作

细致规范,尽量减少噪声。

"测":即随时检测并控制沉降和环境污染源。在深基坑施工中,要特别加强沉降检测,发现隐患,立即采取有效措施。对噪声及排放的废水、泥浆等随时进行检测,采取预防措施,努力防止环境污染。

"查":即检查督促整改,努力减少违章现象。按文明工地创建标准,定期全面地督促检查。查安全、质量、进度,文明施工,查基础台账,发现薄弱环节即予整改,提高文明工地创建水平。

"建":即开展社区共建,党建联动,努力实现工程建设和社区建设和谐"双赢"。做到"三个主动、三个化"。主动宣传轨道交通建设重大意义,"工程交底",使社区居民知情况、明大局;主动听取社区居民意见和建议,互相沟通,增强相互之间信任和理解;主动为社区居民排忧解难,感情投资,争取居民对工程建设的支持。

他们的主要做法是:

1. 注重方案优化。轨道交通7号线2标新沪路站项目部地处交通繁华地段,施工前期就面临了周围建筑物距离施工基坑较近、基坑开挖过程中承压水处理难度高、地下管线搬迁及道路翻交复杂、工期节点紧张等四大难题。面对困难,项目经理牵头开展了一系列前期策划工作,编制了总承包管理大纲。从"优"字入手,在施工质量、安全生产到文明施工、社区共建、项目党建、环境保护、员工培训等都作了详尽的策划,并把这些策划分门别类地落实到岗、到人,为文明创建有条不紊地进行奠定了坚实的基础。11号线8标枫桥路站项目部在开工前期落实一个"围"字,采用统一高低、统一颜色的双层彩钢板将整个工地围住,实行封闭式管理,围挡长达600余米。并根据"五有设施"的标准,搞好基地内部整体规划,将办公室、宿舍区、职工食堂,直至晾衣架、自行车棚等细节都一一设置好。场内外严格按照建工集团的统一标识,布置各式标牌、图片、标语、旗帜、宣传栏等。并积极搞好绿化,工地内绿化面积多达$350m^2$。

2. 注重操作细致。轨道交通10号线7标马当路站建设过程中,项目部提出了"利民、便民、不扰民"的口号:对进出场道路严格管理,不乱挖乱弃;旱季洒水,降低粉尘对环境的污染,雨季疏通,减少积水对道路的阻碍;施工用水的排放须经过沉淀,城市渣土、商业固体废物的外运进行处理;安排专职清洁工,建立"文明清洁岗",保证施工区、生活区的清洁;对机械的摆放位置精心布置,使噪声较大的机具远离居民区一侧;挖土、支撑、浇捣混凝土时,保证在晚上10点到凌晨6点期间,噪声不大于50dBA;在车站两边和施工围墙周边行人频繁通行处,保证夜间足够照明,确保行人安全。轨道交通11号线14标项目部汽车城站200根灌注桩施工过程中,针对泥浆循环用水的情况,项目部从环保和节约水资源的角度出发,利用沿线原有水资源——顾浦河、蕰藻浜两条河流的河水,进行工程钻孔灌注桩的施工。项目部请上海铁道大学建设工程质量监测有限公司对两河流的水质进行了检测,并不断加强在利用过程中的反复检测,确保了灌注桩的施工质量,得到了有关方面的充分肯定。该工程利用河水12500m³,按工业用水费用统计节约水费达3.5万元,既降低了项目成本,节约了水资源,又符合施工环保的要求。

3. 注重文明共建。轨道交通7号线新沪路站工程,紧靠沪太路行知路旁的复星花园住宅小区,施工便道要借用花园绿地。眼见自己家门口的新沪路站开工,居民欣喜之余更多的是担忧。因为紧挨施工区的4幢5层楼高的居民住宅房屋,由于历史原因当施工项目部一进场,居民便不断进行阻挠。面对这一复杂又棘手的窘况,项目部主动出击,会同当地居委会、派出所、物业管理委员会以及建设单位,为居民排忧解难,用他们的诚信和爱心换取了民心。在"警民共建、社区共建签约"大会上项目部详尽介绍了工程情况,并就居民提出的一系列疑问作出了科学解答。为了避免矛盾和突发事件,项目部在正式施工前对居民住宅周围进行地基加固。烈烈酷暑中,项目部还精心策划了一场"与业主同心"的纳凉晚会,并当场向与会居民发放"意见征询单",真诚地向居民们征求意见,拉近了大家心灵的距离,创造了和谐氛围。轨道交通11号线14标是机施公司第一个集高架车站及区间土建结构施工的总承包单位。项目部在抓好施工建设的同时,努力搞好社区地方党建工作。采取"走出去,请进来"的模式,与工地所在地安亭镇双浦村委会、安亭镇警署、嘉定交警五中队联系,建立"群防群治"联防网络,形成了齐抓共管的工作局面。多次邀请了安亭警署陆警官来工地为民工作"确保民工人身、财产安全"的重要讲课。该项目在嘉定区方方面面的检查中得到了好评。

"八字工作法"得到了轨道交通申嘉线项目公司、建工集团、申通集团以及市、区领导的充分肯定和赞扬。11号线8标等众多工程分别荣获上海市文明工地、上海市平安工地、上海市渣土处理样板工地、上海市重大工程立功竞赛优秀集体等荣誉,公司推行的"八字工作法"在市、区、集团等召开的各类会议上也进行了多次交流发言。

## 2.6 项目文化建设的过程方法

在管理实践中,将活动或过程作为过程加以管理,可以更高效地得到期望的结果。亨利·法约尔（Henri Fayol）在《工业管理与一般管理》中给出"管理"概念，并认为管理是所有的人类组织都有的一种活动，由计划、组织、指挥、协调和控制五项要素组成，从而形成了"管理是由计划、组织、指挥、协调及控制等职能为要素组成的活动过程"这一普遍定义。

企业管理大师德鲁克（P. Drucker）则运用实证的、案例分析性的研究方法，把组织、组织中的管理问题作为研究对象，并提出了管理与文化的独特观点：

"管理是一种工作，它有自己的技巧、工具和方法；管理是一种器官，是赋予组织以生命的、能动的、动态的器官；管理是一门科学，一种系统化的并到处适用的知识；同时管理也是一种文化。"

为确保项目文化建设有效运行，必须识别和管理许多相互关联和相互作用的过程。《质量管理体系基础和术语》（GB/T 19000—2008）指出，任何使用资源将输入转化为输出的活动或一组活动可视为一个过程。通常，一个过程的输出将直接成为下一个过程的输入。系统地识别和管理组织所应用的过程，特别是这些过程之间的相互作用，称为"过程方法"。

本书主张采用过程方法来推进项目文化建设，并建立以过程为基础的项目文化建设模式（图2-3）。

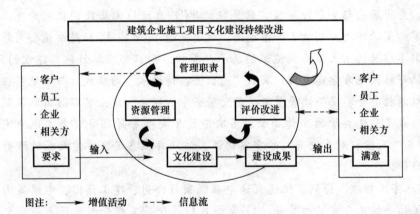

图2-3　以过程为基础的项目文化建设模式

图2-3所反映的以过程为基础的项目文化建设模式，展示了本书第2章至第8章中所提出的过程联系，反映了在规定输入要求时，客户、员工、企业和相关方起着重要作用，要求建筑企业对施工项目是否已满足其要求的感受的信息进行评价，以确定他们的满意程度。

为更好应用项目文化建设的过程方法，通常可用"PDCA"模式来管理所有过程（表2-3）。

项目文化建设 PDCA 模式表　　　　　　　　　　　　　　表 2-3

| 过程 | 简要释义 |
|---|---|
| Plan—策划 | 根据企业文化建设要求，为提供项目文化建设的结果建立必要的目标和过程 |
| Do—实施 | 根据策划和目标和过程，组织实施 |
| Check—考评 | 对建设过程及相关业绩进行检查、考核和评价 |
| Action—改进 | 采取措施，持续改进项目文化建设过程绩效 |

**2.6.1　项目文化建设策划**

策划又称"策略方案"和"战术计划"（Strategical Planning/Tactical Planning），是指人们为了达成某种特定的目标，借助一定的科学方法和艺术，为决策、计划而构思、设计、制作策划方案的过程，其作用是以最低的投入或最小的代价达到预期目的。所以，策划也可以理解为"为了赢得更高的综合效益，策划人运用所掌握的策划技能、新颖超前的创意和跨越式思维，对现有资源进行优化整合，并进行全面、细致的构思谋划，从而制定详细、可操作性强的，并在执行中可以进行完善的方案的过程。"

对项目文化建设来说，策划就是根据企业文化建设要求，围绕如何贯彻企业的使命、愿景和价值观，为提供项目文化建设的结果建立必要的目标和过程，以实现预期目标并获得最大的综合效益。项目文化建设策划除了要结合企业文化建设的要求、客户和相关方的要求（如相关合同等明示或隐含的约定）、项目自身特点等以外，还要考虑策划的主体、时机、内容（如文化建设目标、重大文化活动及文化成果，检查频次、考核办法），以及策划的评审、批准程序等。

**案例 2-10：中交某局山西中南铁路项目部项目文化建设规划（节录）**

第一部分　项目情况

一、项目简介（略）

二、环境评估（略）

三、显著特点

1. 工程施工难度大。一是工程设计标准高；二是桥隧工程比例高；三是安全管理风险高；四是环保、水保要求高。

2. 履约风险高。协作队伍管控难度较大。

3. 外部环境复杂。途径三县一区特别是靠近临汾市区的洪洞县占大半，人口密集，人际关系复杂，协调难度大。

四、整体进度规划（略）

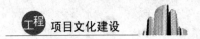

## 第二部分　文化规划

### 一、工作思路

紧紧把握铁路施工规律，持续提升标准化管理水平，充分发挥铁路分公司专业化的管理优势，将各参建公司强大的施工能力转化为高效生产力，为企业创造最优价值。在具体工作中强调"创造最优价值"的理念，将个体价值的实现纳入项目价值体系，生产高附加值的产品，提供增值服务，建设善于创造价值的团队，构建价值优先的项目文化体系。

### 二、理念体系

（一）核心理念：创造最优价值

践行"干一流的，做最好的"核心价值观，以价值最大化为决策原则，以是否创造价值作为管理行为的取舍标准。

（二）工作目标："1234"

1. 坚持一个目标：建一流重铁，树一航品牌

贯彻业主"把晋豫鲁铁路建成世界一流重载铁路"的目标，通过优良的产品形象、良好的信用评价，在重载铁路建设领域树立"中交一航"品牌的知名度和美誉度。

2. 把握两条主线：工程指标与信用评价

遵循高目标导向的理念，又快又好地完成进度、质量、安全、成本、标准化管理的各项指标，同时高标准严要求，提升企业信用评价等级。

3. 打造三支队伍：第一层意思是形成总部管理团队——分部施工管理团队——架子队施工队伍三支紧密联系、相互配合的队伍。第二层意思是将三个分部打造成三支骁勇善战、各有特色的施工管理团队。第三层意思是建设正义之师、威武之师、文明之师，强化三支队伍的凝聚力、学习力、战斗力。

抓住四个要点：抓标准、抓节点、抓关键、抓落实。

抓标准：以标准为目标，扎实推进标准化管理，学习、掌握、贯彻铁路施工标准和规范。

抓节点：坚持过程控制，强化时效性，以时间为轴分解目标任务。

抓关键：以解决制约工程进展的主要矛盾为着力点，集中精力破除制约瓶颈，把握住问题的主要方面。

抓落实：认真贯彻各级领导的思路、要求，盯住确立的节点和目标，扎实加以落实。

## 第三部分　时间规划

### 一、规划引导期（2010年4月—2010年12月）

结合项目组建、项目管理规划和项目实施规划的确立，编制项目文化建设规

划,在思想上、方向上加以引导,构建系统的项目文化建设体系。

二、实施践行期(2011年1月—2012年12月)

通过有组织的推动、落实,使文化、管理、施工有机结合,依托工程施工及项目管理,在具体的管理行为中贯彻项目文化理念,从管理的规律中发掘、丰富项目文化。

三、归纳提升期(2013年1月—2014年9月)

总结提炼项目运行过程中的文化元素,进一步完善项目文化建设体系,形成特色鲜明、促进管理、宣传品牌的文化氛围,使文化对管理产生良性促进作用。

## 第四部分 主要措施

一、抓住融入这一关键

充分融入项目组建、施组编制、管理体系架构过程,使项目的总体建设体现文化的光芒,使价值主线贯穿项目活动的全过程。

1. 项目前期准备。按照"三早一快"(早组织、早进场、早开工、快出形象)的方针,重点抓好组织进场、前期调研、征地拆迁、催要图纸、施工准备等关键环节。

2. 项目主线思想。明确山西中南部铁路项目的自身定位、发展环境、管理目标、工作思路,提出项目文化建设的工作思路和努力方向,完善项目文化核心理念的表述和诠释。通过理念引导、工程实施、管理融入,使文化、施工、管理三位一体,相互促进、相得益彰。

3. 关键因素控制。以场地管理为载体,以过程控制为手段,突出形象亮点,兼顾工期与成本,确保安全和质量。根据实际情况按照文明标准化工点、标准化工点、达标工点三类工点统筹安排、合理布局,特别注重迎检点建设和场区建设,高起点,严标准,扎实推进文明标准化工地建设。

4. 标准化建设。在管理制度标准化、人员配备标准化、现场管理标准化、过程控制标准化四个方面下功夫,做到管理制度突出项目目标,人员配备满足施工需要,现场管理落实"四化"要求,过程控制贯彻"六位一体"。

5. 征地拆迁。明确"放小抓大、上下互动、先入为主、重点优先"的工作思路,坚持"统一领导,上下联动,分步实施,和谐有序"的工作方针,执行"日统计、日通报、事不过夜"制度,积极开展征地拆迁工作。

6. 宣传报道。采用有效形式、利用多种渠道对项目文化核心内涵进行宣贯和推介。特别是要积极主动地发现、挖掘项目文化建设工作中的亮点,并迅速有效地宣传、推广,通过展示亮点,反过来促进项目部各项工作的开展。

二、借助学习这一途径

1. 学标准规范。使参建人员快速掌握铁路施工规律和要求,迅速适应铁路文化，并将标准落实到最基层。积极向中铁单位学习，汲取施工经验和要点。

2. 学工艺工法。结合本标段线路长、隧道多等特点，组织参建人员学习工艺工法，特别是隧道施工的三台阶七步开挖法，实行层层技术交底，由上到下进行学习，确保施工符合程序和要求。

3. 学业务知识。项目部上下要把自己的业务知识弄透学精，通过组织开展学习大讨论、创建项目部图书室等方式，提高员工业务知识水平。

4. 学管理方法。通过观看视频、专家讲座等方式，提高管理水平，使得施工和管理同步，文化与生产并行。

三、强化凝聚这一精神

1. 强化项目总部的服务意识。树立"想分部之所想，急分部之所急"的服务意识，贴近一线，靠前服务。分部与分部之间要亲如兄弟，协作互助。

2. 提高分部执行力和大局意识。要加大对公司和业主单位施工管理要求的执行力度，贯彻总部管理指令，从履行中交一航的品牌责任和铁路事业长远发展的高度增强标准化管理和创优意识。

3. 注重引进人才的文化融合，多听取意见，多提供舞台，多包容尊重，使其尽快融入项目部这个大家庭。

4. 加强员工的人文关怀。注重关心人、培养人、团结人，增强员工的学习力、凝聚力、战斗力，锻造学习型、创新型、自律型团队。

5. 突出架子队的积极作用。对架子队积极灌输一航理念，加强架子队对一航文化的认同。

四、运用考评这一手段

1. 注重业主考评结果的传递。通过科学、客观、及时的考评，奖优罚劣，营造争先向上的竞优氛围，落实每次业主检查考核结果的着力点，以点带面评分部，直接触动迎检点及架子队，把其作为检验整体管理效果的标准，其实质是注重企业信誉。

2. 注重对分部考评。实施月度综合考评，定期组织平推检查等活动，现场解决问题，促进总部跟进管理、分部提升管理。

3. 注重对架子队考评，以评促管，从而解决模式管理的难度，促进一航文化向架子队延伸。

第五部分　工作要求

（略）

### 2.6.2　项目文化建设实施

实施，就是指按策划进行执行、施行的过程，是将策划付诸行动的过程。

 2 项目文化建设

实施是管理过程的行动阶段,是一个自上而下的动态管理过程。所谓"自上而下",主要是指策划的目标、内容等经审批后,逐层向下传达并在工作中进行分解、落实。所谓"动态",主要是指策划实施的过程中,常常需要在"分析－决策－执行－反馈－再分析－再决策－再执行"的不断循环中达成策划目标。

对项目文化建设来说,实施就是根据策划的内容和要求,设置项目文化建设的机构、配置相关人员并明确其相应职责,为文化建设提供资金、技术、信息和设施等资源保障,宣贯企业文化理念并培训项目员工,围绕施工生产这个中心按计划开展各种文化工作计划,加强各类文化活动管理,组织向相关方输出价值观并施加影响,防范项目质量、安全、环保以及违纪违法风险等。

案例2-11:某公司海南分公司组织项目经理学习《项目文化建设指南》

某公司海南分公司组织全体项目经理和项目副经理学习了公司的《项目文化建设指南》。

《项目文化建设指南》中指出建筑业的核心竞争力之一就是企业文化。海南分公司通过长期以来对项目部进行调研,以及通过项目部的反馈,发现项目的文化建设、企业文化建设匮乏,多数项目对此并未足够重视。调研中发现,分公司的项目部虽少却也差异很大,开展项目文化建设的项目部往往是公司的先进典型,而忽视项目文化建设的项目部往往在项目管理上比较落后,对公司在海南市场的品牌建设严重地拖了后腿。由此,分公司希望通过此次的共同学习,引导项目经理积极开展项目文化建设和企业文化建设。

会上,大家从项目文化和企业文化建设的含义、项目文化建设现状和项目文化建设的作用三个方面对项目文化建设进行了学习。学习中,海南分公司朱经理提出:"做好项目文化建设最根本的地方,就是我们所有的项目经理要牢固树立项目文化建设的意识。通过提升项目的软实力,使项目管理团队和项目管理水平整体提升,才能从真正意义上拉开与竞争单位的距离,树立起公司真正的品牌。"

与会项目经理纷纷发言,表示通过本次学习,自身提升很大,也意识到项目文化建设的重要性,并会在今后的项目管理工作中加强项目文化建设,按照分公司要求去有意识的建设积极的、健康向上的项目文化。

### 2.6.3 项目文化建设考评

考评,即考核评定,是指考评者对照策划的目标或绩效标准,采用一定的考

评方法(如资料检查、现场检查、测试等),评定工作任务完成情况、工作职责履行程度和员工的发展情况,并将形成评定结果上报和反馈的过程。通常,考评是指运用一定的评价方法、量化指标及评价标准,对考核对象为实现其职能所确定的绩效目标的实现程度,以及为实现这一目标的执行结果进行的综合性评价。

对项目文化建设来说,考评就是根据企业文化建设要求、项目文化建设目标和文化工作要求,对整个项目文化建设的过程和成效进行检查、分析,并做出考核评定,包括考评主体、考评频次、考评内容、评分准则以及考评报告和考评结果应用等。

案例 2-12:中国××××总公司项目文化建设标准及评比办法(节录)

一、项目文化建设标准

(一)坚持使用统一的企业标志、企业价值观、企业精神和企业歌曲,打造"中国铁建"品牌

项目无论规模大小、工期长短,都要严格按照总公司《企业识别系统(CIS)规范手册》的要求,使用规范、统一的企业标志、企业价值观、企业精神和企业歌曲,任何项目都不得另有价值观和企业精神的提法。具体要求如下:

1. 在现场彩门、营区大门和条件允许的工地围栏、围墙上喷绘醒目的总公司标志或二级单位标志。(25分)

2. 在自有的大中型机械设备、车辆上喷绘总公司标志或二级单位标志。(5分)

3. 在安全帽上喷绘总公司标志或二级单位标志。(5分)

4. 在宣传册、项目手册、会议室、项目宣传橱窗以及营区等处印制、喷绘或悬挂总公司标志或二级单位标志、企业价值观、企业精神和鼓舞士气、展示企业精神风貌的宣传口号。(5分)

5. 开工典礼、竣工典礼、各类会议所用的条幅、彩旗以及项目部的大门牌,均应按规范制作,在各单位名称前必须冠以"中国××"标志。(5分)

6. 规范制作名片、信封、桌旗、贺年卡、胸卡、服装等,其他办公用品、物件上也应印制统一的企业标志,制作样式应符合规范。(5分)

7. 在营区显要位置升挂国旗、总公司旗和下属单位旗(左为总公司旗,中为国旗,右为下属单位旗)。下属单位旗由两部分构成:上为完整的总公司标志,下方为单位名称。(5分)

8. 唱响《××员工之歌》、《×××志在四方》两首企业歌曲。(5分)

## (二)优化环境,营造浓厚文化氛围

1. 优化室内环境。

(1) 会议室张贴工程项目图表、管理组织机构图、企业价值观等文化理念,会议室中心位置放置国旗和企业桌旗。(3分)

(2) 各部门办公室悬挂门牌,张贴岗位职责等。(2分)

(3) 职工宿舍统一配发床上用品,物品摆放整齐,清洁卫生,空气清新。(2分)

(4) 浴室、医疗室(医疗箱)、阅览室、活动室等设施齐全规范。(2分)

(5) 职工食堂悬挂卫生制度,餐厅张贴就餐礼仪,生熟炊具、食品分放标明,卫生达标。(2分)

2. 优化室外环境。

(1) 营区规划整齐,做到绿化、美化。(2分)

(2) 项目部设置宣传橱窗、企务公开栏、板报。(2分)

3. 优化施工现场环境。

(1) 制作规范醒目的工程简介牌、施工平面图、安全质量进度和环保目标牌、机械操作规程牌、安全标志及各种规章制度牌。(2分)

(2) 工地安插带有总公司标志的彩旗。(2分)

(3) 材料堆放整齐,机械设备停置符合文明工地建设要求,现场布局合理。(2分)

(4) 员工挂牌上岗,举止文明,爱岗敬业。(2分)

(5) 珍爱自然,创建绿色工地。(2分)

## (三)创新项目文化,提升管理水平

1. 各项目部根据自身特点,提炼出个性鲜明的项目管理理念。落实企业员工行为规范,树立社会主义荣辱观,培育"四有"新人。(5分)

2. 创新制度文化,推进项目管理。从项目实际出发,深入抓好系列制度的构建和完善,以先进的文化理念推进管理创新,使企业文化与项目管理全方位结合,全面提升管理水平,推进生产过程的科学化、生产方式的文明化、经济效益的最大化和社会效益最佳化,有力推进文化强企。(5分)

3. 强化教育培训,铸造"中国××"精神。采取报告会、座谈会、知识竞赛、观摩学习等多种形式,深入浅出地对员工进行企业精神、企业价值观等方面的教育,唱响两首企业歌曲,使文化理念植根于员工心灵深处,使员工自觉融入企业主流文化。(5分)

## (四)加强领导,强力推行

(略)

## 二、评比办法

### (一) 评比标准

项目文化建设满分为 100 分。其中统一使用企业标志、企业价值观、企业精神和企业歌曲部分 60 分；优化环境部分 25 分，项目文化创新部分 15 分。60 分为及格，70～85 分为良好，86 分以上为优秀。项目凭借文化管理获得甲方或地市级以上安全、质量、文明工地等奖项加 5 分。统一使用企业标志、企业价值观、企业精神和企业歌曲部分得分低于 50 分为不达标项目，发生等级以上质量事故、责任亡人安全事故的项目，取消参评资格。

### (二) 评比程序

总公司每年度评比表彰一次"企业文化建设优秀项目部"和"项目文化建设先进个人"。评比采取自下而上、层层推荐的办法产生。在各单位推荐的基础上，由总公司党委宣传部审查，提出初评意见并在一定范围进行公示，然后报总公司企业文化建设领导小组审批。

### (三) 表彰形式

总公司、总公司党委对评出的"企业文化建设优秀项目部"和"项目文化建设先进个人"做出表彰决定，分别颁发奖牌和证书，并采取多种形式广泛宣传。各单位给予优秀项目部主要负责人和先进个人一定的物质奖励。

(以下略)

### 2.6.4 项目文化建设改进

改进过程是前一个管理过程中的最后一个子过程，又是后一管理过程中的最初一个子过程；通过改进过程，将前一个管理过程和后一个管理过程完整地联结起来，从而使管理活动呈现出不断循环，并在循环中不断得到提高的状态。

百度百科认为，改进"是一种以追本溯源、追根究底的单元分析法为基本方法的有效降低成本、提高质量、增进效益及效率的系统理论"。单元分析法是以某一事物构成要素为基础，为了达到增进效率，改善异常的目的，对构成要素逐渐深入检讨，从而发现异常关键点即细节，然后对其追根究底地深入了解，通过分析发现问题的根本原因，进而解决问题的一种改进方法。和经营分析、成本分析不同，它不是要分析事物的表面数字，而是要分析构成事物的实质背景——即对构成事物的各个要素逐项检讨，发现异常点，并对异常点做抽丝剥茧的追本溯源的分析，务求发现问题的根本，予以彻底解决。

对项目文化建设来说，改进就是采取必要的措施，以持续改进过程绩效，从而使项目文化建设保持循环上升、不断提高的状态，确保满足企业文化建设的根本要求,真正为客户、企业、员工和相关方创造价值。

### 案例 2-13:中国中铁股份有限公司的项目文化建设历程

2004 年,公司在企业文化建设推进会上,制定出台了企业文化建设实施纲要和发展战略,大力实施铸魂、育人、塑形"三大工程",明确提出"加强工程项目文化建设,突出工程项目主阵地,突出员工主体地位,推动项目文化由生产领域向生活领域延伸、由职工队伍向民工队伍延伸、由企业内部向社会延伸"的"一加强、两突出、三延伸"的工作思路,着力建设以忠诚守信为重点的精神文化、以安全生产为重点的行为文化、以精细化管理为重点的制度文化、以品牌形象为重点的物质文化、以"工程优质、干部优秀"为重点的廉洁文化和以协调发展为重点的和谐文化,为推动企业发展提供强有力的文化支撑。

2006 年,公司在杭州湾跨海大桥项目管理现场会上,提出了项目管理和项目文化要实现"五个转变"的目标,推动了项目文化全面融入项目管理。2009 年,公司在狮子洋海底隧道工地召开项目文化建设现场会,大力推行 15 个项目文化示范点经验,制定《项目文化建设指导意见》和《项目文化建设操作手册》,形成了规范系统的项目文化建设目标内容、活动载体、工作流程和考评标准,推动项目文化上桥头、进洞口、下工班、到宿舍,促进了企业文化落地生根,引领项目管理不断加强。

公司还在各单位开展了项目文化示范点创建活动,形成了一整套切实可行的具有中国中铁特色的规范化、精细化、信息化的工程项目制度文化体系,做到生产工厂化、环境园林化、手段机械化、控制信息化、队伍专业化、管理规范化,使工程项目始终处于受控状态。还及时总结推广了开路先锋的"路文化"、跨越天堑的"桥文化"、穿山越海的"隧文化"、四海为家的"家文化"等一批具有企业特色的项目文化,推动了项目文化建设向纵深发展。

项目文化策划的表单样式可参见表 2-4~表 2-8。

表 2-4　　　　　　公司　　　　项目部文化工作目标策划表

| 项目目标 | | 把项目目标转化为文化工作目标(结合公司目标一并策划,宜量化以便考核) | 项目部每季自查 | 上级组织半年检查 |
|---|---|---|---|---|
| 业主合同及与公司签订的主要责任目标 | | | | |
| | | | | |
| | | | | |
| | | | | |

续表

| 项目目标 | 把项目目标转化为文化工作目标（结合公司目标一并策划，宜量化以便考核） | 项目部每季自查 | 上级组织半年检查 |
|---|---|---|---|
| 项目自定的其他目标 | | | |
| | | | |

注：1. 文化工作目标应包括对员工的培训、培养目标，考虑文化工作的创新目标等；
  2. "三名"是指"名品、名人、名企"。"名品"指以工程项目名称为荣誉的奖项，如鲁班奖、安全文明示范工地、"五好项目"等；"名人"指以先进个人或以个人命名的团队（如××青年突击队），"名企"指"名品"、"名人"以外的、以项目经理部名义申报的综合类奖项，如先进党支部、青年文明号等；
  3. 项目党、政、团组织应加强文化工作与属地政府部门的联动，创争当地奖项。

编制：　　　　　　经理批准：　　　　　　　　　　　　　　年　月　日

_____公司_____项目部文化工作事项策划表　　　　表 2-5

| 时间 | 施工进度及相关要求 | 根据文化工作目标确定工作事项 | 工作增补说明 |
|---|---|---|---|
| ×月 | | | |
| | …… | | |
| ×月 | | | |
| | …… | | |
| | …… | | |
| …… | | | |

注：应根据职能策划三八、五一、五四、七一等重大节庆活动，并考虑开展具有针对性的社会公益活动。

编制：　　　　　　项目经理批准：　　　　　　　　　　　　年　月　日

_____公司_____项目部_____年度文化创新工作表　　　表 2-6

| 类　别 | 创新工作事项及目标 | 时间/责任人 | 经验总结、论文发表或成果申报 | 实施结果 |
|---|---|---|---|---|
| | | | | |
| | | | | |
| | | | | |
| | | | | |
| | | | | |
| | | | | |
| | | | | |

编制：　　　　　　项目经理批准：　　　　　　　　　　　　年　月　日

_____公司_____项目部_____年度文化载体建设表　　　表 2-7

| | 载体分类 | 覆盖区域 | 主要覆盖内容 | 计划完成时间 | 每季维护自查记录 |
|---|---|---|---|---|---|
| 1 | CI | 办公区、施工区、生活区 | 见 CI 规范 | | |
| 2 | 企业文化 | 施工围牌 | "文化理念"牌 | | |
| | | 会议室主墙图牌 | "企业使命/企业愿景"牌 | | |
| | | | "核心价值观/企业精神"牌 | | |
| 3 | 文化理念 | 项目经理、书记办公室 | 文化理念牌或展板 | | |
| | | 出入频繁和关注区域 | 文化展板 | | |
| | | 会议室 | 文化展板＋公司代表工程（1 个）＋项目效果图（1 个） | | |
| 4 | 企业精神 | 办公区、生活区 | 企业精神展板 | | |
| 5 | 项目夜校 | 会议室 | 项目夜校牌 | | |
| | | | 项目夜校培训计划、实施情况及考核等 | | |
| 6 | 图书角 | 会议室或专门区域 | 文化产品 | | |
| | | | 新闻报刊 | | |
| | | | 其他专业知识学习书本 | | |
| 7 | 文化建设活动 | 施工全过程 | 文化建设活动计划、实施情况及效果等 | | |
| 8 | 时事宣传 | 办公区、生活区 | 时事宣传板 | | |

编制：　　　　审核：　　　　批准：　　　　　　　　　　年　　月

_____公司_____项目部_____年度文化建设活动表　　　表 2-8

| | 活动名称 | 计划事项 | 时间/责任人 | 预期成果/影响 | 宣传报道要求 | 自我评价 | 上级检查记录 |
|---|---|---|---|---|---|---|---|
| 1 | | | | | | | |
| 2 | | | | | | | |
| 3 | | | | | | | |
| 4 | | | | | | | |

编制：　　　　审核：　　　　批准：　　　　　　　　　　年　　月　　日

# 3 项目文化建设职责

在建筑施工企业，组织机构的设置及其职责的划定，应由法人进行安排。项目文化是企业文化建设的重要组成部分，施工企业和项目部要针对项目文化建设的实际需要，分别明确文化建设的组织机构，并赋予相应的职责和权限，为项目文化建设提供组织保障。

## 3.1 机构设置

施工企业应按管理层级来设置文化建设的领导体制、组织机构，并按其管理定位分别赋予相应的职责和权限。

### 3.1.1 领导机构

企业领导应将项目文化建设纳入战略管理，成立文化建设领导小组（表 3-1），与项目其他工作"同部署、同检查、同考核、同奖惩"，并经常听取汇报，解决工作中遇到的重大问题。

公司和项目文化领导机构职责表　　　　　　　　　　表 3-1

| 领导机构 | | 工作职责 |
|---|---|---|
| 企业 | 文化建设领导小组 | ・贯彻落实公司的指示精神，研究决定公司企业文化建设重要事项；<br>・负责审定公司企业文化建设实施方案、工作计划及运行保障机制；<br>・组织开展企业文化宣传教育和文化建设活动；<br>・负责组织开展企业文化交流等 |
| 项目 | 项目班子 | ・制定和实施项目经理部文化建设工作规划、目标和计划；<br>・落实公司企业文化建设、企业品牌建设的各项任务，建设项目文化工作品牌；<br>・优化项目文化建设、项目品牌建设资源；<br>・组织编制项目文化建设、企业品牌建设活动方案，并组织活动的开展；<br>・提出项目文化建设、企业品牌建设的资源需求，并对其进行优化管理 |

### 3.1.2 主管部门

根据建筑施工企业特点、企业性质和规模大小等情况，可设专职部门、合署

部门来主管文化建设工作。企业专职部门一般为企业文化部,项目部一般可与综合办公室合署。

(1) 专职部门

企业文化部是企业发展到一定阶段,进入高层次管理——文化管理而专门设置的部门(表3-2),是企业文化主管部门,主要起着增强企业凝聚力、提高企业综合素质、规范员工意识形态的重要作用。项目文化建设是企业文化建设的重要组成部分,因此,企业文化部也是项目文化建设的主管部门,对项目文化建设进行策划、指导、监督和考评等,具有不可代替性。

公司和项目文化主管部门及职责表　　　　　　表3-2

| 主管部门 | | 工作职责 |
|---|---|---|
| 公司 | 企业文化部 | ・研究现代成功企业的文化特点,发掘、提炼企业文化中的积极元素,从理念、制度和行为三个层次,塑造企业文化的新形象;<br>・宣传企业文化的核心价值取向,增强企业文化的影响力、亲和力和凝聚力;<br>・负责公司整体形象、品牌形象的策划、传播和维护工作;<br>・负责与公共媒介的联系、沟通和信息交流,开展对外宣传工作;<br>・深入公司经营管理和业务活动的具体环节,报道公司重大经营管理活动;<br>・负责公司互联网网页的制作、更新和维护,利用互联网宣传公司的理念、形象和发展变化;<br>・指导、推进和检查项目文化建设情况;<br>・协助公司党、工、团、妇工作及公司的庆典、运动会和对内、对外联谊活动;<br>・承办公司领导交办的其他工作 |
| 项目部 | 综合办公室 | ・根据上级单位和分管领导的要求,制定项目文化建设、企业品牌建设战略、工作规划和计划并组织实施;<br>・指导文化管理员开展项目文化建设和项目CI覆盖工作,做好策划、实施、检查和改进;<br>・完成分管领导和上级单位交付的项目文化建设、企业品牌建设和CI工作任务(当本单位没有配置文化管理员时,应一并承担其工作职责) |

案例3-1:中铁某局三公司京沪项目部文化建设创新高效的工作机制

中铁某局三公司京沪项目部为调动广大职工的积极性,确保施工生产的顺利进行,自上线以来,坚持以人为本,创新工作方法,以务实的工作作风,认真抓好工地"生活、卫生、文化"建设,凝聚人心,提升干劲,创新能力。积极探索和实践项目文化建设,并不断提升项目文化建设档次,文化力促进了生产力,保证了京沪线如期建成。

为了完成集团公司一年建成京沪线的郑重承诺,项目部决定以项目文化建设为抓手,在项目文化建设的硬件设施上项目部在建点时全盘考虑,统筹规划,精心设计。依照集团公司强调突出"中铁××"品牌的要求,精心设计和制作出图文并茂的宣传标牌、图表、岗位责任制和施工简介图等,在每一个分部驻地都标识清晰、规范，宣传标语口径鲜明统一。职工驻地有精神，施工现场有气氛，职工驻地有家的感觉。结合"三工"建设，使食堂、宿舍干净卫生，文化娱乐条件齐备，优化了工地环境，形成了良好的氛围。项目部根据不同的季节，及时购买、定做了两套工装，统一绣上"中铁××"的标志标识，职工统一着装、挂牌上岗，职工精神面貌焕然一新。

京沪防盗护线是工程建设有史以来少有的壮举。2006年春节期间，60多名机关干部、近千名民工以每公里3人的密度在管段300余正线公里的铁道线上顶风冒雪昼夜巡守。在艰苦的环境中，参战员工始终保持乐观无畏的精神面貌。大年将至，京沪盯岗巡夜干部中兴起了征集安全原创短信和征集原创春联活动，大家在整夜巡防之余，用互动的形式互相鼓励、排解乡愁，一百多条佳作为京沪项目文化平添了一道靓丽的风景线："佳节渐渐已近，人人归心似箭，受党教育多年，关键时刻在前，京沪雪花飞舞，领导盯岗督战，你我夜晚蹲坑，确保京沪安全"，"看天看地看人看线昼伏夜出严防死守彰显英雄本色；为国为家为你为他黑白颠倒千里筑垒确保京沪平安"……充分体现了三公司广大干部职工的精神境界和安全意识。

(2) 合署部门

在条件允许的情况下可设置专职文化主管部门，但在一些特殊情况下，如国企的特性、人力资源的局限、文化建设工作所处的阶段等，则可考虑文化部门与其他职能部门合署，以加强部门联动和资源共享。

文化工作与其他部门合署办公有利于项目各部门形成文化建设合力，有利于职能互补，有利于提高文化管理人员的全面素质，例如国有企业可将企业文化部门与其他部门联合设置，可选的方案包括（表3-3）。

企业文化合署部门分析表　　　　　　　表3-3

| | 常见合署部门 | 主要优势 | 注意事项 |
|---|---|---|---|
| 1 | 与企业管理部门合署 | 进入企业战略管理，文化建设的层次和定位有所提高，领导重视程度增强 | 专业性和人员素质不足，抓执行不够彻底 |
| 2 | 与办公室合署 | 更能明了领导对文化建设的思路、想法 | 行政工作本来纷繁复杂，精力有限 |
| 3 | 与宣传部门合署 | 能强化品牌形象和品牌包装，放大文化建设的成效和影响力 | 对资源的整合能力不足，缺乏政策、人力等支撑 |
| 4 | 与人力资源部合署 | 人力资源管理体系，就是企业文化的一部分，可在制定和推行政策、制度的过程中，培育发展企业文化。同时对加强文化队伍建设、提升人员素质有很大帮助 | 抓文化工作的方式手段有限 |

续表

| | 常见合署部门 | 主要优势 | 注意事项 |
|---|---|---|---|
| 5 | 与党群部门合署 | 活动载体丰富、宣传传播手段多样、人员素质匹配 | 容易陷入党群文化的自我循环 |
| 6 | 与市场部合署 | 可能只考虑到公司对外形象,以外部客户为出发点考虑企业文化 | 企业内部客户,也是企业最重要的人——每一个为企业付出劳动的职员,可能会被忽略。 |
| | 项目文化建设 | 容易贴近生产经营活动,更好地融入中心、服务中心 | 生产施工工作量大、工期紧、精力有限 |

### 3.1.3 其他部门

项目文化建设是一个系统工程,不可能只由职能部门解决一切问题,需要各部门的有效配合,结合专业工作和线条管理特点充分发挥文化建设工作的优势,见表3-4文化建设部门协同职责表。

文化建设部门协同职责表　　　　　　　表3-4

| 管理层级及职能部门 | | 文化建设职责 |
|---|---|---|
| 公司 | 办公室 | 将文化理念、文化产品运用到领导讲话、日常接待、管理等工作当中 |
| | 市场营销部 | 在市场营销过程中积极向新老客户推介企业文化,提升公司对外形象 |
| | 企业管理部 | 把项目文化建设纳入企业战略,对项目文化建设进行顶层设计,过程中进行督促和指导 |
| | 财务资金部 | 提供项目文化建设所需经费,提供资金、设备等物质保证 |
| | 人力资源部 | 提供和保障项目文化人员的配备到位,薪酬待遇落实,进行职业发展规划设计,畅通职业发展通道 |
| | 党群工作部 | 加强对项目文化建设的总结提炼和宣传,将党群活动载体与文化建设紧密结合,为文化建设提供载体,丰富手段 |
| | 安全与生产部 | 将企业文化融入施工生产各个环节,确保安全、文明施工和环境保护,并用文化影响甲方、监理、政府有关部门、劳务队伍等 |
| | 商务合约部 | 在招投标、采购和法务工作中坚持核心价值观,分析文化建设的投入和产出情况等 |
| | …… | |
| 项目部 | 技术部工程部 | 将项目文化融入项目安全施工生产各个环节,用文化影响相关方(甲方、监理、政府有关部门、劳务队伍等) |
| | 材料设备部 | 用文化规范材料采购行为,营造廉洁氛围 |
| | 安全部 | 将项目文化融入项目安全管理 |
| | …… | |

## 3.2 人员配置

按公司和项目部文化主管机构设置的有关要求,相应文化建设的专业人员应同步配备到位,并明确相应职责,加强绩效考核。

### 3.2.1 主管人员岗位设置

根据《建筑企业和施工项目文化主管部门及职责表》要求,在公司和项目层面分别设置文化工作职能部门有关专、兼职人员岗位及人数,如表3-5。

建筑企业和施工项目文化主管部门人员岗位设置表　　　表3-5

| 管理层级 | 职能部门 | 设岗要求 ||
|---|---|---|---|
| | | 专、兼职人员 | 文化宣讲员和CI评审员 |
| 公司 | 企业文化部 | 负责人、文化主管、文化干事各1人 | 2-4人(兼) |
| 项目部 | 综合办公室 | 负责人、文化管理员各1人(兼) | 2-3人(兼) |

按表3-6的要求,项目可根据规模大小情况按表3-6设置相应的项目文化建设工作岗位。

项目文化工作设岗建议表　　　表3-6

| 项目规模 | 职能部门 | 设岗建议 ||
|---|---|---|---|
| | | 专、兼职人员 | 文化宣讲员/CI评审员 |
| 一般项目(管理人员60人以下) | 综合办公室 | 负责人1人(兼) | 1~2人(兼) |
| 大项目(管理人员60~100人) | 综合办公室 | 负责人、文化管理员各1人(兼) | 2~3人(兼) |
| 特大项目(管理人员100人以上) | 综合办公室 | 负责人、文化管理员各1人 | 2~4人(兼) |

注:建立一支理论素养好、实践能力强、专兼结合的项目文化工作队伍;项目文化工作专职人员数量依据实际工作需要配备,比例结构合理。

### 3.2.2 主管人员岗位职责

根据公司和项目文化主管部门人员岗位设置表,分别明确公司和项目层面文化工作者相应岗位职责和任职要求,如表3-7。

## 公司和项目文化主管部门人员岗位职责表

表 3-7

| 文化岗位 | | 岗位职责 | 任职要求 |
|---|---|---|---|
| 公司—企业文化部 | 部门负责人 | • 研究现代成功企业的文化特点，发掘、提炼企业文化中的积极元素，从理念、制度和行为三个层次，塑造企业文化的新形象；<br>• 宣传企业文化的核心价值取向，增强公司企业文化的影响力、亲和力和凝聚力；<br>• 负责公司整体形象、品牌形象的策划、传播和维护工作 | 5年以上项目文化建设相关工作经历 |
| | 文化主管 | • 负责与公共媒介的联系、沟通和信息交流，开展对外宣传工作；<br>• 深入公司经营管理和业务活动的具体环节，报道公司重大经营管理活动；<br>• 负责公司互联网网页的制作、更新和维护，利用互联网宣传公司的理念、形象和发展变化 | 3年以上项目文化建设相关工作经历 |
| | 文化干事 | • 指导、推进和检查项目文化建设情况；<br>• 协助公司党、工、团、妇工作及公司的庆典、运动会和对内、对外联谊活动；<br>• 承办公司领导交办的其他工作 | 2年以上项目文化建设相关工作经历 |
| 项目部—综合办公室 | 部门负责人 | • 根据上级单位和分管领导的要求，制定项目文化建设、企业品牌建设战略、工作规划和计划并组织实施；<br>• 指导文化管理员开展项目文化建设和项目CI覆盖工作，做好策划、实施、检查和改进；<br>• 完成分管领导和上级单位交付的项目文化建设、企业品牌建设和CI工作任务（当本单位没有配置文化管理员时，应一并承担其工作职责） | 3年以上项目文化建设相关工作经历 |
| | 文化主管 | • 协助部门负责人组织日常项目文化建设、项目品牌建设和CI工作的策划、实施、检查和改进；<br>• 负责项目文化建设、项目品牌建设和CI工作的内外部联系、具体业务统计和工作记录管理；<br>• 做好项目文化建设、项目品牌建设和CI工作的内业管理 | 2年以上项目文化建设相关工作经历 |
| | CI管理员/评审员 | • 参加CI培训，持续保持评审员应具备的能力；<br>• 开展项目CI实施和改进；<br>• 完成公司交付的CI评审任务；<br>• 参与项目文化宣贯和项目文化建设、项目品牌建设活动等 | 1年以上项目文化建设相关工作经历 |
| | 文化宣讲员 | • 参加项目文化建设、项目品牌建设的培训；<br>• 协助负责人和文化管理员制定和实施项目文化建设、项目品牌建设的规章制度；<br>• 在本项目组织和参与《文化手册》宣讲活动；<br>• 配合实施项目文化建设相关活动等 | 1年以上项目文化建设相关工作经历 |

注：项目文化工作根据项目规模、工期等因素，主管人员也不尽相同，在此主要列出主要管理人员岗位和职责，实际操作过程中可根据项目实际情况对文化管理岗位和职责进行相应调整。

### 3.2.3 其他人员及职责

文化工作是系统工作,需要各线条、各人员的齐抓共管,通过亲自践行和结合各自岗位特点开展文化工作(表3-8)。

公司和项目文化建设协同职责表　　　　　　表3-8

| 层级 | 其他主要人员 | 主要协同职责 |
|---|---|---|
| 公司 | 公司其他领导(副总经理、总工程师、总会计师、总经济师等) | 践行文化并将文化工作融入分管线条工作 |
| | 部门负责人(各部门) | 践行文化并将文化工作融入部门工作 |
| | 一般员工 | 践行文化并将文化工作与自身岗位工作相结合 |
| 项目部 | 项目其他领导(生产经理、商务经理、技术负责人等) | 践行文化并将文化工作融入分管线条工作 |
| | 部门负责人(各部门) | 践行文化并将文化工作融入部门工作 |
| | 一般员工 | 践行文化并将文化工作与自身岗位工作相结合 |

## 3.3 项目文化队伍建设

项目文化建设离不开队伍建设,文化人才队伍的水平决定了项目文化建设水平。因此,从企业和项目层面都应明确措施要求,建立一支理论水平高、实践能力强的文化人才队伍。

### 3.3.1 企业层面的措施

人才是企业文化建设的重要支撑,在培育和建设企业文化的过程中,企业应针对各类人才的不同特点和成长规律,通过建立科学的培育体系、合理的用人体系和规范的绩效考评体系,激活人力资源,打造一支高素质、高水平的文化建设工作队伍(表3-9)。

企业层面文化建设工作队伍培养措施表　　　　　　表3-9

| 管理层级及措施 | | 具体要求 |
|---|---|---|
| 企业 | 建立科学的培育体系 | 针对各类人才的不同特点和成长规律,进行分类指导和培养,使人才各尽其能。通过带薪学习深造、企业内部培训、以师带徒培养、岗位锻炼成材、个人自学提高等多种方式,加快人才培育。加快人才结构调整,优化人才资源配置,促进人才合理分布,发挥人才总体功能 |

续表

| 管理层级及措施 | | 具体要求 |
|---|---|---|
| 企业 | 建立合理的用人体系 | 针对各类人才的不同特点和成长规律，进行分类指导和培养，使人才各尽其能。通过带薪学习深造、企业内部培训、以师带徒培养、岗位锻炼成材、个人自学提高等多种方式，加快人才培育。加快人才结构调整，优化人才资源配置，促进人才合理分布，发挥人才总体功能 |
| | 建立规范的绩效考评体系 | 强化对项目文化人才的激励措施，注重深化人才使用的竞争机制、激励机制和约束机制，增强人才"有作为才有地位"的观念。根据企业的实际，制定完善绩效考核制度，将定性考核与定量考核结合起来。同时，要结合企业的用工制度，建立起有效的晋升、晋级制度与灵活的激励机制，体现公平与公正原则，使奖励、晋升发挥应有的激励作用 |

## 案例 3-2：中建五局某工程项目文化手册——岗位职责篇（节录）

### 1. 项目经理岗位职责

——认真贯彻执行党和国家的路线、方针、政策和法律、法规，贯彻执行上级的指令和各项规章制度；

——负责实施与业主签订的工程承包合同和项目的内部承包合同或责任目标，确保合同或责任目标的全面完成；领导、组织、指挥、协调项目的工作；

——全面负责企业文化、安全生产、工程质量、进度、环保、防火、治保、文明施工、项目成本核算和经济效益等各项工作，定期进行检查考核；

——负责协调项目内协作单位之间的关系，并对协作工程项目进度、质量、安全和施工现场组织管理、检查、考核、验收；

——负责处理涉及工程项目的外部事务工作和施工现场发生的各种纠纷，重大问题应及时向上级报告；

——组织编制施工组织设计、进度网络控制计划、成本控制计划、质量安全技术措施和工程预、决算，审查上报的各项报表；

——负责审批项目内所发生的一切开支费用和协作单位的费用结算；

——严格财经制度，加强财务管理，合理使用资金，严格控制费用支出，正确处理国家、集体与个人利益关系。

### 2. 项目书记岗位职责

——以创建"四好"领导班子，构建和谐为载体，抓好项目领导班子思想作风建设，使班子成员自觉执行民主集中制和分工负责制原则，参与项目重大问题的决策，发挥项目党支部的政治核心作用；

——组织领导班子每月一次的政治理论学习，使领导班子成员保持清醒的政治头脑和明确的工作方向，提高思想理论素质和工作能力；

——组织项目领导班子每半年召开一次民主生活会,认真开展批评与自我批评,自觉接受党内外群众的监督;

——了解掌握项目员工的思想动态,联系实际强化思想政治工作,采取有效形式,对职工进行形势教育,使职工队伍保持良好的工作状态,不断焕发出新的积极性和创造性;

——积极培育企业文化,把中国建筑的品牌理念贯穿到思想教育和具体工作当中,使广大员工不断树立责任意识、市场意识、质量意识、竞争意识、服务意识,保持和发扬无私奉献、艰苦创业的精神;

——注重发现和培养人才,有目的地、有针对性地进行管理与培养,并按照组织程序推荐各类人才;

——认真落实项目党风廉政建设责任制,推进项目廉洁文化建设;

——注意发挥工会、共青团组织的作用,使工会、共青团在强化思想政治工作、树立先进典型、搞好青年理想教育、开展劳动竞赛等项工作中发挥积极作用。

3. 项目副经理岗位职责

——负责本工程的生产计划落实、队伍协调及资源调度等工作;

——协调好本工程内部各施工队伍的关系;

——掌握工程总体情况与施工动态,合理安排各施工工序,做好衔接工作,保障工程顺利进行;

——负责协作队伍工程结算、支付等工作;

——认真贯彻执行国家有关安全生产的法律法规和公司制定的安全生产规章制度,在项目经理的领导下,对职责范围内的安全生产工作负主要责任。

4. 项目总工岗位职责

——负责与业主、设计单位和监理洽谈施工项目的有关技术问题,并负责经济技术资料的签证;

——负责对重要分项工程和关键部门进行技术交底,组织项目的质量、安全等检查活动,并监督整改措施落实情况;

——负责协调施工技术及各工程分项部门的关系,协助项目经理组织各部门进行标准化管理和施工;

——积极推广应用新技术、新工艺、新材料,负责组织开展全面质量管理;

——对本项目安全生产技术负直接责任,在整个施工过程中负责组织实施与监督检查各项安全技术措施,及时解决施工中出现的安全技术问题;

——及时处理施工中的技术问题,负责或参与调查处理质量事故和工伤事故并落实整改措施。

5. 办公室主任岗位职责

——负责上级下发到项目部的文件、信函（不含业主提供的技术文件）的接收、回收、记录，组织项目部重要会议和活动；

——负责项目部办公用品、备品的管理；负责项目部办公房屋、宿营车、办公车辆、活动房屋等办公、生活固定资产、物资的管理，按规定进行保养维修；

——组织项目部"十一大员"及特殊作业人员上岗证的保养登记；

——负责项目部职工培训计划的上报及人员培训记录的台账。

6. 项目安全员岗位职责

——落实新职工、转岗职工三级安全教育内容，及时做好安全生产的宣传教育工作，检查督促特种作业人员的持证上岗；

——掌握生产施工过程中的安全情况，对检查中存在的安全隐患，提出改进意见和措施，及时向项目部或工区领导反映；

——结合项目实际情况，开展安全活动；对劳动防护用品使用情况进行检查、督促和落实整改；

——制止违章指挥和违章作业，对违反有关安全技术、劳动保护法规的行为，经劝阻无效时，应及时如实向有关领导汇报、处理；

——加强对工人的管理，做好工人的录用、登记、教育培训等工作，并办理暂住登记手续；

——负责安全工具、实施、安全标志标牌的管理，安排好工地的值班和巡逻，做好治安保卫工作。

7. 项目质检员岗位职责

——执行质量否决制，凡工程质量自查不合格的不予签认计量，协作单位工程质量不合格的不予办理签认支付手续；

——检查督促质量整改的落实情况，参加工程质量事故调查分析，并提出处理意见和防范措施的建议；

——积极宣传"质量第一"的方针，提高职工质量意识，协助项目经理做好质量管理工作。

（以下略）

### 3.3.2 项目层面的措施

项目是建筑施工企业的重要组成部分，企业文化建设应落脚在项目、践行在项目、创新在项目，这需要一批既懂现场施工管理又懂文化建设的高素质人才。为加速人才成长，项目部可通过开展技能培训、导师带徒、轮岗锻炼、人性关

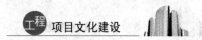

怀、专业发展等措施，进一步提升项目文化工作人员素质和业务水平（表3-10）。

**项目层面文化建设工作队伍培养措施表**　　　　表3-10

| 管理层级及措施 | | 具体要求 |
|---|---|---|
| 项目部 | 技能培训 | 通过专业的培训，提升队伍的专业技术水平，实现新员工全面角色转换和技能提升，充分发挥年轻队伍的优势和竞争力，挖掘职工潜能，发挥人才的资源优势，加大激励措施，鼓励岗位竞争 |
| | 导师带徒 | 通过开展"导师带徒"活动，实现青年的快速成长，提高青年职工的业务能力，专业技术水平，实现角色转换 |
| | 轮岗锻炼 | 通过岗位互换和经验交流，培养复合型、综合性人才，更好地服务于施工生产，提高项目部整体战斗力 |
| | 人性关怀 | 关心项目文化工作者的工作、生活和个人成长，提供各种学习培训和锻炼机会，保证他们的工资、奖金、职称、职务晋升等与同级生产经营管理者统一标准、统一管理 |
| | 专业发展 | 通过建立项目文化人员的职业发展通道，加强CI评审员、文化管理员等文化专业队伍建设 |

**案例3-3：中建某局一公司广州富力·盈凯广场项目部的文化建设**

富力·盈凯广场项目的承建，是该局在广州的代表性工程之一，也是一公司在广东地区的又一精品工程。

项目部在文化建设中组建了项目宣传部，宣传部一开始就将富力·盈凯广场项目的文化建设定位为人人文化、规范文化、精品文化，积极打造具有项目生产特色的文化体系，逐步形成结合CI规范、文化宣传为一体的文化系统，努力营造艰苦奋斗、四海为家的创业文化，规范管理、科学为先的精细文化，团结合作、精诚互助的团队文化，铸造品牌、积极进取的争先文化。

项目宣传部分设项目文化策划组和宣传建设联动组。两组统一开展工作，策划组负责项目宣传策划的整体设计与安排，项目重大文化建设活动的筹备与策划，项目重要宣传工作的组织；宣传联动组负责影像资料采集、稿件撰评、文字宣传报道等。上述两组人员均由宣传员兼任，这既将宣传工作深入到了员工一线，又充分发挥了员工的积极性，从而提高效率。

项目经理高度重视项目文化建设，他认为："项目的文化建设非常重要，但更要注重实际与运用。我们抓文化要充分发挥她的凝聚作用，要注重反映生产管理、反映员工生活、反映企业面貌等方面的文化建设，要通过文化凝聚人心、通过文化打造团队、通过文化塑造品牌。"项目书记对项目党建文化也作出相应要求与指导，要切实将党的最新理论与思想及时深入学习落实，要坚持用科学发展观统领各项工作的开展，努力做到精细化管理、科学化运作，要发挥党员的先锋模范作用,将党旗插在工程的施工难点上、技术攻关上,凝聚人心、披荆斩棘。

项目经理对项目的橱窗宣传栏十分关心,他认为这是项目的"一张脸",也是政府机关、兄弟单位、其他企业、特别是潜在的项目业主相关人员到项目后的第一印象,要将企业的品牌从这一个个宣传栏中予以展示,是企业文化的一种缩影。项目经理还亲自设计了橱窗宣传栏的"员工园地"栏目,并专项设计了一个"员工心声栏",以"把员工的心声反映给企业,把企业的关怀带给员工。"

## 3.4 职责考核

为加强项目文化队伍建设,调动文化工作人员工作热情和积极性,企业文化管理部门和项目部应制定项目文化建设相关考核办法,主要明确考核对象、考核内容、考核时间与方式、考核等级及奖惩措施等,通过组织检查与考核,做出评价与总结,推进文化建设工作实现持续改进(具体考核评价方式详见第7章"项目文化建设考核评价")。

# 4 项目文化建设资源

为确保项目文化建设计划和目标的实现，必须配备所需资源，并由企业对资源进行计划、配置、控制和处置，由施工项目承担日常管理、具体应用，并确保实现增值。

企业和项目两个层级都应建设相关管理制度，明确管理责任，规范管理程序，按"四个依据"对人力资源、建设经费、基础设施、技术支持、信息和知识以及相关方关系等资源进行管控，以更好地实施建设过程并创造价值（图 4-1）。

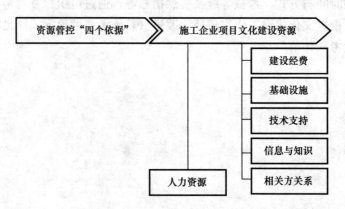

图 4-1 项目文化建设资源构成图

——依据企业文化建设要求和施工合同要求，编制资源配置计划（投入资源的类别、数量与时间等）；

——依据资源配置计划做好资源提供；

——依据资源特性进行有效组合、合理投入、动态调控；

——依据资源增值要求，对资源投入使用情况定期分析，找出问题，总结经验并持续改进。

## 4.1 人力资源

依据第 3 章"项目文化建设职责"，基于项目文化建设的基本需求，确定文

化建设从业人员数量及素质：

——确定符合岗位要求的工作人员及其所需的能力，并给予相应的职责、权限和待遇；

——提供培训或采取其他措施，以保证获得所需的能力；

——评价人员及其工作的有效性；

——保存教育、培训、技能和经验的适当记录。

在实施中，法人和项目部都应重视工作的组织和绩效管理；加强教育培训，确保员工的职业发展，切实维护员工权益，实现员工满意，以推进项目文化建设具有人力保障和智力支持，并真正实现把文化建设与队伍建设相结合。

### 4.1.1 工作组织

施工企业和项目部应根据项目的复杂程度、规模大小和工作需求，设置项目文化管理部门，并配置相应岗位人员，人员的数量、任职要求及职责权限参见第3章"3.2 人员配置"。

### 4.1.2 绩效管理

施工企业和项目部应加强员工的绩效管理，包括员工绩效的评价、考核和反馈，并建立科学合理的薪酬体系和实施适宜的激励政策和措施，提高员工和项目部的工作绩效，以实施企业战略和项目管理计划，实现企业的使命、愿景和价值观。

### 4.1.3 教育培训

根据企业人才发展战略和项目文化建设与人才队伍建设相结合的要求，项目部要建立以贯彻核心价值观为核心，以员工需求为重点，以工作需要为导向的教育培训系统，建立健全教育培训管理体系，把文化建设的内容纳入《教育培训计划》并制定《教育培训工作管理细则》，促进项目目标实现（表4-1）。

项目文化学习教育培训要求表　　　　　　　　　　表4-1

| 教培流程 | 主要要求 |
| --- | --- |
| 制定教培计划 | 采用教育培训需求调查、绩效差异分析、员工胜任能力测评等方式，在对员工进行长短期规划基础上，根据文化建设要求和项目管理的关键要素，找出员工能力素质与文化建设要求的缺口，针对不同对象，对教培方式、内容进行精心策划，制定支持项目目标和员工个人成长的教培计划 |
| 明确教培对象 | 项目管理人员、劳务人员以及业主、监理、供方的现场代表等，形成人人懂文化、人人做文化的局面 |

续表

| 教培流程 | 主要要求 |
|---|---|
| 优化教培师资 | 项目与外部专家保持联系,可邀请上级、专家培训,同时注意在内部选拔培养业务骨干作为讲师 |
| 建设教培设施 | 设立项目夜校、农民工夜校等,配备教学场地、设备、设施,并投入相关经费等 |
| 丰富教培内容 | 根据教培目标和计划,针对不同的对象精心策划对企业文化理念、建设目标、CI 覆盖,项目使命、愿景和价值观,项目文化案例等的培训 |
| 选择教培方式 | 采用讲授、工作指导、自学、经验交流、现场观摩、课题研究、案例研究、头脑风暴、文化成果申报,以及分散培训与集中学习相结合等多种灵活方式 |
| 评价教培效果 | 针对不同的教培对象和方式,采取受训人员考核、教学效果调查、绩效跟踪等方式,对教培效果进行评价,评价结果纳入项目绩效体系,并计入员工的发展档案,与员工职业发展直接挂钩 |
| 应用教培结果 | 在晋升时优先考虑肯学会学的员工,鼓励员工参加学历学位教育、社会执业资格、岗位证书等多种形式的考试,通过提高自身素质实现文化建设目标,在项目内部形成浓厚的学习氛围 |

施工企业和项目部应根据培训评价及应用结果,不定期对培训管理体系和培训计划进行总结,及时发现问题并制定改进措施和计划,不断提高培训效果,切实提升员工的思想文化素质和业务技能素质。

### 4.1.4 职业发展

为实现员工与项目的共同发展,项目部要坚持以人为本,通过文化引导、导师带徒、轮岗交流、职业规划等措施,建立阶梯式的人才培养机制和多渠道的晋升通道,实施人性化和理性化相结合的职业生涯管理方案,为员工提供成长成才的发展舞台。对项目文化管理员等专业人员,应加强培训培养,为其制定职业发展通道。

### 4.1.5 员工权益

项目文化建设要针对自有员工与农民工、青年员工、女职工等不同群体,提供针对性、个性化和多样化的文化措施,保障和维护员工的合法权益(表 4-2);同时,鼓励员工积极参与多种形式的文化建设和改进活动,并为员工参与文化活动提供必要的资源,以提高员工的参与程度与效果。

**员工合法权益及维权措施**　　　　　　表 4-2

| | 职工主要权益 | 主要维权措施 |
|---|---|---|
| 1 | 签订劳动合同的权利 | • 把文化建设作为完善和创新职工维权的重要载体<br>• 加强宣传教育和文化渗透，以落实价值观尊重和保障职工合法权利<br>• 推进文化建设，营造依靠职工办企业的良好氛围<br>• 加强制度文化建设，规范管理行为，为维权提供制度保障<br>• 推进维权机制，优化维权工作环境<br>• 建立生产生活信息反馈机制，畅通职工联系渠道<br>• 健全劳动安全监督检查机制，保障职工生命安全和身体健康<br>• 优化资源配置，解决职工的重点难点问题，提升员工满意<br>• 发挥工会组织作用，坚持履行民主程序，充分发挥职代会作用<br>• 完善平等协商和集体合同制度，做好合同调整、续签、重签<br>• 提升职工文化和素质，加强维权队伍建设<br>• 推进和谐文化建设，完善困难职工帮扶机制 |
| 2 | 法定工作时间的权利 | |
| 3 | 法定节假日休假的权利 | |
| 4 | 职工带薪年休假的权利 | |
| 5 | 获得劳动报酬的权利（包括不低于当地最低工资标准和集体合同规定的最低工资标准，劳务派遣工获得同工同酬的权利等） | |
| 6 | 获得加班加点劳动报酬的权利 | |
| 7 | 获得按时缴纳社会保险的权利 | |
| 8 | 享受劳动安全保护的权利（包括参加工伤社会保险，拒绝违章指挥和强令冒险作业，紧急撤离作业，有权获得赔偿等） | |
| 9 | 享有职业病防护的权利（包括职业卫生保护，工作环境知情权，以及享有用人单位建立职业健康监护档案、免费健康检查和职业病治疗权利等） | |
| 10 | 女职工特殊权益保护的权利 | |
| 11 | 劳动者在解除劳动合同时获得经济补偿的权利（包括获取双倍工资，经济补偿和经济赔偿等） | |
| 12 | 依法享有的民主政治权利（包括知情权，加入工会组织，选举为职工代表，选举职工代表和工会会员代表等） | |

### 4.1.6 员工满意

为营造员工主动参与项目文化建设的环境，提高员工参与程度和积极性，需要持续提升员工的满意度，做好员工满意度调查（图 4-2），持续改进人力资源管

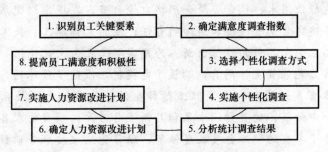

图 4-2 员工满意度调查程序

理。公司和项目应分层级、分频次开展员工满意度调查，采用问卷调查的方法，辅以座谈、访谈等方式，真实了解员工的意见和建议，在充分考虑员工的类别、地域、工作性质、职级等因素，评价和分析员工的权益、员工的满意程度和工作积极性，并利用结果分析，找到影响文化建设促进项目管理的影响因素，并制定改进措施。

案例 4-1：中铁某局四公司哈齐项目部贴近职工群众，推进项目和谐文化

担负哈（尔滨）齐（齐哈尔）铁路客运专线 2 标施工任务的中铁某局四公司项目部党工委充分认识构建和谐企业的重大意义，认真履行把握方向、谋划全局、营造环境的领导职责，充分构建和谐奋进的团队文化。

抓好"好班子"建设活动，创建一个过硬的团结协作的领导班子。火车跑得快，全靠车头带。项目班子实行明确分工，各架子队均由队长挂帅，分段负责、一线指挥，坚持夜班巡查制度，及时解决施工中的各种疑难问题，确保生产、安全、质量、进度可控。

以"建家建线"为基础，满足职工日益增长的精神文化和生活需求。项目部对工地生活建设进行了充分考虑和周密分析。对于各架子队、梁场、拌合站、试验室驻地规范进行了合理布局，就连大型钢筋加工场地都按标准化要求进行了规范。对于项目报到的职工，要求轻装上阵，统一购置床和床上用品。对于职工食堂，统一配置消毒柜、冰柜，食堂货架分类存放，对节日生活特殊安排并组织会餐，保证了对从事三班制作业的职工有热饭、热菜和开水供应，让职工吃好吃饱；对于职工洗澡的问题，我们在每个架子队安装了热水器，真正让职工有一种企业如家的舒适感。项目部坚持从"以人为本"的思想出发，建立了严格的卫生管理办法，保障参建职工和民工以饱满的精力和旺盛的斗志积极投入施工生产。为有效地控制疾病和传染病的发生，对食品从业人员必须严格体检，办理健康证方可上岗；对贮存食品的冰柜、食品架随时清洁，定时消毒，配备达标饮用水；伙食委员会严格自检自查，发现腐烂变质或过期食品坚决销毁，并追究食堂管理员和厨师的责任；及时反馈职工、民工对生活的意见，保证食品卫生和品种的推陈出新。为充实职工业余文化生活，先后给各架子队投入 3.8 万元购置文体用具，购置了电视机，修建了篮球场，定期组织职工进行各类体育友谊赛，陶冶了职工精神生活。为密切干群关系、增加凝聚力，五一节和中秋节，购置慰问水果和月饼 1.2 万斤，项目要求各架子队特别安排食堂准备了丰盛的职工会餐共度佳节，项目党政主要领导前往慰问，与全体员工举杯共饮，共拉家常，让员工在离开家和亲人的日子也倍感工地如家的

温馨。

关爱劳务工，真心为协作队伍排忧解难。对于协作队伍和劳务工，我们始终坚持"合作共益"的原则，把他们当作是我们的伙伴和朋友，从政治上关心、管理上支持、技术上指导、生活上帮助。端午节，我们按劳务工人均10元的标准购买了粽子、鸡蛋、猪肉和啤酒，使他们倍受感动；同时在夏季高温施工，项目部高度重视农民工的防暑降温工作，领导亲自把正气水、风油精等药品送到农民工手中，并且指导农民工防中暑等预防措施。在协作队伍的管理上，进场协作队伍均按要求上报了人员花名册，进行岗前培训，项目财务全过程监控协作队伍农民工工资的按时发放。目前印发人手一份安全防护手册，实行人人安全承诺交底，把安全隐患减小到最低限度。

由于项目文化建设的特殊功能，项目全体参建职工豪情满怀，信心百倍，以饱满的热情、科学的态度、扎实的工作积极投入到施工的战斗中，为全面完成年度任务奠定了坚实的基础。

## 4.2 建设经费

项目文化建设伴随整个项目管理过程，都离不开财务资源的支撑。文化建设经费按周期可分为一次性投入和经常性费用（表4-3），项目部应立足于成本策划和资金策划，结合企业相关规定和项目规模、创品牌目标等，对文化建设经费做出总体预算，确定资金需求。

项目文化建设经费类别　　　　　　　　　　　　表4-3

| 类　别 | | 主要费用投入 |
|---|---|---|
| 一次性投入 | 一次性集中投入、直接支付的费用，无须再次投入，一般为固定资产投入，损耗年限较长 | 固定的办公场所和办公设施，并配备相应的设施设备和器具，一般包含在项目临建内，属于共同性开支 |
| | | 文化阵地是为完成文化覆盖所必要的设施，一般为长期性固定在一个地方的载体，包括项目部和施工现场，如宣传栏、宣传架、围挡、机械设备、护栏、边坡防护设施等，有单项开支和共同性开支两类 |
| | | 文体活动场所是为满足员工业余文化生活、文化素养提升、文化宣传教育而建设的场所，一般包含篮球场、乒乓球台、台球室、活动室、图书角等，属于单项开支 |
| | | 网络平台是为满足办公需要的网络设备、视频设备及其搭建的信息平台，一般为项目共用，属于共同性支出，但为文化建设专项建立的文化教育、传输、空间等平台则属于单项开支 |

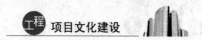

续表

| 类别 | | 主要费用投入 |
|---|---|---|
| 经常性费用 | 维持文化建设正常运转或保障员工基本工作所必需的支出，属于损耗性支出，损耗周期短 | 文化覆盖指的是覆盖在文化阵地建设上，用于宣传项目、弘扬文化、进行文化传播的载体，包括横幅、宣传布、标语、彩旗、展板等，由于主题不同，容易损耗，文化覆盖需要定期更新 |
| | | 图书角报刊、书籍以及文体用品容易损耗，需要定期更新，满足员工业余生活、学习、娱乐的需要 |
| | | 网络技术、信息和知识是用于支持网络平台以及维护的费用，包括每年的网络费、维护费等 |
| | | 重大文化活动和临时性活动费用，包括围绕上级或相关方要求开展的专题活动或临时活动等 |
| | | 公共关系（相关方）、宣传广告及文化产品是项目为自身宣传、文化传播，长期或短期出品的报纸、杂志、宣传册、礼品等。用于定期或不定期对内、对外赠送，其中定期指报纸、杂志等期刊以及长期使用的宣传册、宣传片等，不定期指在特定的时间、某项特定的活动的文化礼品、专项宣传册、专项宣传片等 |

注：一次性投入的维护，是指对于维护、更新一次性投入设施所产生的费用。项目应结合实际不断改善工作条件，可定期拨付一定数量的项目文化设施建设专项经费，用于加强图书角、宣传栏、文体活动场所等阵地建设。

文化建设资金来源于项目整体预算，纳入项目成本，由项目财务部门作为管理部门，项目办公室提交使用计划，经项目经理审批。工期长、文化建设内容复杂的项目，应针对工期和节点目标，对建设经费做出经费预算和过程投入的动态微调，并报项目经理审批。

## 4.3 基础设施

### 4.3.1 总体要求

基础设施是各项工作必需的载体，任何工作的开展、成果的展示都需要依托基础设施来实现。项目文化建设的基础设施类别及区域可参见表4-4。

**项目文化建设基础设施类别及区域**　　　　表4-4

| 区域 | 主要基础设施类别 |
|---|---|
| 办公区 | 办公临建、会议室、接待室及其附属设施设备、CI覆盖，网络平台，企业品牌展示设施等 |
| 生产区 | 施工生产设备设施及CI覆盖，文明施工料具，施工图牌、标语等（市政、基础设施、隧道类工程，还应包括边坡、洞口的防护及美化等） |
| 生活区 | 宿舍、食堂、厕浴及附属设施和CI覆盖等 |
| 其他 | 文化阵地、文体活动场所，如图书角、球场，各类宣传展板以及环境的绿化和美化等 |

注：施工总承包单位应对分包方文化基础设施的投入、维护等明确要求，并统一管理。

项目部应根据实际情况，结合公司、客户、员工等对文化建设的要求，把临时建筑、文化阵地、CI覆盖和技术支持等，纳入项目文化基础设施范围，在项目策划时统一规划，并通过规划投入、内部调配和社会租赁三种方式配置到位。施工过程中，应由综合办公室牵头，组织各相关职能部门对上述设备设施进行日常维护、更新，确保完好。

案例4-2：中铁某局二公司盘锦疏港项目部高标准规划工地文化

中铁某局盘锦疏港项目部自进场以来，始终坚持"形象就是市场，形象就是效益，形象就是品牌"的宣传理念，坚持高标准、高规格、高品位规划工地文化，以规划合理、气势恢宏、设计精细、特色鲜明的工地形象，成为全线各施工单位中项目文化建设的一个突出亮点，全方位展示了该局风采。

盘锦疏港项目标段是集团公司在辽宁首次中标的大项目，为创出工程局信誉、二公司品牌，项目部进行了精心策划，舍得投入，在驻地设施建设方面坚持以人为本，优化环境。在305国道旁建起了拌合站与住宿分离的彩板房驻地，硬化了驻地场地，设立了各类宣传标牌，办公室统一设置了部室牌、岗位职责牌和各种制度牌，并全部安装了网线；对会议室、食堂进行了简约精心的点缀，购置了统一的桌椅、消毒柜，配置了专放餐具的柜子。员工统一配置了床上用品、工作服；用彩板房建成了厕所、洗浴室。规划了篮球场地，为员工配备了电视机、洗衣机等设备；在工地宣传上，在拌合站设立了彩门，对围墙进行了粉刷，拌合站、驻地围墙都书写了展示该局精神面貌的宣传标语，在亮点工程处设立了企业简介牌、工程简介牌、安全环保等标牌，在工地醒目处设立了大型标语，营造积极向上的宣传气氛。

高标准的项目形象建设，不仅使该项目成为全线工地宣传、驻地建设最好的一家，增强了员工对企业的荣誉感、自豪感，而且扩大了企业的影响，得到业主等单位的好评，为企业赢得了信誉。

### 4.3.2 临建房

施工项目的临建房应考虑制定设置标准，其中室内家具配置可根据自身情况制定，遵循坚固耐用、美观大方、周转性高的原则。施工项目应制定临建房的临电、消防、临水等相应措施，临时配电应符合规范规定，并按消防安全管理规定，配备消防器材。生活污水通过有组织排放，进入城市污水管网。安全、消防及环保措施必须专门制定并且组织专门检查验收。

## 案例 4-3：中建五局施工项目临建办公用房推荐标准（表 4-5）

中建五局施工项目临建办公用房推荐标准表　　　　表 4-5

| 人员/设施类别 | | 大型、重点项目 | 一般项目 |
| --- | --- | --- | --- |
| 类别 | 项目经理 | 36m²/人 | 18m²/人 |
| | 项目班子成员 | 12m²/人 | 9m²/人 |
| | 普通管理人员 | 6m²/人 | 6m²/人 |
| 基本设施 | 会议室 | 90m² | 54m² |
| | 资料室 | 18m² | 18m² |
| | 值班室 | 18m² | 18m² |
| | 食堂 | 90m² | 54m² |
| | 文体活动室 | 54m² | 54m² |
| | 集中式卫生间 | 54m² | 36m² |

注：1. 本表数据为最高控制指标，实际使用应小于或等于该指标；由于工程需要，如接待室等其他用途房间可结合实施具体进行设计；
2. 临建房应按 CI 标准进行全面覆盖；
3. 总承包单位应考虑分包单位所需的临建办公用房和文体活动场所。

## 4.5 技术支持

技术创新是提升项目管理潜能的核心活动，是项目文化建设的重要资源。公司和项目应加强技术应用，坚持以"技术承载文化与文化滋养技术互动"为出发点，以"技术支撑文化与文化催生技术互动"为着力点，以"技术丰富文化与文化创新技术互动"为创新点，以"技术提升文化与文化推广技术互动"为落脚点，通过"四个互动"发挥技术创新对文化建设的拉动、提升作用（表 4-6）。

技术与文化"四个互动"的项目应用　　　　表 4-6

| 相互关系 | | 主要措施 |
| --- | --- | --- |
| 技术承载文化，文化滋养技术 | 出发点 | ·文化建设应从技术链条中寻找合适的切入点，技术承载使文化具有坚实基础并健康发育；<br>·让使命、愿景和价值观的滋养释放技术能量，把文化纳入技术链条的扩充中，使技术在文化滋养下走进良性成长"轨道" |
| 技术支撑文化，文化催生技术 | 着力点 | ·业主、监理、分包以及员工需求的多样性表现为文化需求的多样性，从而不断推动项目技术创新——文化建设推进要从技术出发，寻求更为丰富的技术成果；<br>·技术是文化的物质层面，是文化派生的物质基础和促进文化内生发育的重要条件，要为文化建设搭好技术平台，为形成特色技术搭好文化平台，以特色文化与特色技术的互动融合，提升项目管理质量。<br>·文化建设的主体和创新技术的主体都是员工，项目文化建设的技术特征，就是通过员工的工作态度和精神思想，形成文化对技术的催生效应 |

续表

| 相互关系 | | 主要措施 |
|---|---|---|
| 技术丰富文化，文化创新技术 | 创新点 | • 文化是技术的载体，技术是文化的延伸——技术的发展必然使文化内涵更加丰富，文化的积淀也必然为技术进步提供厚重的精神土壤。<br>• 物质层面的技术和精神层面的文化应和谐发展，两者作用在方向上不一样，但在追求结果的连接中完成统一：<br>——技术的持续创新，会推动文化建设更加紧迫，使文化建设和文化成果缩短与技术创新的差距。<br>——文化的不断成熟，以及与技术创新的交汇融合，员工对文化精神层面的主动追求，文化建设的先导性特征就会表现出来，并最终会出现文化建设的程度决定和制约技术创新的速度和程度，以文化建设引领技术进步和创新，项目文化的技术特征就会发挥得淋漓尽致的作用 |
| 技术提升文化，文化推广技术 | 落脚点 | • 针对文化的人文性、理论性等特点，应以技术创新和成果作为核心内容之一来提升文化含量，并借助技术对质量、安全、进度、效益等方面的作用，定性或定量评价文化功效，在丰富文化实践中提升文化先进性。<br>• 针对技术的实践性、具体性等特点，应以文化提升和传授作为影响方式，来推广技术成果，并借助文化在价值观和理论化的普世性功能，扩大技术及成果的普及范围和程度 |

在施工过程中，"四个互动"的应用要为施工生产和文化建设提供技术保障，通过技术对文化建设的支持（表4-7），实现各项经济技术指标，促进项目管理的标准化、规范化。

**项目文化的技术支持措施表**　　　　　　　　　　　表4-7

| | 技术管理 | 技术支持文化建设的主要措施 |
|---|---|---|
| 1 | 技术管理策划 | 图纸会审、设计变更、工程洽商等应贯彻核心价值观，做到诚信为本，满足业主要求；施工组织设计编制应突出项目的使命、目标和品牌形象，并按制度文化和行为文化等要求加强技术交底、施工机具的管理策划；在技术策划时应导入CI系统，实现施工现场视觉识别系统的整体协调和对主要施工机具的CI覆盖 |
| 2 | 过程管理 | 坚持核心价值理念，对风险工程、特殊过程和分项工程控制时要注意规范管理行为和员工行为，体现和谐施工 |
| 3 | 工程质量检查验收 | 以贯彻价值观和落实规章制度为准则，加强工程物资进货检验、工程隐蔽验收，以及检验批、分项、分部（子分部）及单位（子单位）工程质量验收，为业主和社会创造价值 |
| 4 | 工程检测管理 | 遵照相关法律法规、验收标准、设计或施工规范、设计图纸，以及与顾客签订的施工合同等规定的内容和频次实施工程质量检测，在施工现场检测管理、见证取样管理中贯彻价值观并真正落实规章制度 |
| 5 | 工程质量问题处理 | 对不合格和质量事故进行从严处理，坚持按企业的核心价值理念进行质量问题标识、报告、评审和处置；出现重大事故时，应反思文化理念、管理制度和员工行为，找到产生事故的文化失控因素 |

续表

| | 技术管理 | 技术支持文化建设的主要措施 |
|---|---|---|
| 6 | 监视和测量设备的管理 | 在对监视和测量设备管理、计量标准和计量认证过程中,除贯彻价值观和落实规章制度外,还应强化和谐文化建设,尤其是对安全、环保等设备的投入及应用,更应体现社会责任 |
| 7 | 技术创新、标准化和总结 | 以落实核心价值观,建设品牌文化为目的,加强新技术推广应用和科技示范工程创建,不断推进工法管理,结合文化活动推进QC小组活动,并做好技术总结和技术成果推广 |

## 4.6 信息与知识

建筑企业和施工项目应以管理信息系统为核心,建立信息和知识管理体系(图4-3),并对相关方的信息进行收集、处理、整合、开发转化为知识,通过多种媒介和沟通方式在项目内外部进行共享,促进项目文化建设。

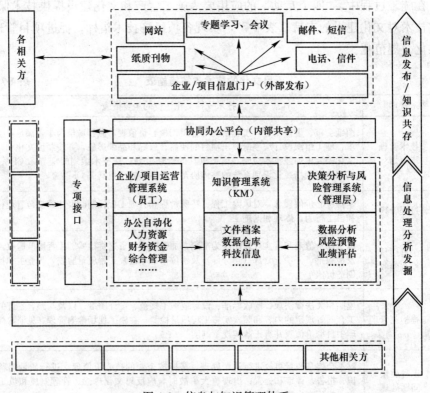

图4-3 信息与知识管理体系

案例4-4：中铁某局四公司加强制度建设，构建项目制度执行文化

中铁某局四公司担负哈（尔滨）齐（齐哈尔）铁路客运专线2标，施工正线里程桩号为DK64+245.81～DK86+452.25。管区内的主要工程有：路基工程4.2km；肇东特大桥（135×32m+11×24m），全长4.6km；尚家特大桥（123×32m+1×24m）全长4.06km；八零五里木特大桥（283×32m+3×24m），全长9.33km；全线896片整孔箱梁的制运架；涵洞工程、无渣道床现场施工部分、改建正线轨道工程、肇东车站轨道工程、大型临时及过渡工程等，总造价约15亿元。此项目是公司有史以来承建最大的工程项目。为此，项目班子充分认识到项目制度文化是支撑项目管理的基础。

建立健全项目管理制度。为确保哈齐项目一开始就按照管理制度标准化、人员配备标准化、现场管理标准化、过程控制标准化运作，使各项工作做到执行有规范、检查有依据、考核有标准。出台了工程质量、环境保护及水土保护、物资管理、安全生产管理、劳务分包管理、机械设备管理、财务管理、工程实验检测管理、项目内部成本管理、严格控制非生产性开支、后勤管理、内部经费承包考核等一整套规范的项目管理制度和办法，通过这些办法和措施的强力推进和真正落实，提升工作质量、转变工作作风、实现项目精细化管理目标。

全面实施"廉洁工程"。项目部制定《党风廉政建设实施细则》，对党风廉政建设责任人进行分工，并张榜公示，诚邀广大员工及外协队伍进行监督；党工委与各架子队负责人签订《工程劳务协作廉洁协议》，让廉洁贯彻整个施工过程中。在廉政监督方面，项目部严格执行物资采购、机械租赁、财务管理等方面的廉洁规定，党工委对实施过程全面监督，做到劳动用工规范、合同手续完备，做到大宗材料公开招标，协作队伍引进"阳光制"。对于生产经营、协作队伍选择、大额度资金使用等重大事项，均通过党政联席会集体讨论决定，项目部所有模板（包括梁场制梁、桥梁承台、墩身）和提梁机、运梁车、架桥机、河砂、碎石等大宗材料的定价及价格变动必须通过三人以上的谈判和合同会审小组，实行公开透明定价，比如河砂的定价应该是全线价格最低的。在党政双向会签方面，党工委要严格按照程序、坚持原则、严格把关、监督到位，做到了会签不流于形式，使项目党风建设始终沿着一条健康、有序、规范的道路发展。有序推进三个"100%"。首先是严格执行所有协作队伍必须先签合同后进场，并交纳履约保证金达100%的规定。项目部现有协作队伍26家全部签约，收到履约保证金共计230万元。同时严格协作队伍管理和领用料制度，对协作队伍劳务用工手续必须完备，劳务工花名册要翔实、清楚、真实，对合同约定的人身意外保险协作队伍必须参保，民工工资必须由项目部监督发放等。其次是严格执行所有项目部经费预算管理开展率达100%。项目部按规定对各架子队工资标准、电话费、办公

费、业务招待费、小车租赁费等相关费用进行了综合平衡测定并实行经费包干。其三是严格执行项目责任成本开展率达100%的规定。成立责任成本管理小组，制定了责任成本控制管理办法，每月进行责任成本核算，每季进行经济活动分析，加大成本控制力度。项目部直接对项目成本负责，各架子队负责管理、协调各队人力资源、材料及机械设备，对其安全、质量、材料消耗、进度等负责，确保效率最大化。

### 4.6.1 信息

信息，泛指人类社会传播的一切内容。人通过获得、识别自然界和社会的不同信息来区别不同事物，得以认识和改造世界。美国数学家、控制论的奠基人诺伯特·维纳在他的《控制论——动物和机器中的通讯与控制问题》中认为，信息是"我们在适应外部世界、控制外部世界的过程中同外部世界交换的内容的名称"。

基于企业战略和项目目标实现的需要，应按不同管理层级识别和开发内、外部信息源，以确保不同来源、不同层次的信息应用于项目文化建设的策划、实施和改进（表4-8）：

——法人层面重点关注上级、关键顾客，以及政府、行业主管部门或协会、重要竞争对手、业务部门和员工方面的信息源；

——分支机构主要针对与其相关专业领域或地区的信息源；

——项目部主要针对与其合同履约、施工管理关联的信息源。

在实施过程中，法人层面应开发部署管理信息集成系统，通过部署一体化的管理信息系统来获取、传递、分析和发布数据和信息（参见图4-4）。项目部应通过良好应用该系统，以提升施工管理信息化水平，促进项目文化建设。

案例4-5：中交某航道局滨海公司京唐港项目部借助网络博客加快文化建设

滨海公司京唐港项目部在项目文化建设中，以"激情、快乐、文明、奋进"作为建设主题，开辟网络博客作为建设平台和阵地，大大激发了青年员工的工作热情和锐气，有力地促进了生产建设。

项目部博客在设计上以"激情京唐港，快乐每一天"为主题，充分展现项目全员激扬青春、激情奋进的精神风貌，同时把博客作为信息化建设的一个平台，实现快速查阅文件，让每一位员工能时刻了解项目动态。在博客板块上，已形成规章制度、项目动态、党建工作、青年风采、青春细语、安全管理、项目品牌、

 4 项目文化建设资源

信息源识别与开发体系　　　　　　　　　　　　　　表 4-8

| 信息源 | | 信息类别 | 信息作用 | 层次 | 责任部门 | 获取途径与方法 |
|---|---|---|---|---|---|---|
| 外部信息 | 市场 | 招投标、市场细分、业务分类信息 | 过程运营 | 企业总部机关 | 市场营销 | 网络、市场调查、行业协会信息、咨询机构、调研交流、走访邀请、政府发布文件 |
| | | 潜在的顾客、合作伙伴和竞争对手，大业主、大项目信息 | 战略制定、绩效测量 | | 市场营销、商务合约 | |
| | | 相关产业技术和理论及其发展趋势 | 战略制定 | | 技术中心 | |
| | | 教育培训、大学生就业、劳务信息 | 过程运营、战略制定 | | 人力资源、工程管理 | |
| | | 法律法规、规范标准 | 过程运营 | | 技术中心、法律事务 | |
| | | 各类价格信息、地区定额 | 过程运营 | | 商务合约 | |
| | 顾客 | 需求信息、投诉信息 | 战略制定、过程运营 | | 市场营销 | 走访邀请、满意度调查、高层对接、例行会议 |
| | | 满意度、忠诚度 | 绩效测量 | | 工程管理 | |
| | 竞争对手与标杆 | 业务结构、竞争优势、市场重点信息 | 战略制定 | 企业总部机关、项目经理部 | 企业/项目管理、市场营销 | 网络、行业协会信息、咨询机构、调研交流、走访邀请、政府发布文件、内部评估、对口交流、专题会议 |
| | | 规模增长、合同履约、资源管控能力 | 战略制定、绩效分析 | | | |
| | 合作伙伴 | 基本信息、能力评估信息、需求信息 | 过程运营、绩效分析 | | 商务合约 | |
| | | 劳务分供方的需求和相关信息 | 过程运营 | | 工程管理 | |
| | 供方 | 基本信息、需求信息 | 过程运营 | | 商务合约 | |
| | | 过程管理能力信息 | 绩效分析 | | 工程管理 | |
| | 相关机构 | 政府、行业政策、法规、相关方信息 | 过程运营 | | 企业/项目管理部门 | 网络、来往函件、上下文件 |
| 内部信息 | 业务系统 | 企业运营和项目管理的相关信息 | 过程运营、绩效测量 | | 各业务部门 | 管理信息系统、专项报告 |
| | 员工 | 满意度、职业发展需求、工作环境要求、培训教育需求等信息 | 绩效分析 | | 人力资源、办公室 | 调查、考察 |

81

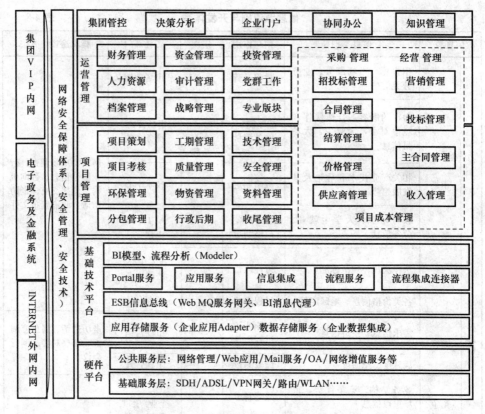

图4-4 某建筑集团的管理信息系统功能模块图

项目文化八个子栏目,其中规章制度把项目所有制度集中在一起,像公司一样走发文程序,实现了项目发文的规范化;项目动态集中反映项目施工中的照片、生产推进等情况;党建工作则展现项目劳动竞赛、党建一体化等内容;青年风采对青年文明号建设进行宣传报道;青春细语则为项目文学爱好者提供发文平台;安全管理主要反映项目安全活动;项目品牌则是对项目品牌工程、品牌员工等品牌创建,取得成绩的展现园地。

截至目前,项目博客已发贴近70篇,点击率2700多次,对于项目的文化建设、内部管理、品牌塑造、凝心聚力都起到了重要作用。

### 4.6.2 知识

知识,是指人们对某个事物的熟悉程度,可能包括事实、信息、描述或在教育和实践中获得的技能。它可能是关于理论的,也可能是关于实践的,可以看成是构成人类智慧的最根本的因素。

法人及项目都应建立知识管理与文化建设的融合机制，在贯彻使命、愿景和价值观的过程中，切实把学习型组织建设与文化建设结合起来，充分借助内外知识的分类及表现形式，采取有效措施加强知识管理，以确保知识成为文化建设的内容和文化成果的体现（表4-9）。

施工项目知识管理与文化融合措施表　　　　　　　　　　表4-9

| 知识类别及主要形式 | | 主要管理措施 |
| --- | --- | --- |
| 内部知识 | 图纸、文件、专利、技术诀窍、攻关成果、技术革新和改造成果、QC小组和专项管理成果、合理化建议成果、专业论文等 | ·营造重视知识的学习型组织文化氛围，明确知识管理过程；<br>·建立知识管理的信息平台，收集和传递来自员工、顾客、供方和合作伙伴的知识；<br>·通过内部知识分享和外部标杆对比，识别最佳绩效背后的最佳实践，进行确认、积累、整合、分享和推广应用，使分散的知识集成化、隐藏的知识显性化，将知识转化为效益；<br>·建立知识管理与文化建设的融合机制，促进知识资产的不断增值，体现核心价值理念真正落地 |
| 外部知识 | 顾客的图纸和文件，竞争对手和标杆的技术诀窍、管理经验，供方和合作伙伴的专业技术文件等 | |

**案例4-6：中铁建某局大西客专介休制梁场打造学习型项目部，带出一流队伍**

干好一个项目不仅要争取好经济效益，同时要在工程项目中锤炼队伍，多出人才培育团队，保持人才培养的连续性，介休梁场在日常工作中不断巩固、充实丰富这种文化，实现企业和员工共同发展。努力造就一支"有理想、有道德、有文化、守纪律"的和谐团队。项目部根据新学员与老技术管理人员搭配和专业分类情况，通过师带徒和技术大比武活动，培养了一批年轻的基层干部。

2006年参加工作的介休梁场工程部部长毕××作为公司最年轻的工程师，在工作中不断地努力提高技术水平，不断成长，作为党员的他始终保持谦虚严谨的工作态度和作风，充分发挥聪明才智组织技术攻关，完成了29.8m和19.5m非标梁的技术工作，从模型改造、钢筋尺寸设计、通风孔位置变更到梁体浇筑进行全程的跟踪和指导，成功地完成了非标梁的预制工作；同时兼任介休制梁场党支部组织委员和团支部书记一职的他，依靠党建带团建，把团支部工作搞得有声有色，把繁琐的工作当作磨砺，极大地配合主管领导完成党团的许多重要工作。

2006年参加工作的安质部部长余×和2008年参加工作的安质部副部长王×，在介休制梁场的建场以及生产过程中立足岗位，勇于担当，踏踏实实将梁场的安全质量工作做得井井有条，在这批年轻的技术人员中营造出"比、学、赶、超"的氛围，相互学习共同进步。

2008年参加工作的介休梁场白××、孙××、任××等梁场年轻干部通过

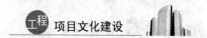

不断的学习实践，已掌握了箱梁生产的关键技术，他们说，很感谢项目部给他们提供这样一个平台，让他们学到了不少东西。梁场鼓励青年员工到一线工地上锻炼，箱梁生产成了他们成长的最佳课堂。

## 4.7 相关方关系

相关方是指"与组织的业绩或成就有利益关系的个人或团体"，如顾客、员工、供方、合作伙伴或社会等，是项目文化建设的重要资源。整合相关方资源，并通过企业文化对其施加影响，持续输出核心价值观，从而实现项目管理目标，是项目文化建设的重要内容。

项目应围绕客户、员工、企业和社会等相关方（表 4-10），构建合作伙伴关系和和谐共赢关系，向他们并通过他们向市场输出管理和文化，变竞争为竞合，通过满足不同的价值需求，为他们创造价值，从而实现项目文化建设目标。

项目文化建设相关方资源构建表　　　　　　　　　　表 4-10

| 相关方类别 | | 资源关系构建措施 | 主要目标 |
| --- | --- | --- | --- |
| 客户 | 业主、监理以及工程供方、劳务供方、材料供方等 | 通过文化建设确保履约，追求满意，并联建联动、互动联谊，建立战略伙伴关系，推行共赢共荣理念，评选优秀供方，输出企业核心价值观，共同实现项目目标，产生文化营销力 | 为客户创造价值，满意客户 |
| 员工 | 自有员工、务工人员、分包方人员等 | 通过文化建设加强工作交流、培训学习、文化活动和人文关怀等，深入贯彻公司和项目的使命、愿景、价值观，规范思想和行为，实现个人价值，促进成长成才，提升员工凝聚力，形成生产力 | 为员工创造价值，成就员工 |
| 企业 | 公司、区域公司、分公司等 | 通过文化建设发动员工、密切各种关系、解决各类矛盾，通过贯彻公司的使命、愿景、价值观，强化项目管理，实现预期目标，完成和超额完成各类责任考核指标 | 为企业创造价值，回报企业 |
| 社会 | 政府部门、社区、街道、媒体、社会组织和自然环境等 | 通过文化建设主动联系接洽，承担社会责任，并联建联动、互动联谊，为其提供所需载体，邀请其参与文化活动和授课培训等，输出企业核心价值观，推荐先进典型，做好正面宣传和品牌影响，消除负面事件和舆论，提升社会影响力 | 为社会创造价值，造福社会 |

施工项目在文化建设实践中，应重点协同推进以下工作：

——建立与目标相适应的供方和合作伙伴关系，通过对供方和合作伙伴传递文化理念、输出管理，变竞争为竞合，实现共赢共荣。

——建立对供方优胜劣汰的考核评价机制，根据业主对产品质量、安全和成本等要素的价值认可程度，以及尊崇价值信仰一致性等要素，对供方进行考核评价，实现优胜劣汰。

——建立与供方和合作伙伴的立体沟通制度，通过项目层面（如项目管理例会、日常沟通会等）和公司层面（如分包招标评标会、分包考察考核、合同洽谈会、技术交流会、专题研讨会、合作伙伴之间双方高层互访、优秀合作伙伴年度会议等）相关活动，推进双向交流。

——建立提高效率的协同机制，根据业主要求合理安排供方资源，使项目生产力形成最佳组合，从而提高整体绩效，提高业主对工程项目履约的满意度。

——建立素质提升机制，依托对关键供方的管理机制，开展对供方的文化宣贯、教育培训和素质提升，推进施工水平的共同提高，确保核心价值观真正落地。

# 5 项目文化建设策划

项目文化建设策划主要是指项目经理部按照批准后的《项目管理规划》、《项目策划书》等为主要依据，编制项目文化建设计划（工期长、对文化建设要求高的特大型项目，可制定文化建设规划），用以明确项目文化建设的总体目标和具体工作事项，达到促进项目管理、建设精品工程、锻造企业品牌、培育员工队伍、提升企业形象等目的。

## 5.1 策划原则

项目文化建设的策划要立足于"贴近实际、贴近岗位、贴近职工"的总体要求，坚持"五结合、五同步"的原则，确保体现特色、全面推动（表5-1）。

项目文化建设策划"五结合、五同步"原则　　　　表5-1

| 原则要求 | | 基本释义 |
|---|---|---|
| 五结合 | | 坚持与企业使命、愿景和价值观相合 |
| | | 坚持与业主、当地政府等要求相结合 |
| | | 坚持与项目特点、管理目标相结合 |
| | | 坚持与项目团队建设、人才培养相结合 |
| | | 坚持与思想政治工作、文明创建相结合 |
| 五同步 | 同步策划 | 将项目文化建设纳入项目党、政、工、团工作考核目标，使项目文化建设与项目生产经营融为一体 |
| | 同步设置 | 项目文化建设岗位与行政工作岗位同步设置、人员同步配备 |
| | 同步实施 | 根据实施方案，对关键环节、主要问题一抓到底，确保方案实施 |
| | 同步检查 | 与项目行政工作按季度、半年、年终等进行专项或临时检查 |
| | 同步奖惩 | 按照《项目文化建设绩效》的要求，对项目文化建设与项目行政工作同步考核评价，据其结果同步奖惩 |

## 5.2 策划时机

项目入场后，应在项目主要策划（如施工策划、现场策划、资金策划、商务策划）完成后，将项目文化建设策划与之相结合，将文化建设融入项目管理从开工到竣工的各个环节。策划应充分考虑项目重大施工节点及其应有的重大文化活动、重大文化成果等，并最终形成相应的文件。

## 5.3 策划主体

由项目经理组织，按照企业的项目策划和文化建设有关规定要求，结合项目实际情况，组织本项目的文化建设策划。项目文化策划以项目为主、公司参与（指导、审核等）的方式开展，必要时可邀请外部专家进行指导。

## 5.4 策划内容

综合办公室作为项目文化建设主管部门，承担项目文化建设具体策划工作，可采取会议、座谈讨论、对标先进单位等措施，由相关部门配合，项目经理、书记对其过程进行指导督促，共同编制。

项目文化建设策划主要包括总策划和专项策划两大部分，其内容和实施流程参见图5-1。

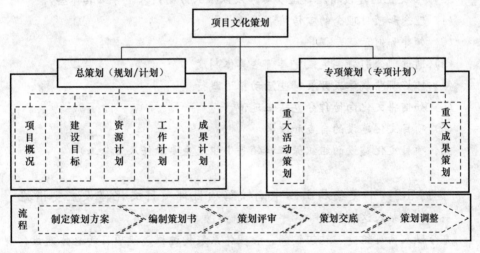

图 5-1 项目文化建设策划内容及流程图

案例5-1：某集团公司项目部文化建设规划编制指导

标题：《××××项目部项目文化建设规划》

一、项目管理现状与环境因素分析

1. 项目基本情况（项目发展历史、人力资源状况、队伍思想状况）
2. 发展环境分析（市场要求、业主要求及项目部目前管理重点、难点）

3. 项目竞争力分析（较大的优势、明显劣势或亟待解决的问题）

二、公司和本单位对项目文化建设的要求

1. 文化落地的方向（体现竞优、诚信、和谐、效益、创新、安全、优质、执行、环保、社会责任等）

2. 公司关于项目文化建设的有关要求或重点

三、项目文化理念体系

1. 根据以上两方面分析，确定本项目部文化建设重点（如执行文化、和谐文化、质量文化等等，可以一个重点，也可以多个）

2. 确立项目管理目标（或项目核心理念）（结合各个管理层面进行释义）

3. 分项管理理念（如创新理念、成本理念等，不宜多，宜实用）（理念释义）

四、项目文化宣贯与推进

1. 项目文化建设的总体目标和阶段性目标（和工程管理实际结合，宜实不宜虚）

（1）总体目标

（2）阶段目标

2. 项目文化建设具体进度计划（一般计划两到三年）

3. 项目文化的建设措施（至少要涉及以下六方面内容，务必具体些）

（1）理念和项目理念的宣传培训措施

（2）领导如何示范与倡导

（3）通过理念引领制定或完善哪些具体制度

（4）抓好哪些载体或开展哪些活动推进践行

（5）如何将文化向协作分包队伍延伸

（6）项目文化建设的自查和改进

五、项目文化建设的组织保证（领导小组及主要责任人员分工）

## 案例 5-2：中交某局山西中南铁路项目部项目文化建设主要措施

一、抓住融入这一关键

充分融入项目组建、施组编制、管理体系架构过程，使项目的总体建设体现文化的光芒，使价值主线贯穿项目活动的全过程。

1. 项目前期准备。按照"三早一快"（早组织、早进场、早开工、快出形象）的方针，重点抓好组织进场、前期调研、征地拆迁、催要图纸、施工准备等关键环节。

2. 项目主线思想。通过编制《项目管理规划大纲》，形成主线思想，明确山西中南部铁路项目的自身定位、发展环境、管理目标、工作思路，提出项目文化建设的工作思路和努力方向，完善项目文化核心理念的表述和诠释。通过理念引导、工程实施、管理融入，使文化、施工、管理三位一体，相互促进、相得益彰。

3. 关键因素控制。以场地管理为载体，以过程控制为手段，按照"规划是前提，硬件是基础，管理是关键"的方针，突出形象亮点，兼顾工期与成本，确保安全和质量。根据实际情况按照文明标准化工点、标准化工点、达标工点三类工点统筹安排、合理布局，特别注重迎检点建设和场区建设，高起点，严标准，扎实推进文明标准化工地建设。

4. 标准化建设。按照"区别对待，因地制宜"的原则，切实加强标准化基础建设，不断完善技术标准、管理标准和作业标准，推进文明建设、规范管理。在管理制度标准化、人员配备标准化、现场管理标准化、过程控制标准化四个方面下功夫，做到管理制度突出项目目标，人员配备满足施工需要，现场管理落实"四化"要求，过程控制贯彻"六位一体"。

5. 征地拆迁。按照"快突击，讲博弈，不迟疑"的原则，明确"放小抓大、上下互动、先入为主、重点优先"的工作思路，坚持"统一领导，上下联动，分步实施，和谐有序"的工作方针，执行"日统计、日通报、事不过夜"制度，积极开展征地拆迁工作。

6. 宣传报道。采用有效形式、利用多种渠道对项目文化核心内涵进行宣贯和推介。特别是要积极主动地发现、挖掘项目文化建设工作中的亮点，并迅速有效地宣传、推广，通过展示亮点，反过来促进项目部各项工作的开展。

二、借助学习这一途径

围绕项目背景和意义、工程特点和性质、企业理念和行为规范、安全质量和环保、工艺操作和要求、工期控制和节点目标等方面进行全员学习培训。本着缺什么补什么的原则，采取多种方法，通过不同途径抓好学习过程。开展"全员学习"活动，营造人人学习的氛围。

1. 学标准规范。通过学铁路标准、规范，使参建人员快速掌握铁路施工规律和要求，迅速适应铁路文化，并将标准落实到最基层。让施工做到有据可依，按标施工。积极向中铁单位学习，汲取施工经验和要点。

2. 学工艺工法。结合本标段线路长、隧道多等特点，组织参建人员学习工艺工法，特别是隧道施工的三台阶七步开挖法，实行层层技术交底，由上到下进行学习，确保施工符合程序和要求。

3. 学业务知识。娴熟的业务水平有助于工作效率的提高，因此项目部上下要把自己的业务知识弄透学精，通过组织开展学习大讨论、创建项目部图书室等方式，提高员工业务知识水平。

4. 学管理方法。作为公司直管项目部，更多靠的是管理。因此，学习管理方法尤为重要。通过观看视频、专家讲座等方式，提高管理水平，使得施工和管

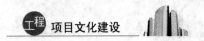

理同步，文化与生产并行。

三、强化凝聚这一精神

对于一支新组建的队伍，短期内融为一体，项目总部与各分部之间统一目标，打造成团队，分部与架子队之间加强和谐建设，分部之间协同并进纳入项目文化体系。

1. 强化项目总部的服务意识。项目总部全体人员树立"想分部之所想，急分部之所急"服务意识，贴近一线，靠前服务。分部与分部之间要亲如兄弟，协作互助。

2. 提高分部执行力和大局意识。分部要加大对公司和业主单位施工管理要求的执行力度，贯彻总部管理指令，按照工程标准和技术规范进行施工，特别强化大局意识，从履行"中交某局"的品牌责任和铁路事业长远发展的高度增强标准化管理和创优意识。

3. 注重引进人才的文化融合，认真学习引进人才在铁路施工管理方面的管理经验和方法，多听取意见，多提供舞台，多包容尊重，使其尽快融入项目部这个大家庭。

4. 加强员工的人文关怀。注重关心人、培养人、团结人，增强员工的学习力、凝聚力、战斗力，锻造学习型、创新型、自律型团队。

5. 突出架子队的积极作用。强调以人为本，树立"农民工是我们的阶级兄弟"的理念，立足于只有依靠农民工的双手才能建成精品工程。对架子队积极灌输"中交某局"理念，加强架子队对"中交某局"文化的认同。

四、运用考评这一手段

1. 注重业主考评结果的传递。通过科学、客观、及时的考评，奖优罚劣，营造争先向上的竞优氛围，落实每次业主检查考核结果的着力点，以点带面评分部，直接触动迎检点及架子队，把其作为检验整体管理效果的标准，其实质是注重企业信誉。

2. 注重对分部考评。实施月度综合考评，定期组织平推检查等活动，现场解决问题，促进总部跟进管理、分部提升管理。

3. 注重对架子队考评，以评促管，从而解决模式管理的难度，促进中交某局文化向架子队延伸。

### 5.4.1 建设计划

项目经理部按照《项目文化建设策划内容及流程图》（图5-1）要求，组织各相关部门积极参与制定《项目文化建设计划》（参见表5-2）。在实践中，考虑到重大文化活动和重大文化成果的影响，特别建议单独制定专项计划，并作为项目文化建设计划的重要补充。

## 5 项目文化建设策划

《项目文化建设计划》主要内容表　　　　　　　　　　表 5-2

| 序号 | 内容 | 具体要求 | 参与部门 | 序 |
|---|---|---|---|---|
| 1 | 项目概况 | 项目情况总体目标 | 根据合同规定、业主和公司要求（目标），并结合公司发展规划和创优计划以及以往的工程经验，明确项目总目标（包括制度、人才、品牌、职业健康安全、社会责任等目标）对文化建设的目标、事项的要求 | 工程部（生产部）、综合办公室 |
| 2 | | 管理模式 | 项目管理模式如总包、分包、联合体承包、品牌经营等，由此明确项目文化建设的需求 | 合约部 |
| 3 | | 组织机构 | 项目的组织机构形式，及承担的文化建设职责 | 综合办公室 |
| 4 | | 人员情况 | 管理人员的年龄、专业结构，劳务人员情况及其对文化建设的主要需求 | 综合办公室（人力部） |
| 5 | | 进度计划 | 主要施工节点与项目文化建设的阶段划分等 | 工程部、综合办公室 |
| 6 | 建设目标 | 目标分解 | 文化建设目标如何承继和分解上级目标、项目总体目标，以及如何达成人才目标、品牌目标、内外各种奖项等 | 综合办公室 |
| 7 | 资源计划 | 保障措施 | 从人力、财力、设备、技术等方面对项目文化建设提供支持 | 相关部门 |
| 8 | 工作事项（主要活动和内容） | 建设精神文化 | 根据所属企业建设企业文化的要求，通过宣传、教育和开展多种活动等多种形式，宣贯和实践自己的使命、愿景和价值观 | 综合办公室 |
| 9 | | 建设制度文化 | 依据企业文化建设要求和自身的使命、愿景和价值观，组织制定工艺操作流程、劳动纪律、经济责任制和考核奖惩等系统性规章制度，并抓好实施和改进 | 项目各部门 |
| 10 | | 建设行为文化 | 通过加强项目班子、模范人物、普通员工行为文化建设，在群体中提倡并强化一种积极向上、团结奋斗的风气和行为，使成员感到群体的压力从而产生一种积极的从众行为，对成员个体产生社会助长作用，促进项目行为文化的建立和改善 | 综合办公室 |
| 11 | | 建设物质文化 | 通过加强项目活动环境、技术设备文化、产品文化建设，以优良的质量、进度、安全、环保业绩，以及提供的增值服务，使业主等相关方满意 | 项目各部门 |
| 12 | | 建设品牌文化 | 通过品牌工程、品牌人物和品牌活动打造，企业形象识别系统建设和品牌文化形象宣传等方式，以现场可视化载体，加强项目品牌形象宣传 | 综合办公室 |
| 13 | | 建设和谐文化 | 倡导内外和谐的理想信念，坚持和实行互助、合作、团结、稳定、有序的内外准则，与业主、监理、供方、社区以及政府主管部门等相关方开展组织联建、活动联办、品牌联创等多种活动，不断丰富文化建设的内容和方式，密切各种内外部关系，发挥文化的营销力和影响力，促进和谐项目、和谐企业建设 | 项目各部门 |

91

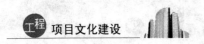

续表

| 序号 | 内容 | 具体要求 | 参与部门 | 序 |
|---|---|---|---|---|
| 14 | 文化成果 | 各种奖项或荣誉、理论与实践成果申报 | 对所明确的对内、外部形成或申报文化成果的可能性做出计划,内部文化成果应事先编写专题报告,经主管领导同意后进行立项和专项策划,外部文化成果的立项按外来文件的具体要求执行 | 综合办公室 |
| 15 | 检查考核 | 过程管控和业绩评价 | 对项目文化建设目标和计划事项,应设计相应的过程监控和业绩评价,规定相应的测评主体、频次、方法,以及相应结果的应用等 | 综合办公室 |

注:建议对项目重大文化活动、文化成果进行专项策划,以放大活动影响和成效。

## 案例5-3:中建五局保利·国际广场项目CI策划书(节录)

### 一、CI创建意义

(略)

### 二、CI工作组织管理执行机构

为创建好中建CI,项目成立以项目经理为组长的CI创优组织网络和实施执行小组,全面负责项目CI创优方案的策划、创建和落实工作,综合办负责CI的日常管理工作。

(组成人员名单和职责略)

CI创优工作目标:中建总公司CI创优工程,力争创总公司CI金奖。

CI创优总体要求:严格执行中建总公司《CI视觉识别规范手册——施工现场分册》,规范标识、标识色及规定的标准组合,尊重标识、标识色及标识组合的严肃性,贯彻中建五局CI总体战略并结合项目现场实际情况使项目的CI工作实施规范化、合理化。组织机构见图(略)。

### 三、CI设计依据

(一)公司CI创建目标:

总公司CI创优工程(创优金奖)目标计划详见公司CI创优项目一览表(略)。

(二)设计依据

1. 中建总公司《CI视觉识别规范手册——施工现场分册》和相关补充文件。
2. 项目施工总平面布置图及工地临建平面布置图。
3. 中建五局"信·和"主流文化。
4. 其他有关规定。

### 四、CI实施方案

(一)工地外貌

1. 本工程大门共有门楼式大门2道。分别位于书院路和湘江路,其中湘江路的大门为主大门,门楼式门柱门楣形象:

(1) 材质：门柱为砖砌。
(2) 尺寸：门柱截面尺寸为1m×1m，总高度为6.5m，其中门楣高度为1.5m，大门净高度为5m。
(3) 色彩：从地面起2m高为蓝色，2~5m处为白色；门楣为蓝色，标识反白，字为白色。
(4) 标识与文字组合：标识尺寸为1m×1m，文字内容分为两排，上排为"中国建筑第五工程局"，下排为"承建保利·国际广场工程"。此为非标准组合，只限于门楣上使用。
(5) 大门门体形象：
1) 材质：大门为薄铁板。
2) 规格：大门形式为四开门，总宽度为8m，高度为2m，每扇门面积为2m×2m（宽×高）。
3) 色彩：大门底色涂为白色。
4) 文字组合及其他：每扇门正腰1m×2m（宽×高）处涂中建蓝色，上面用白色隶书（刘炳森手书体）书写"**中國建築**"字样（图5-2）。

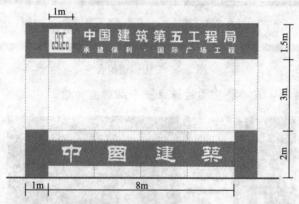

图5-2 门楼式大门效果图

2. 围墙：使用一次性使用的砖砌式围墙。
(1) 外围墙：
1) 围墙规格：高度为2m，颜色为白色。其中围墙上端0.2m高，下端0.3m高，为蓝色。
2) 围墙标准组合：主图案为中建标识和"**中國建築**"繁体手书字样组合，标识和字体均为蓝色，标识尺寸为0.8m×0.8m，位置居白色墙体上0.36m，下0.34m之间，即距离地面0.64m；字体按附图尺寸组合，每组的组合图形之间用辅助图形间隔。每组间距为7.2m，辅助图形居中。围墙左右两边安装4m高的品牌宣传墙，左边为总公司承建的央视大楼，右边为中建五局第三建设有限公司承建的陕西榆林人民大厦（图5-3）。

图5-3 外围墙效果图

(2) 内围墙：砖砌式围墙，高度为2m，颜色为白色。其中围墙上端0.2m高，下端0.3m高，为蓝色。内容为中建标识同中建专用标语组合，标识、字体（黑体字）均为蓝色，尺寸为0.7m×0.7m。专用标语组合：

1) 中国建筑　品质重于泰山；
2) 过程精品　服务跨越五洲（图5-4）。

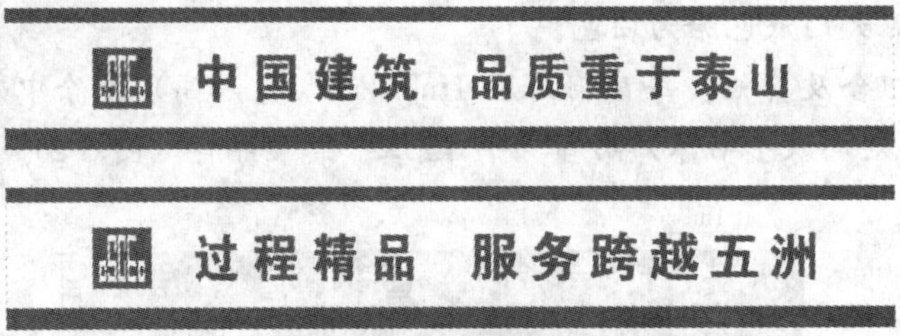

图5-4 专用标语组合

3. 品牌宣传墙：在办公室右边设立一个品牌宣传墙。

图5-5 品牌宣传墙效果图

（二）现场办公室（略）

（三）现场会议室（略）

（四）门卫室（略）

（五）现场图牌（略）

（六）生活临建（略）

（七）施工机械设备（略）

（八）楼面形象（略）

（九）人员形象（略）

五、现场 CI 达标管理措施

（略）

六、现场 CI 达标项目一览表

（略）

### 5.4.2 建设计划说明

（1）项目概况

项目概况是确定项目文化建设主要目标、事项的重要输入，认真分析项目各种特点，尤其是施工过程中的重点、难点问题，才能确保文化建设具有针对性和有效性。

（2）建设目标策划

为确保项目文化建设的目标具有适宜性，可结合《项目文化建设目标/计划表》（表 5-3）的要求认真进行制定：

——根据合同规定、业主和企业要求和目标，以从开工到竣工的时间为横轴，以生产技术线条、合约经济线条、党群文化线条、综合管理线条设定的项目目标为纵轴，立体考虑项目文化建设的目标；

——确定的项目目标和文化建设目标尽可能量化，并结合公司发展规划和创优计划以及以往的工程经验，以确保目标具有先进性并可用于定量的考核评价，用于绩效分析；

——确定目标后，应策划为实现目标所要安排的计划事项、活动，并考虑社会责任和联动联建等外部因素，确保计划事项和外部因素能良好支持目标实现；

——目标确定后，应考虑实现目标的期限及主要责任人员，必要时应根据变化的要求和条件，对目标进行评审或修订等。

项目文化建设目标/计划表　　　　　　　　表 5-3

| 项目目标<br>（从开工到竣工） | 文化<br>建设目标 | 计划工作事项/活动<br>（应考虑社会责任和联动联建） | 实施<br>时间 | 责任<br>人员 |
| --- | --- | --- | --- | --- |
| 生产技术线条 | | | | |

续表

| 项目目标<br>（从开工到竣工） | 文化建设目标 | 计划工作事项/活动<br>（应考虑社会责任和联动联建） | 实施时间 | 责任人员 |
|---|---|---|---|---|
| 合约经济线条 | | | | |
| 党群文化线条 | | | | |
| 综合管理线条 | | | | |

注：当影响文化建设目标的内外部因素发生变化时，应考虑对目标进行评审、修订。

(3) 资源提供计划

针对项目总体目标和文化建设目标的实现，应从人力、财力、设备、技术等方面配置资源，资源应满足为实现文化建设目标而应开展的工作计划和相关活动的需要，并有资源管理措施，请参见第4章。

案例5-4：中建五局保利·国际广场项目CI可实施项数及资金预算（表5-4）

中建五局保利·国际广场项目CI可实施项数及资金预算　　　表5-4

| 序号 | CI项目名称 | 数量 | 单位 | 材质规格 | 单价（元） | 合价（元） |
|---|---|---|---|---|---|---|
| 1 | 不锈钢门牌 | 39 | 块 | 拉丝不锈钢贴字 | 11 | 429 |
| 2 | 项目部名牌 | 1 | 块 | 拉丝不锈钢贴字 | 160 | 160 |
| 3 | 导向牌 | 1 | 块 | 不锈钢 55cm×70cm | 340 | 340 |
| 4 | 宿舍导向牌 | 1 | 块 | 55cm×70cm | 1 | 50 |
| 5 | 施工图牌组合 | 1 | 组 | 100cm×150cm | 6000 | 6000 |
| 6 | 宿舍门牌 | 40 | 张 | 0.28m×0.09m | 4 | 160 |
| 7 | 宿舍一览表 | 88 | 张 | 50cm×30cm | 10 | 880 |
| 8 | 企业宗旨、质量方针 | 2 | 块 | 会议室用 | 320 | 640 |
| 9 | 效果图、代表作 | 5 | 块 | 60cm×60cm | 320 | 1600 |
| 10 | 岗位职责 | 25 | 块 | 60cm×40cm | 18 | 450 |
| 11 | 浴室洗手间制度牌 | 4 | 张 | 60cm×40cm | 12 | 48 |
| 12 | 品牌宣传墙 | 37.5 | 平方 | 5m×7.5m | 230 | 8625 |
| 13 | 窗帘 | 16 | 个 | 1.5m×1.8m | 56 | 896 |
| 14 | 大门刷油漆 | 64 | 平方 | 8m×2m×2m | 12 | 768 |
| 15 | 门柱刷油漆 | 40 | 平方 | 2m×1m×4面×2个 | 12 | 480 |

续表

| 序号 | CI 项目名称 | 数量 | 单位 | 材质规格 | 单价（元） | 合价（元） |
|---|---|---|---|---|---|---|
| 16 | 大门及柱子油漆 | 30 | m² | 8m×2m×2m×1m | 8 | 240 |
| 17 | 门楼做字 | 150 | m² | 包灯、包铁架 | 60 | 9000 |
| 18 | 服装 | 30 | 套 | 春秋装 | 450 | 13500 |
| 19 | 安全帽 | 1000 | 套 | 中国建筑 | 1 | 1000 |
| 20 | 胸卡 | 30 | 个 | 5.4cm×9cm | 10 | 300 |
| 21 | 胸卡带 | 30 | 个 | 中国建筑 | 4 | 120 |
| 22 | 出入证 | 1000 | 个 | 5.4cm×9cm | 4 | 4000 |
| 23 | 配电箱标签 | 100 | 个 | 不干胶标签 | 0.5 | 50 |
| 24 | 电工标识和责任人 | 40 | 个 | 6cm×12cm | 1.5 | 60 |
| 25 | 司旗 | 2 | 面 | 3# | 160 | 320 |
| 26 | 国旗 | 1 | 面 | 3# | 160 | 160 |
| 27 | 彩旗 | 200 | 面 | 60cm×90cm | 5.5 | 1100 |
| 28 | 室内旗杆 | 1 | 套 | 11m、10m | 300 | 300 |
| 29 | 旗台做字 | 1 | 套 | 6m | 1300 | 1300 |
| 30 | 品牌布 | 2 | 面 | 11m×7.3m | 1200 | 2400 |
| 31 | 专用标语 | 2 | 套 | 2.3m×18.4m | 1270 | 2540 |
| 32 | 塔吊牌组合 | 6 | 组 | 角钢＋木板＋喷绘布 | 900 | 5400 |
| 33 | 人货电梯 | 3 | 台 | 3m×1m | 300 | 900 |
| 34 | 机械操作规程牌 | 45 | 组 | 0.6m×0.8m | 38 | 1710 |
| 35 | 加工棚标语 | 500 | m² | 角钢＋喷绘布 | 50 | 25000 |
| 36 | 楼层牌 | 300 | 套 | 0.4m×0.4m | 14 | 4200 |
| 37 | 宣传栏 | 1 | 套 | 100cm×150cm | 650 | 650 |
| 38 | 温馨提示牌 | 1 | 套 | 1.2m×0.8m | 80 | 80 |
| 39 | 爱护花草牌 | 5 | 块 | 0.2m×0.3m | 10 | 50 |
| 40 | 喷绘标语 | 1 | 条 | 30m×1.5m | 1000 | 1000 |
| 41 | 欢迎牌 | 1 | 块 | 不锈钢 55cm×70cm | 130 | 130 |
| 42 | 条幅 | 200 | m² | 0.8m×20m | 6.5 | 1300 |
| 43 | 草皮 | 待定 | m² |  |  | 5000 |
| 44 | 树苗 | 待定 | 棵 |  |  | 5000 |
| 45 | 其他 |  |  |  |  | 10000 |
| 合计 |  |  |  | 壹拾壹万捌仟叁佰叁拾陆元 |  |  |

（4）工作事项策划

要立足于"贴近实际、贴近岗位、贴近职工"总体要求和"五结合、五同步"原则，策划建设精神文化、制度文化、行为文化、物质文化、品牌文化和和谐文化的主要事项、活动及其内容（可参见第 6 章）。制订工作事项计划时，应该注意：

——结合项目实际情况,确保体现项目特色;

——工作事项应对应目标——分解(参见表5-3《项目文化建设目标/计划表》),即把完成目标所需的事项或活动——编成完善的计划;

——每一工作事项或活动,应列出时间、方式、内容、责任人员以及预期成果等;

——工作事项或活动应考虑以业主、监理、劳务单位、分包单位以及政府部门和社区等相关方开展联动联建,并突出公益事业和社会责任;

——对重大文化建设活动,建议另做专项策划。

案例5-5:中建五局土木公司"项目文化节·超英杯劳动竞赛"方案(节录)

一、主题

中建五局土木公司"项目文化节·超英杯劳动竞赛"。

二、组织领导

成立劳动竞赛领导小组(成员略),活动领导小组办公室设在公司党群工作部,负责竞赛活动的组织协调等日常工作。公司生产与安全部、合约法务部、技术质量部等负责组织实施并协助开展工作。

三、对象

公司职工个人、各分支机构、工程项目、劳务班组。

四、内容

本次项目文化节结合安康杯竞赛、保障房及节能减排劳动竞赛要求,围绕企业管理提升、员工个人技能提升和项目工期履约、质量安全、科技创新、节能减排、降本增效、团队建设等,开展"超英杯"劳动竞赛活动。

竞赛分集体和个人技能比武两部分进行。其中,个人技能比武分常态化和集中性技能比武。常态化比武主要是以评选月度"信和之星"超英式管理标兵为载体。集体劳动竞赛主要是针对公司在建项目,突出重点项目和风险项目开展的"比现场履约,赛工程进度;比科学管理,赛工程质量;比科技创新,赛节能减排;比精打细算,赛降本增效;比以人为本,赛安全文明;比团队和谐,赛廉政建设"劳动竞赛活动。

五、时间

竞赛活动在文化节开幕后举办,时间为2013年7月1日~2013年8月1日。

六、规则

(一)集体竞赛

围绕创建精品工程,开展以"六比六赛"为主要内容的竞赛活动。每年年初和

年中由各单位推荐两个项目参与评比,评分细则以具体通知为准,竞赛内容如下:

1. 比现场履约,赛工程进度

按照劳动竞赛的总体要求,由各单位对项目确定总工期和各节点工期,在施项目按要求制订年度、月份、每周和产值的施工进度计划,各参赛项目要倒排工期并按月、按周分解,优化施工组织方案、工艺流程,科学投入,经各单位认可后报公司备案。各参赛项目要严格按节点任务,完成进度和产值计划,有目标、有计划、有安排、有制度、有检查、有记录,充分调动施工人员的积极性、创造性,全面提升进度履约能力,打造一批项目履约典型。

2. 比科学管理,赛工程质量

严格执行有关法律法规和工程建设强制性标准,严格落实质量终身责任制,严把材料使用、工序控制关,层层落实全员、全过程质量监控体系,全面提升工程实体精细化,确保工程达到业主和监理的要求,打造一批精品工程。

3. 比科技创新,赛节能减排

贯彻执行局"四有科技",研究、开发、应用新技术、新工艺、新材料、国家专利、QC成果、专项论文,发动职工群众开展"小发明、小创造、小革新、小设计、小建议"五小活动,争创市优、省优、国优等奖项,确保工程技术创新有收获,不断提高企业核心竞争力。

4. 比精打细算,赛降本增效

以"项目经济责任书"为基础,开源节流,严格执行"三大纪律、八项注意",即:"项目经理责任制、分包选择招标制、合约交底策划制"三项基本制度,"合同洽谈、价本分离、商务策划、供方管理、过程管控、签证索赔、结算收款、奖罚兑现"八个重要环节,做好施工成本管控。

5. 比以人为本,赛安全文明

以推进标准化促安全,加强施工现场的安全管理,突出对重点部位、重点工序、重点人员的监督检查,加强深基坑施工、模板支撑系统、高空作业等重大危险源的安全监控,把事故隐患消灭在萌芽之中,确保施工过程中不发生死亡安全责任事故。打造一批安全文明样板工地和标准化典型项目。

6. 比团队和谐,赛廉政建设

认真执行《公司领导班子廉洁从业"五必须"和行为规范"八不准"》,大力开展廉洁文化进班子、进项目、进岗位、进家庭的"四进"活动,积极营造以廉为荣、以贪为耻的企业风尚,确保不发生违法乱纪案例。

(二)个人常态化技能竞赛:"信和之星"超英式管理标兵

1. 评选指标

项目每月评选出本项目超英式管理标兵2~3名,授予达人称号。其中,劳

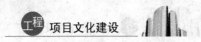

务管理人员1名。作为项目月度的"信和之星"管理标兵,并将其先进经验进行归集推广。

2. 评选程序

项目管理人员由项目班子确定候选人3名;劳务管理人员由劳务队推荐候选人3名报项目——由项目综合办汇总候选人情况并制作选票——在项目例会上,由生产经理、技术负责人、劳务队现场负责人介绍候选人员情况——由参加项目例会的全体管理人员进行投票。得票者多者当选。(在公司季度检查评比中,安全、科技、合约法务、综合管理等单项排名第一的业务主管,直接被评为该项目检查当月的"安全达人"、"科技达人"和"方圆达人"等管理标兵称号。)

七、奖罚

(略)

八、要求

(略)

案例5-5中的"超英杯"指以中建五局涌现的先进人物陈超英名字命名的主题劳动竞赛。陈超英原任土木公司董事、党委副书记兼纪委书记和工会主席,2011年6月13日,陈超英在慰问职工家属返程途中发生车祸,不幸因公殉职。2011年8月25日,湖南省总工会决定,追授陈超英同志湖南省五一先锋荣誉称号;2011年9月,中华全国总工会决定追授陈超英"全国五一劳动奖章";2012年5月,中央纪委、人力资源和社会保障部、监察部追授陈超英同志"全国纪检监察系统先进工作者"荣誉称号。陈超英同志立足平凡追求崇高,成就了她纯洁的党性和高洁的人品,"超英精神"显著的特点在于忠诚与奉献,在于平凡之中见伟大。中建五局敏锐地将这一先进典型融入企业文化建设中。

(5)文化成果策划

文化成果是指文化工作经验的提炼、总结,对内、外部奖项和荣誉申报,以及文化建设的研究课题、运行成效等理论与实践成果。项目部应按照选题、立项、申报、推广应用等流程,对相关成果的内容、方式、责任人员和完成期限等,提前做出明确安排,以指导实施过程和最终成果的创作。在实践中,特别建议项目部与本企业创先争优、评优评奖等工作相结合,对文化成果进行专项策划。

案例5-6:中建五局上海公司"3335"项目文化创效模式策划书(节录)

中建五局上海公司以"3335"目标倒逼式项目文化模式(下称"3335模

式"),推进施工项目节流增效,以实施 10 个月累计创效 1 千万元以上的成效,证实项目文化就是生产力。

一、定义策划

"3335"目标倒逼式项目文化模式,即以中建五局主流文化和党群文化工作的"三创三化"理念为引领,以推行项目成本管理方圆图为主导,以"九收十六放"法人管项目机制为载体,以标本分离成本指标为目标,力争每个项目降低办公费用 30 万元,减少安全事故损失 30 万元,节约人工费用 30 万元,节省材料费 50 万元,通过文化引领提升创效能力。

二、理念策划

(略)

三、载体设计

公司建立"九收十六放"法人管项目机制,进行"权责分解、各自承责"的文化创效机制设计——公司负责项目规划大纲制定权、材料设备采购和供应权、资金管理权、施工过程监督权等 9 种管理权限,项目部负责实施合同履约管理权、现场材料管理权、现场机械设备管理权、生产进度控制权等 16 种管理权,建立"理念正确、职责到位、目标倒逼、节流增效"的核心价值观践行机制。载体模式图如图 5-6 所示。

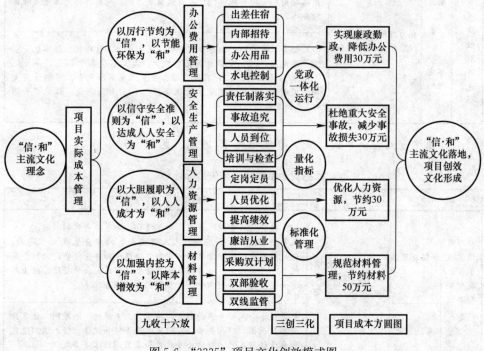

图 5-6 "3335"项目文化创效模式图

其主要特点和创新点为：(1) 以文化孕育为手段，以降低项目实际成本为管理目标，体现资源节约型社会的要求；(2) 党群干部主动揽责，党政一体化运行，拓展项目党群工作思路，拓宽项目党群工作领域；(3) 目标倒逼，自我加压，操控性强。

四、目标策划

1. 倡导廉政勤政，降低办公费用 30 万元（见表 5-5）。

办公费用节约目标计划    表 5-5

| 倒逼目标 | 理念倡导 | | 制度安排及行为规范 |
|---|---|---|---|
| 以项目预算值为标准，办公费用降低 30 万元 | 出差住宿 | 以廉促"信"领导与员工"和"机关与基层"和" | (1) 项目部设置简易招待所，两间共 6～8 个床位，机关人员下项目入住招待所；(2) 项目部派人兼职管理，保证招待所房间和床上用品清洁卫生，建人员入住台账；(3) 公司不报销出差人员住宿费；(4) 公司纪委定期对招待所管理情况检查 |
| | 内部招待 | | (1) 接待公司内部人员一律在项目职工食堂就餐，建立台账，以月度为时段报销入账；(2) 在外宴请单次超过 1000 元事前报公司（分公司）总经理批准，事前未批不准报销；(3) 项目部所有招待费需经公司（分公司）总经理审核方可报销 |
| | 办公用品 | 在力行节约为"信"以节能环保为"和" | (1) 办公用品按计划审批，从严管理和领用，严禁公物私用，严禁浪费；(2) 建立低值易耗办公用品领用台账和低值耐用、高值耐用办公用品领用和管理台账；(3) 人员调离或离职，耐用办公用品上缴项目综合办 |
| | 水电控制 | | (1) 倡导低碳办公，出办公室关灯，关闭电脑、复印机、饮水机、空调等用电器；(2) 空调电源集中控制，夏天温度高于 26℃，冬天低于 10℃方予供电；(3) 农民工宿舍安装限电器和电表，限制使用大功率用电器，超出规定电度收取费用；(4) 加强巡视，杜绝"长明灯""长流水" |

2. 杜绝重大安全事故，减少事故损失 30 万元，见表 5-6。

杜绝安全事故减少损失目标计划    表 5-6

| 倒逼目标 | 理念倡导 | 制度安排及行为规范 |
|---|---|---|
| 以项目预算值为标准，减少安全事故损失 30 万元 | 责任制落实 | (1) 按"红线管理"要求，建立项目安全生产责任制，形成"人人要安全，人人讲安全，人人都安全"的安全生产工作局面；(2) 项目党群组织定期和不定期安全巡视和安全检查；(3) 公司纪委、公司工会对项目安全生产督查；(4) 无条件拒绝、阻止具有安全隐患的任何指令，并立即向上级报告 |
| | 以信守安全准则为"信"；以达成人人安全为"和" | |
| | 事故追究 | 公司纪委介入安全事故处理，按照"三不放过"的原则，认真分析事故原因，对相关责任人追究经济责任和纪律责任，达到追究刑事责任程度的，报请公安机关和安监部门依法查处 |

续表

| 倒逼目标 | 理念倡导 | | 制度安排及行为规范 |
|---|---|---|---|
| 以项目预算值为标准，减少安全事故损失30万元 | 人员到位 | 以信守安全准则为"信"；以达成人人安全为"和" | 每个项目必须设1名专职安全主管或安全总监，并根据项目规模配备多名专职安全员 |
| | 坚持安全培训和安全检查 | | (1) 农民工夜校将安全教育和培训作为重要教学内容并切实组织教学；(2) 坚持进场三级教育、专项安全交底和班前安全交底；(3) 项目党群组织参与项目按安全生产要求组织的日过程检查、周检查和月评比 |

3. 优化人力资源，节约30万元，见表5-7。

**优化人力资源节约费用目标计划**　　　　　表5-7

| 倒逼目标 | 理念倡导 | | 制度安排及行为规范 |
|---|---|---|---|
| 以项目预算为准，节约人力资源成本30万元 | 对项目部定岗定员 | 以大胆履职为"信"；以人人成才为"和" | (1) 按照项目法施工要求，根据项目规模，提出项目班子职数、项目部门设置、项目部门职数的方案报公司总经理审批；(2) 项目经理竞聘上岗，对项目人员配备履行建议权，人力资源部出具项目人员组织报告，经公司总经理审批后实施 |
| | 制订和实施人员优化方案 | | 项目经理主持项目班子会议，综合办根据项目阶段特点，适时提出调整或优化方案报公司人力资源部 |
| | 提高管理人员绩效 | | (1) 项目支书牵头开展爱岗敬业讨论和员工学超英活动，激发管理人员工作积极性、主动性和创造性；(2) 组织管理人员绩效考核，倡导绩效导向的创效文化；(3) 建立传帮带机制，帮助人才快速成长，充分调动责任心，鼓励一专多能、一人多岗；(4) 项目书记、经理对调整或调离的员工诫勉谈话或鼓励谈心，报公司作合理调配、安排 |

4. 规范材料管理，节约材料50万元。见表5-8。

**节约材料费用目标计划**　　　　　表5-8

| 倒逼目标 | 理念倡导 | | 制度安排及行为规范 |
|---|---|---|---|
| 以项目预算值为标准，节约材料费50万元 | 坚持教育和全员监督，形成廉洁从业氛围 | 以廉促"信"分管领导与材料从业人员"和"材料从业人员与其他岗位人员"和" | (1) 深入开展"学超英"廉洁文化示范点建设活动，包括材料人员在内的项目关键岗位管理人员遵守廉洁从业若干准则，形成廉洁从业的氛围和习惯；(2) 项目设立举报信箱，公布公司纪委、项目纪检委员的监督电话；(3) 鼓励全体管理人员监督材料的使用和管理，发现浪费现象向项目支部报告；(4) 项目部支书接到报告或亲自巡查中发现浪费，查实后报请公司对责任人予以处罚 |
| | 推行材料采购"双计划"制度 | 以加强内控为"信"；以降本增效为"和" | 材料采购先提物资需求计划、再提物资采购计划，并且两个计划力求准确，需求计划越早提越好，采购计划越晚提越好，极力避免过多或过少采购和进场物资长时间堆放，以免造成材料积压、重复采购，浪费大量管理资源和占用资金 |

续表

| 倒逼目标 | 理念倡导 | 制度安排及行为规范 |
|---|---|---|
| 以目标预算值为准，节约材料费50万元 | 坚持材料进场"双部验收制" | 材料进场时，物资设备部和商务合约部人员同时"双部验收"，填写验收记录，以保证采购材料的数量和质量满足生产需要 |
| | 坚持材料堆放"双线监管"和材料领用限额领料 | 以加强内控为"信"；以降本增效为"和" | (1) 材料堆码布点监控管理实行"双线监管制"，即必须有定点负责的材料员责任人和保安责任人联管，确保进场材料保管安全；(2) 工长根据班组工作面预算需要给予签署限额领料单，库管员根据限额领料单开具的品名、规格、数量发料 |

### 五、成效

"3335"模式2012年2月份提出后，得到公司领导和全体员工的高度认同，党政主要领导大力推行，迅速在全司16个在建项目中实施，成效较为显著。

1. 经济效益

2012年2~10月，16个在建项目实施"3335"模式，共创效1115.49万元（不含杜绝重大安全事故，潜在盈利创效500万元以上），平均每个项目创效近70万元。部分项目开展"3335"活动前月度招待费4~5万，开展活动后基本控制在1万元左右。

2. 管理效益

1)"3335"项目创效文化模式初具雏形。以目标倒逼、标化运作、主动揽责为特点，以项目廉政勤政建设、项目实际成本降低为抓手，全员参与，用心工作，促成风清气正、节流增效文化氛围的基本形成，"信·和"文化的落地出现新的局面。

2) 实现指标量化和党政工作一体化，为项目党群文化工作提供新的工作思路和业务平台。通过运行"3335"模式，项目党群文化工作从党务工作、工会和团工作、行政后勤工作拓宽到项目实际成本的内控工作，并且目标量化，流程具体，党政一体化运行，使项目党群文化工作更加大有作为。

3) 项目履约能力增强。通过运行"3335"模式，带动项目各项基础管理工作水平上升，项目履约能力增强，现场市场互动良好，至10月份，完成合同额38亿元，句容碧桂园项目已承接后续项目二期工程和句容碧桂园IB国际学校工程，业主承诺其后续工程我方均可承建。

4) 管理人员工作作风转变。据不完全统计，公司（分公司）领导、部门工作人员至项目定期和不定期检查、指导和巡视，2月份以来各项目接待总计超过1500人次。机关人员下项目轻车简行，与项目管理人员同一个食堂吃饭，在同样的宿舍住宿，促成了管理人员工作作风的转变。

3. 社会效益

"3335"模式倡导的节流增效文化,降低了产能,节约了资源,相对项目预算值,2月份以来在水电能源、人力资源、安全生产成本、各种建材方面的节约均创造了一定的社会效益:经统计,16个项目生活办公水电费节约共约144万元,人力资源优化节约共约163万元左右,避免各种建材浪费和节约共约630万元,各项目安全意识增强,安全生产水平提高,杜绝了重大安全事故,同比安全事故率下降了30%,产生潜在经济效益共约520万元左右。

(6) 检查考核策划

为确保项目文化计划事项的推进,并达到预期建设目标,应针对项目文化建设的过程监控和业绩评价,设计测评主体的职责、测评频次和适用方法,以及考核评价结果的应用等(参见第7、8章)。

## 5.5 策划评审

对形成的《项目文化建设计划》,项目经理应组织主要管理人员,按照企业文化建设有关规定要求,结合项目的实际情况,通过会议、传阅、专家讨论等多种方式进行评审,评审通过后报上级主管单位审批。

## 5.6 策划交底

《项目文化建设计划》形成正式文件后,应组织业主、监理代表以及项目管理人员、劳务人员开展相关培训,并对重点工作和难度较大、配合要求高的事项或活动,向项目所有人员和相关方进行交底,确保所有人员理解和支持。

案例5-7:中建五局广西公司第九届"信·和"杯项目文化节交底书(表5-9)

项目文化节交底书 表5-9

| 交底事项 | | 中建五局广西公司第九届"信·和"杯项目文化节工人技术技能大赛——钢筋绑扎技能竞赛方案 |
|---|---|---|
| 交底内容 | 人员 | 钢筋绑扎技能竞赛的内容是按照组织者提供的钢筋绑扎施工图、施工材料以及施工要求完成钢筋绑扎任务。钢筋绑扎技能竞赛共分为四组,每组参赛人员5人,按要求在1.5小时内完成指定图中的所示内容 |
| | 时间 | 2013年7月8~12日,在华南城项目部 |

续表

| | | |
|---|---|---|
| 交底内容 | 规则 | （1）比赛作品完成后按附表3进行评分，以得分高低分出名次。若出现相同得分，以完成速度快者优选。<br>（2）比赛作品为两根高1.5m高边长为0.6m×0.6m的方柱及一条截面为0.2m×0.4m的悬挑梁构成（见附图3）。要求钢筋绑扎完成后能直立于地面。<br>（3）主办方为各参赛提供已加工成形的钢筋半成品 |
| | 评分 | 按作品的构造要求（30分）、成形质量（30分）及施工时的材料节约（25分）、场容场貌（15分）对参赛队进行评分。满分为100分，若出现相同分数，以先完成作品者为胜。<br>（1）构造要求分别按受力钢筋间距、排距、梁内箍筋绑扎、保护层厚度、悬挑梁绑扎等情况进行评比。<br>（2）成形质量分别为箍筋绑扎间距、绑扎点是否规则、梁柱绑扎钢筋骨架、整体观感。<br>（3）参赛队按主办方提供材料进行施工，以尽可能多地节省材料为佳。<br>（4）在施工时，注意场容场貌。完成后剩余材料及垃圾分类堆码 |
| | 评委 | 组织者：刘××（华南城）； 记分员：蓝××<br>评　委：刘××（华南城）、华南城业主代表1人、华南城监理代表1人 |

接受交底人签名：

交底人：　　　年　月　日

编制：_____　审核：_____　批准：_____　　　　　年　月　日

## 5.7 策划调整

施工过程中，影响项目文化建设的条件或情况发生变化时（如业主对工期提出新的要求或对工作范围进行调整，工程实施环境发生改变，人员情况变动等），项目应针对变化情况对项目目标、事项或活动以及文化成果等重点内容进行重新策划、评审，以期调整并修改相应的项目文化策划文件，修改后的文件必须得到原审批人的审批。

# 6 项目文化建设实施

按照项目文化建设的目标、计划,将前期策划付诸行动,是项目文化建设的重要内容,也是项目文化落地生根并发挥作用的关键所在。项目部应满足"三个要求"、实现"五个结合"、抓好"六项内容",通过开展各种文化工作,发挥提升员工凝聚力、项目生产力、社会影响力的功能,为客户、员工、企业和社会创造价值,如图6-1所示。

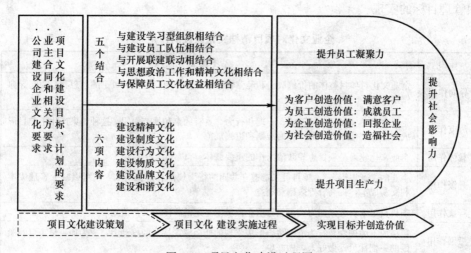

图 6-1 项目文化建设过程图

## 6.1 建设内容

### 6.1.1 建设精神文化

项目是一次性活动,项目经理、团队等都是临时性的,是为了完成特定的项目目标而临时组织起来的,项目完成后即将解散。在这样不固定的因素下要达到项目目标,需要进行积极的精神文化建设来凝聚项目团队的力量,共同努力完成既定目标。

在建设精神文化中,首先要贯彻企业文化,包括企业精神、企业经营哲学、企业道德、企业价值观、企业风貌,发挥企业文化的优势,使其作用于项目管理目标的实现。其次,要提炼项目的使命、愿景和价值观,使员工以此为指导,在项目部领导的带领下积极努力、团结协作、攻坚克难、为实现项目的终极管理目标共同努力。第三,使命、愿景和价值观在项目管理中的应用,真正实现促进项目管理目标的目的。

(1) 贯彻企业文化

项目作为企业管理的最基本单元,是展示企业形象的窗口,也是企业员工最集中的地方,如表6-1。虽然项目管理的主要任务是搞好施工生产,但组成项目主体的员工却是有血有肉活生生的人,他们需要健康高尚的文化。为此,项目可以通过贯彻企业精神、企业经营哲学、企业道德、企业价值观、企业风貌,提炼项目的使命、愿景和价值,并将其运用到项目的具体管理实践中去,促使项目各项管理目标的实现。

企业文化对项目精神文化建设的作用　　　　表 6-1

| 作用 | 基本意义 |
| --- | --- |
| 导向作用 | 企业文化对项目整体的价值取向和经营管理起导向作用,对项目员工的思想和行为起导向作用 |
| 约束作用 | 企业文化对项目员工的思想、心理和行为,具有约束和规范作用。这种约束产生于项目形成的企业文化氛围、群体行为准则和道德规范 |
| 载体作用 | 企业文化建设是项目思想政治工作的重要载体 |
| 升级作用 | 企业的"意识形态",项目员工都遵守共同的行为规范和道德准则,就可以减少管理成本和交易成本,提高管理效率和利益 |
| 凝聚作用 | 项目员工来自五湖四海,可以打造企业员工坚定的集体主义价值观 |
| 激励作用 | 积极向上的理念及行为准则将会形成强烈的使命感、持久的推动力,成为项目员工自我激励的一把标尺。做好人,做好事 |
| 辐射作用 | 对社会产生影响,树立企业良好的公众形象,提升企业的社会知名度和美誉度 |
| 品牌作用 | 企业文化的积累就是企业品牌价值的积累,而项目就是宣传与积累这一品牌的重要载体 |

1) 贯彻企业文化的内容

——贯彻企业精神。企业精神是企业之魂,是企业在长期的生产经营实践中自觉形成的,经过全体职工认同信守的理想目标、价值追求、意志品质和行动准则,是企业经营方针、经营思想、经营作风、精神风貌的概括反映。其核心是价值观。项目通过有效的载体进行宣贯,建设一支富有战斗力的、能够完成项目既定任务的纯洁的员工队伍。同时,通过项目对企业文化传播,塑造优秀的企业形象,增强企业的知名度和社会美誉度,从而最终达到提高企业核心竞争力的目的。

——贯彻企业道德。企业道德文化是企业文化的重要组成部分,也是当代企业文化管理的核心内容之一。项目通过对企业道德的宣贯，来调节项目内外的各种关系，为项目生产、经营与管理创造良好的环境和条件。另外，项目对企业道德的有效宣贯，将对项目成员起到内聚自约功能、均衡调节功能、导向激励功能，对于项目员工的道德品质和社会公道具有重要的影响。

——贯彻企业价值观。企业价值观是指企业及其员工的价值取向，是指企业在追求经营成功过程中所推崇的基本信念和奉行的目标。项目宣贯企业价值观，对员工行为起到导向和规范作用，并能产生凝聚力，激励员工释放潜能。

——贯彻企业风貌。企业风貌也指企业形象，它包括理念形象、行为形象和视觉形象，这里主要是指企业的视觉形象。企业视觉识别系统是企业形象最直观的表现，项目在项目精神文化的建设中通对企业形象视觉识别系统的准确覆盖，使人们快速理解项目所属的企业希望传递的信息，对内起到营造共鸣的作用，对外起到宣传品牌的效果。

**案例 6-1：某省电建一公司伊拉克项目文化建设**

伊拉克项目为 $4\times330MW$ 燃油机组，某省电建一公司为施工总承包商，合同金额 21.9 亿元人民币。该工程是省电建一公司历年来承接的合同额最大、施工时间最长、地理位置最特殊、管理跨度最大的项目，堪称公司生命线工程，对公司的生存和发展具有极强的现实意义和战略意义。公司对该项目高度重视，公司各位领导都积极参与本项目，为项目管理建言献策，以倾全公司之力做好本工程，实现工程管理各项目标。鉴于本项目的特点，加强项目文化建设显得非常重要，以项目文化建设为推手，才能更好地促进伊拉克工程安全平稳有序开展。

1. 建立生活区监视系统、广播系统、电视网络系统；
2. 合理安排工期和人员进场，合理安排作息时间，形成有序的工作局面；
3. 做好职工的后勤保障工作，关心职工的生活，饮食起居要做到干净舒适，基本满足职工的口味，由于伊拉克蔬菜匮乏，考虑建立一个蔬菜基地；
4. 建立现场工会，各分包单位建立分工会。生活区规划篮球场、羽毛球场、乒乓球室等，由工会组织健康向上、和谐愉悦的文娱活动。充分关心职工的身心健康，让现场工会成为职工之家；
5. 主动积极开展党建工作，分包单位建立党支部，学习宣传国内形势和政策，定期开展形式多样的党内主题实践活动，充分发挥党员干部的先锋模范作用，做到一个党员管一片，一个干部管一群，经常性地开展谈心交心活动，及时掌握现场动向，解决现场问题；
6. 积极开展正面的宣传工作，通过一定的资金和人力投入，强化宣传工作的力度和作用。通过鼓励先进，引导带动职工向先进看齐，促进工程进展。

2）贯彻企业文化的载体

——建立夜校。为项目员工及农民工在建筑工地工作、务工的同时利用工余时间在夜校学习。通过学习使员工及农民工的思想道德素质、科学文体素质和健康素质都能逐步地提高。

——培训计划及培训。企业文化宣贯落地是一种思想再造和提升，培训很关键。项目通过制定明确的培训计划，请企业的文化主管领导、文化宣传员，以及项目的文化管理员分层、深入宣讲企业文化，使项目员工从理论上认同，从思想与行动上保持统一。

——各种会议。通过召开各种会议，结合工作的实际，从实践中让员工理解企业精神、企业道德标准、企业的价值观。

——企业形象视觉覆盖。通过展板、标语、文化墙、宣传栏、员工的形象等，宣传企业的核心价值观、企业精神等，起到传达企业的经营管理理念和企业文化的作用，同时，以自己特有的视觉符号系统吸引公众的注意力并产生记忆，使客户对该企业所提供的产品或服务产生最高的品牌忠诚度，对内提高项目员工对企业的认同感，提高项目士气。

3）贯彻企业文化的表现形式

——在编制项目工作策划书中表现。项目工作的指导思想、工作目标、工作方法、工作原则、评价标准等都一般在项目工作的策划书中体现，而这些内容的编制以企业精神、企业道德、企业价值观为基础，为准则进行，它将指导整项工作的启动、运行与收尾评价，这也使企业文化在此过程中从理论到实践得到全面体现，也是企业文化在项目精神建设中最主要的表现形式。

——在编制项目的管理制度中表现。项目文化建设离不开制度的约束，只有当员工将项目文化内涵转化为自觉行为时，制度的约束作用才会逐渐减弱。相对于项目文化建设，公司在执行制度时更注重提高员工的素质，因为执行制度的目的不是考核员工，而是改进员工行为。建立健全各项规章制度，规范项目管理。使项目部员工严格遵守各项规章制度，积极参与文化建设。

——企业文化在项目形象视觉覆盖中表现，如图 6-2 所示。坚持由表及里，先易后难，首先从视觉系统抓起，精心策划，规范内容，统一标准。将项目文化建设，融安全生产、施工管理、制度建设、理念培育、品牌战略、团队精神、过程控制等于一体，构筑项目管理上视觉、理念、制度等各方面的文化。现场员工着装统一规范，使得职工显得精神焕发，走到哪里，都成为一道亮丽的风景线，达到了统一标准、统一模式、统一标识的效果。

（2）提炼项目的使命、愿景和价值观

在建设项目精神文化中，提炼项目的使命、愿景、价值观，内容是核心工

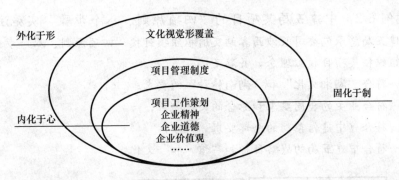

图 6-2 项目精神文化构建集成图

作,它决定着整个团队的文化导向,以及发展方向,影响到整个项目文化建设的实施,如表 6-2。在提炼的过程中,应该让全体员工都参与进来,使项目部员工以项目精神和项目文化为指导,在项目部领导的带领下积极努力、团结协作、攻坚克难、为实现项目的终极管理目标共同努力。

提炼项目的使命、愿景和价值观的主要功能   表 6-2

| 主要功能 | 基本释义 |
| --- | --- |
| 统一核心理念 | 通过提炼项目的使命、愿景和价值观,形成促进项目部和员工共同发展的核心理念 |
| 提高员工素质 | 通过提炼项目的使命、愿景和价值观,培养员工良好的行为习惯,为员工搭建实现人生价值的舞台,促进员工素质的全面发展 |
| 增强团队活力 | 通过提炼项目的使命、愿景和价值观,将公司的愿景、战略、目标传递到每个员工,增强员工信心,鼓励员工参与项目上的管理,使项目部的目标与员工个人目标相结合,从而凝聚带动员工,为共同的目标而奋发工作 |
| 提高管理水平 | 通过提炼项目的使命、愿景和价值观,促进各项管理制度和管理机制不断完善,以无形资产激活有形资产,进而实现工作效能的最优化 |

1) 征集提炼

在开展项目使命、愿景和价值观征集、提炼与宣传过程中,全体员工在参与各项活动过程,接受企业文化、管理文化、团队文化的教育,同时充分发挥全员的思想智慧,最终达到统一目标与认识,形成适合于本单位的特色文化。

启动征集提炼项目的价值理念活动,辅之以相应的管理机制予以规范和指导,不断完善管理机制、奖惩考核机制和责任追究机制。明晰项目文化建设与制度约束的辩证关系,使工的物质精神追求、思想行为与企业目标、信念和价值理念等逐步达成一致,引导项目员工感受公司发展历程,激发全员的主人翁意识、爱企敬业意识,促进企业管理更趋完善,促进项目文化建设渐成体系。

案例 6-2：中建五局某项目的"四项原则、八个步骤"实施法

中建五局总承包公司长沙西客站交通枢纽项目按"四项原则、八个步骤"实施法，组织征集项目核心理念，并满足：

——符合"湖湘文化"和"湖南精神"的要求；
——符合业主的合同要求和隐含的文化要求；
——符合《中建信条》的全部要求；
——符合中建五局的战略目标和"信·和"文化。

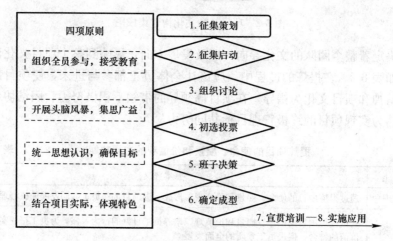

图 6-3　四项原则、八个步骤示意图

经过采用"四项原则、八个步骤"实施法，该项目核心理念提炼为——

项目使命：立德、立人、立业，贡献民生

项目愿景：建设交通枢纽工程的鲁班奖

项目精神：以信为本，以和为贵

项目目标：创省部级以上奖项 36 项（文化类奖项 7 项），培养青苗人才 12 人……

工作理念：高标准、讲科学、不懈怠

质量、环保和安全观：追求无限，创精品工程；地球无双，建绿色家园；生命无价，圆健康人生

人才观：坚持"七成定律"，做到科学选才、发展聚才、文化育才、人尽其才

职业道德观：讲诚信、讲奉献、重责任

廉洁观：廉洁从业、诚信守信、行为规范、道德高尚

……

2) 项目使命、价值观表现形式

为了方便项目员工背诵企业文化理念、促进文化理念深入人心。项目部可以将企业文化、项目使命、价值观、廉洁文化、安全文化以及管理文化汇编形成小手册，向项目员工分发。《项目文化手册》不宜太大，便于携带，印制精美、图文并茂，文字精练，方便大家学习。

根据确定的理念，组织开展项目员工文化活动，活动要抓住项目重大事件、节假日及阴雨天气等各种时机，积极开展为企业服务的主题活动和满足员工精神需求的文娱活动。活动要从满足员工需求入手，以贴近安全生产经营、贴近员工工作生活为方向，以培养共同价值取向、推动企业和谐发展为宗旨，坚持四个结合，广泛、深入地开展员工文化活动。活动的开展要注意"四个结合"，将无形的文化植根于有形的载体中，用文化的力量为项目管理目标的实现注入正能量。

① 坚持活动与趣味相结合

开展文化活动要从培养员工的兴趣入手，克服单纯竞赛相对单一、乏味现象，打破纯粹为活动而活动的观念，增加活动的趣味性和欣赏性。不断扩展活动项目，形成适合各年龄段职工参与的群众性文体活动竞赛新体系，做到体育比赛与健身活动相互促进，相互提高，紧密配合。

### 案例6-3：中建五局安装公司项目文化节方案

主题——打造健康体魄，塑造和谐团队：

自行车队从成立之初的三五个人，到现在的70余人，车队活动从刚开始在岛内几十公里环岛，到后面每天百余公里的岛外板头水库、天竺山、同安古堡，再到后面的漳州云霄及跨省潮州之行。

自行车队的成长及留下的足迹充分体现出员工高昂的团队士气，统一的队服，意志的挑战，团队的协作，自行车队成为公司提升项目品牌影响力最生动的写照。

主题——趣味运动会：

趣味篮球赛：半场三人制，分上下半场各十分钟进行，上半场要求派出一名女性参赛。

拔河比赛：三局两胜制，要求双方各派出八男两女参赛。

绑腿接力：四人并排，捆绑两人相近的腿，形成"4人3足"，赛跑时间少的一组获胜。

主题——"××"（联谊方）杯篮球联赛：

季前赛采用主客场大循环赛制，胜一场计1分，负不计分，根据最后各队得分进行排名，确定季后赛交叉对阵形式；季后赛采用交叉淘汰赛制，由季前赛的

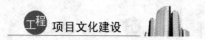

排名确定对阵形式,由第一名对第八名,第二名对第七名,以此类推,胜者进入下一轮。

协调与业主、监理、主管部门的良好关系,通过总承包带动专业公司发展,密切集团内部兄弟单位关系,锻炼员工身体。

② 坚持大型活动与生产经营相结合

开展文化活动要积极转变活动方式,将文化活动有机地渗透到企业的生产经营之中,如劳动竞赛、技能比武等活动,旨在落实企业工作重点和提高工作技能,避免文化活动与企业生产活动形成"两张皮"的结果,也更容易得到企业领导的重视和支持。

案例6-4:中建五局三公司项目文化特色活动

主题——"四不"措施征集评比:

发动各项目管理人员和一线劳务人员针对建筑砌体质量问题献计献策("四不"即不尺寸偏差、不空鼓开裂、不渗水漏水、不蜂窝麻面,建筑施工专业用语)。

本活动旨在满足业主的要求,保障用户的权益,公司一直将不断提升质量水平视为企业的首要责任,通过评比可创新解决方法,防治并杜绝质量通病,全力打造精品工程。

主题——钢筋平法竞赛:

由现场纠偏、理论考试和钢筋下料三项成绩按5∶3∶2的权重累计计分。前三名除现金奖励,职级升一级。

比赛前组织专题培训,比赛后总结经验,员工的专业技能得到了质的飞跃,在项目的实战能力得到了极大的提升。

主题——"项目策划"竞赛:

"项目策划"方案编制比赛——5月份进行,主要竞赛项目策划编制水平,考察现场布置、施工部署的合理性、经济性,以及项目风险识别与防范、开源节流措施等。

"项目策划"执行比赛——在公司综合考评结合进行,主要竞赛项目策划的实际执行情况,考察策划的优劣。由评委针对参赛项目所报方案进行现场考察评比,主要是效果检查,不需要另行准备资料。

本活动加强了项目部在管理人员组成、职责划分、总进度安排、资源配置等方面的总体策划,加强了集约管理和计划管理,防止项目盲目投入,提高了公司项目策划的整体水平,强化项目管理的预见性,培养总承包管理能力的复合型人才。

③ 坚持统一组织与群众性相结合

开展文化活动要坚持将大型集中的文化活动放到扩大规模和提高品位上。集体育和文化艺术于一体，企业应提高员工文化活动质量，文化活动综合化、综合活动系列化，形成特有风格，显示独有魅力。在活动的内容、形式上既要突出企业特色，又要推陈出新，适时开发新项目，形成项目文化活动的独特风格。

案例6-5：中建五局安装公司某项目文化节

以"打造幸福安装"为主题，举办项目文化节。文化节历时数月，分别为开幕式、闭幕式和文化节期间的其他特色活动，类型可包括运动会、技能竞赛、文艺演出等任何类型的文化活动。

本活动旨在宣传《中建信条》和中建五局"信·和"文化，特别是活动期间做好宣传报道，主动邀请媒体和各相关方参与，使之成为项目员工的文化盛宴。同时，以时间段划分活动较集中的几种类型的文化活动，使活动系列化，有利于形成品牌，使人印象深刻，工作总结时内容充实并富有层次。

三月："情动三月·巾帼建功季"

组织女职工技能比赛、女职工旅游，举办关爱女性健康知识讲座，赠书《幸福要回答》及《牵手幸福》等。

五月："青春五四·幸福绽放季"

举办乒乓球、羽毛球比赛，青年员工拓展训练，宣传一批"我身边的年轻人"优秀典型，开展"拓展幸福空间"主题征文等。

七月："燃情七一·红色献礼季"

项目党建宣传展板设计比赛，项目党员红色旅游，离退休老党员讲党课，"蓝色梦想·幸福空间"游泳比赛，党风廉政教育月活动启动等。

……

④ 坚持生活与艺术相结合

文化活动要不断满足职工个性发展的需要，为具有艺术专长的人才提供发挥的空间，如举办微电影比赛、职工摄影、绘画展览等。这些活动既能展示员工丰厚的文化底蕴和高雅的艺术修养，通过网络的传播，也能从除了正式新闻以外的形式宣传项目文化和企业文化。

案例6-6：中建五局项目文化节·文艺类

1."手肩的××"微电影征集

为加强对《中建信条》和"信·和"文化的宣传，扩大企业及广大员工的社会影响，举办各施工项目"手肩的××"微电影征集，要求剧本和摄制契合主题，情节新颖，以小故事反映大主题，作品时间控制在5～8分钟内（剧中人物可以实名，也可以艺术虚构）。

2. 廉洁主题摄影作品评选

针对"信·和"文化对加强廉洁文化建设的要求，举办项目廉洁主题摄影作品评选：

——一幅（组）相关主题摄影作品，紧扣"廉洁文化"主题，可以以景、以物寓意（如植物花卉、水流山川）；

——一段或一组与拍摄主题相关的诗词、箴言警句、自己创作的诗词或能表明拍摄主题的拍摄感想（100字以内）。

3. "大姐书记"陈超英践行群众路线文艺作品比赛

为弘扬"大姐书记"陈超英"矢志不渝的信念、公而忘私的情操、是非分明的品格、以苦为乐的境界、言行一致的作风、关爱群众的美德"的"超英精神"，面向各施工项目举办陈超英践行群众路线文艺作品比赛，作品可以是故事、散文、诗歌、话剧、微电影和歌曲、动漫等。

（3）管理实践应用

项目使命、愿景和价值观关键在于实践。只有实践，才能让项目文化发挥作用，才能检验项目文化建设工作是否扎实有效。项目的使命、愿景和价值观必须融入项目管理才有生命力，必须始终围绕提高项目管理水平，比如管理目标、管理理念的拟定等，都要充分结合使命、愿景和价值观，体现项目发展要求，得到全员的广泛认同，并且采取有力措施，引导职工自觉践行，把其内涵、精神融入到管理实践中，推进项目文化与管理的深层次融合，规范管理行为，提高管理水平，显示其效果。

在项目施工实践中，要抓好建设精神文化基础工作（表6-3），并通过采取措施来体现使命、愿景和价值观。

施工项目建设精神文化基础工作　　　　表6-3

| | |
|---|---|
| 建设精神文化 | 项目全员熟记本企业理念，明确项目的使命、愿景和价值观 |
| | 制定项目建设目标及项目文化建设目标 |
| | 将本企业的理念全面融入项目管理 |
| | 开展企业历史、企业文化和发展战略等教育 |
| | 唱响企业司歌，传播文化故事 |
| | 举行升国旗、司旗仪式，培育团队精神 |

——项目成立后，用先进的企业文化理念作导向，结合项目使命、价值观，

发动员工集思广益，充分酝酿，共制定实施了内部管理规章、约束激励机制以及专项制度、责任制和考核办法，建立项目的制度文化。

——在项目的实施过程中，项目可以突出项目的使命与价值观，总结提炼先进的安全质量文化主题。比如，建立起"开工必优，一次成优，确保部优，争创国优"和"施工生产、职业健康、机械设备、防爆物品、交通运输等安全零事故"的工作方针和管理目标；发布"建精品工程、创文明工地"的标准化作业规范；提出"安全质量责任重于泰山"、"关爱生命、关注职业健康"、"爱妻爱子爱家庭，无视安全等于零"等人本文化理念。

——在项目管理过程的记录中，形成的工作方案、工作指导思想，以及工作评价等，都能体现项目精神文化建设对项目管理的促进作用。

——表现在项目员工的行为规范，项目班子成员要用正确的文化理念，引导与带领项目管理人员积极投身于项目的各项管理工作中。项目管理人员在对内的工作协调与配合方面，要体现出项目所倡导的使命与价值观，在对外的沟通与交流中，要充分展示企业、项目的文化品牌。

——充分运用绩效机制，促进文化建设健康发展，并将文化建设细化指标列入《绩效考核办法》中，与施工生产同步奖罚，奖惩到位，真正体现项目所倡导的核心理念。

### 6.1.2 建设制度文化

项目制度文化是为了贯彻价值观、实现项目目标而对员工行为给予一定限制的约束，规范着项目的每一名员工，具有共性和强有力的行为规范的要求。在项目施工实践中，要抓好建设制度文化的基础工作（表6-4），确保制度建设推进核心价值观的落地，并促进项目管理。

**建设制度文化的基础工作表** 表6-4

| | |
|---|---|
| 制度文化建设 | 优化领导体制和组织机构，结合企业规章制度，制定本项目管理制度 |
| | 编制项目管理手册和作业程序文件等 |
| | 建立规范严谨的岗位责任制 |
| | 制定各项奖惩办法，严格考核 |
| | 熟记管理者操守、员工操守、科技人员操守、员工行为规范，项目管理的主要制度和文明规范上墙 |
| | 制定项目精细化管理和标准化管理制度和办法 |

同时，制度文化是项目组织、运营、管理等一系列行为的规范化和制度化，应加强项目领导体制、组织机构和管理制度等方面的具体工作。

（1）建立扁平型组织机构

项目组织机构领导班子由项目经理、项目副经理、技术经理、生产经理及商务经理组成,在部门的设置上,为了便于工程的统一管理,设置工程部、技术部、质安部、物资设备部、合约部、机电安装部和综合办公室,如图6-4所示。

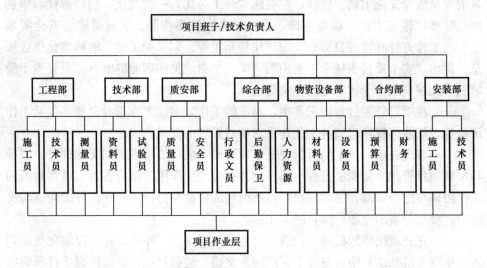

图6-4 项目管理组织机构框图

(2) 各类管理制度制定

项目进场后,要立即结合项目的愿景目标和各项经济指标,制定切实可行的管理考核制度和机制,内容包括管理制度体系、考核评价体系和奖惩体系的建立,以及生产、技术、商务合约、材料、安全、质量、人力资源、党群文化、劳务管理和后勤管理类制度的完善,如图6-5所示。

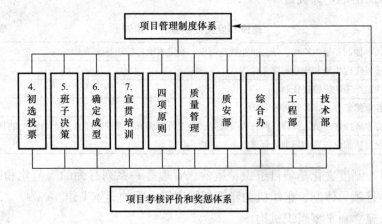

图6-5 项目管理制度体系图

案例6-7：中建五局某工程项目文化手册——制度文化篇（节录）

1. 图纸会审、图纸交底制度

正式施工前，项目经理部组织人员核对图纸，与设计单位联系，进一步了解业主要求和设计意图，参加施工图会审，接受各部门提出建议，完善设计内容。在施工前，对全体施工管理人员进行图纸交底。

2. 施工组织设计、施工方案的编制及审批制度

开工前，根据工程特点，制定需编制施工组织设计、施工方案的清单，明确时间和责任人。每个施工组织设计或施工方案的实施均要通过提出→讨论→编制→审核→修改→定稿→交底→实施几个步骤进行。

3. 分包管理制度

分包方进场前将资质副本、施工现场负责人以及管理人员名单、分包工程项目合同副本和深化设计报监理工程师审查。分包方进场前应签订安全、消防保卫、成品保护协议书并交适量的抵押金。项目经理部根据合同规定为分包方创造必要的施工条件，并抽出若干专业技术人员和工程管理人员组成分包管理专门小组对分包工程的质量、工期、安全、消防保卫和成品保护等方面实施动态管理，建立协调会制度。

4. 技术交底制度

技术部门针对特殊工序编制有针对性的作业指导书。每个工种、每道工序施工前要组织进行各级技术交底，包括项目工程师对工长的技术交底、工长对班组的技术交底、班组长对作业班组的技术交底。各级交底以书面进行。因技术措施不当或交底不清而造成质量事故的要追究有关部门和人员的责任。

5. 技术复核制度

施工前应认真组织进行图纸初审和会审，编制施工方案，在做好三级技术交底工作的基础上，强化对关键部位和影响工程全局的技术复核工作，以减少和避免施工误差。

6. 合约管理制度

合同签订工作由公司根据有关程序进行，项目经理部负责授权范围内履约全过程的管理。按规定先后由总经济师组织各相关人员向项目经理、项目合约经理、项目总工程师进行一级交底和由项目经理组织，项目合约经理向项目部全体人员进行二级交底，主要侧重于合同详细条款讲解，合同经济法律风险条款的责任分解等。合同履行过程中，项目合约经理应指导督促全体人员严格按合同约定和项目管理策划书进行工作，随时检查、记录合同的实际履行情况，建立各类合同履行情况台账。合同执行中，建设单位对合同条款提出重大变更要求和意见。

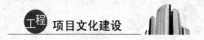

7. 预结算管理制度

专职预算员及各专业分包单位的专职预算员应按时参加发包人组织的设计交底、图纸会审。对定额计价的合同，协助投标报价部门在图纸会审后30天内完成工程预算书编制工作并送发包人审查。

8. 签证、变更、索赔管理制度

为规范施工现场的各种合同外相关费用的签证行为，应制定签证、变更、索赔管理制度。

9. 材料进场检验制度

工程的钢筋、水泥和混凝土等各类材料需具备出厂合格证，并根据国家规范要求分批分量进行抽检，抽检不合格的材料一律不准使用，因使用不合格材料而造成的质量事故要追究验收人员的责任。

10. 现场材料设备管理制度

现场材料设备严格按施工总平面布置图存放，材料设备存放场地须挂牌标识，应指明材料设备名称、规格、进货日期、检验状态和供货厂家。露天堆码的材料设备要分区分类码放，底垫木高度不小于200mm，码放整齐，钢材、设备必须有防雨措施，上盖下垫。需入库保存的材料布局合理，库容整洁，便于收发。化工油漆等危险品材料，单独设库存放，库房远离火源，不得将库房设在建筑物内。计量管理制度：建立健全计量管理制度，建立计量管理体系，提高施工质量，降低物耗、能耗。为保证计量器具的精度，在用计量器具按规定进行定期检定。特别加强对钢筋、混凝土施工过程的计量管理。

11. 样板引路制度

施工操作注意工序的优化、工艺的改进和工序的标准化操作，通过不断探索，积累必要的管理和操作经验，提高工序的操作水平，确保操作质量。每个单元工程或工种（特别是量大面广的单元工程）都要在开始大面积操作前做出示范样板，包括样板墙板、样板件等，统一操作要求，明确质量目标。

12. 过程三检制度

实行并坚持自检、互检、交接检制度，自检要作文字记录。

13. 质量否决制度

对不合格单元、分部和单位工程必须进行返工。有关责任人员要针对出现不合格品的原因采取必要的纠正和预防措施。

14. 工程质量检验验收制度

每一项分项工程或检验批施工完后，首先由施工班组自检、再由项目分部或分包单位技术负责人组织有关施工员、质检员、班组长进行互检和交接检，最后由项目部和监理工程师组织验收。同时，公司、项目经理部、项目分部对工程项目实施三级检查，对质量进行层层把关。

15. 工程质量奖罚制度

项目经理以各施工班组现场施工质量及质量管理状况为依据，根据指挥部规定负责签发"工程质量问题奖罚通知单"；并相应建立质量专用台账，建立质量基金，专款专用。

16. 质量分析会制度

质量分析会由项目经理或总工程师主持召开，各部门有关人员及班组长参加，每月不少于一次。质量分析会针对质量趋势、质量问题，制定出相应的预防、纠正措施。

17. 成品保护制度

项目管理人员应合理安排施工工序，减少工序的交叉作业上下工序之间应做好交接工作，并作好记录。如下道工序的施工可能对上道工序的成品造成影响时，应征得上道工序操作人员及管理人员的同意，并避免破坏和污染，否则，造成的损失由下道工序操作者及管理人员负责。

18. 质量记录制度

各类现场操作记录及材料试验记录、质量检验记录等要妥善保管，特别是各类工序接口的处理，应详细记录当时的情况，理清各方责任。

19. 有关工程技术、质量的文件资料管理制度

工程文件资料的完整是工程竣工验收的重要依据，应真实和详尽。由专职资料员收集、整理、保管存档，做到工程技术、质量保证资料及验收资料随工程进度同步进行。

20. 培训上岗制度

工程项目所有管理及操作人员应经过业务知识技能培训，并持证上岗。因无证指挥、无证操作造成工程质量不合格或出现质量事故的，都要追究相关人员及主管领导的责任。

21. 安全管理制度

项目部成立安全领导小组，组长由项目经理担任，副组长由副经理、安全员担任，成员有各职能部门的人员，从组织上保证了制度的落实。对参与本工程施工的全体人员严格执行三级教育制度，组织学习国务院、市部颁发的安全生产的"规定"、"条例"和"安全生产操作规程"并要求职工在生产中严格遵守。安全领导小组每半月对工地的施工安全、机械、配电、施工环境、卫生、防尘、劳动保护等全面检查一次，对查出的问题限期整改，对严重违反操作规程造成损失的要进行处罚。

22. 易燃易爆有毒材料的管理制度

汽油、油漆等易燃、易爆材料必须由材料员专人保管，责任到人；易燃、易

爆物品应存放在专用且通风良好的库房；易燃、易爆材料必须远离火源；油漆间、油库、木工间必须设置警示标志，配置相应的消防器材，并且派专人保管；氧气、乙炔等易燃、易爆物品必须由持证上岗人员进行保管，操作；施工现场使用的各种有毒材料必须由专人保管。

23. 人力资源制度

负责配合公司人力资源规划的制定、组织实施及人才队伍的建设工作，规范项目人事管理、劳动合同管理、薪酬及福利管理、专业技术干部管理、绩效管理、培训管理、社会保险管理等工作。

24. 党群制度

党建方面公司各级党组织必须坚持在企业中的领导的基本原则，加强自身建设，争创"四好"班子；加强基层党支部建设和党员队伍建设；加强党风建设和反腐倡廉工作；加强和改进党对群众工作的领导，充分发挥工会、共青团组织的桥梁和纽带作用。指导和配合做好纪检监察、思想政治工作和精神文明建设工作，以及工会和共青团等工作。

25. 劳务管理制度

项目经理是劳务用工管理的直接责任人，负责贯彻执行企业劳务用工管理的规定，工程项目实施劳务分包，依法分包给相应资质的劳务单位施工，严禁违法分包、转包，严禁私招滥雇，必须签订《劳务合同》。

26. 后勤保障制度

项目部后勤保障由项目副经理负责，由综合管理部牵头，各部门配合，包括考勤、采购、用车、生活、宣传接待、文明卫生等管理工作。项目实施前，由办公室统一制作有关后勤保障管理所需图表、资料；在项目实施过程中，及时收集、整理、保管相关资料，便于制度化地开展有关考核和核算工作。

(3) 项目管理人员岗位职责

项目进场前，项目班子成员要结合项目实际情况，针对项目特点和人员配置，制定详细的管理人员岗位职责及考核体系。

### 6.1.3 建设行为文化

项目行为文化是全体员工在经营管理、施工劳动和学习娱乐中产生的活动文化；是项目员工的工作作风、精神面貌和人际关系的动态体现，是团队精神和价值观的折射。在项目施工实践中，要抓好建设行为文化的基础工作（表6-5），确保推进核心价值观的落地，并促进项目管理。

### 建设行为文化的基础工作表　　　　　　　　　表 6-5

| 行为文化建设 | 优化领导班子行为、员工行为和务工人员的从众行为 |
| --- | --- |
| | 倡导模范行为和文明风尚，养成良好的工作习惯和健康的生活方式 |
| | 培育安全文化、质量文化、廉洁文化、诚信文化 |
| | 开展职业道德教育和文明礼仪训练，定期开展员工岗位技能培训 |
| | 党、工、团组织的各项活动效果明显 |
| | 项目文明施工，员工作业规范，团队行为文明 |

以下重点对优化领导班子行为、员工行为、务工人员的从众行为和倡导模范行为等进行措施概述。

(1) 优化项目班子行为

1) 坚持民主集中制

坚持民主集中制，即项目领导班子对于重大问题要坚持集体研究，按照"集体领导、民主集中、个别酝酿、会议决定"的原则，制定和完善项目班子议事和决策规则，根据实际情况，科学合理地划分职责权限，明确议事决策的范围，紧紧围绕议题确定、酝酿、讨论、表决等重要环节，严格规范议事决策程序，保证项目班子从一开始就能够规范运行。

**案例 6-8：中建五局某项目班子民主集中制实施要求**

一、主要议事事项

1. 项目事项

- 项目管理责任状；
- 项目成本控制措施、绩效考核、内部分配方案；
- 职工的评优、评奖；
- 集中采购；
- 需上报情况的重大事项；
- 项目自行处理的物资和废旧物资处理等。

2. 公司事项

- 重大决策、重大制度执行情况；
- 重大战略事务涉及本项目的内容；
- 区域经营的特别要求；
- 重大检查和评比及结果分析；
- 重大管理、文化活动等。

3. 业主事项

- 重大合同变更和设计变更；

- 重大发包事项；
- 资金支付变动；
- 重要节点配合要求等。

4. 其他事项
- 重大社会活动的参与；
- 重大公益投入；
- 重要宣传报道和品牌活动；
- 当地安全、环保和治安特别要求；
- 当地重大应急事件等。

二、议事方式

主要包括班子会、周例会以及QQ群讨论后由碰头会决定。

三、议事要求

1. 坚持科学决策、民主决策，决策前深入调查研究，广泛听取意见，防止独断专行和个人说了算，努力在项目班子中营造浓厚的民主氛围。

2. 充分发扬民主，认真倾听各方面意见，包括各种不同意见，在畅所欲言、深入讨论的基础上，根据多数人的意见作出决定。

3. 项目班子要提高驾驭全局能力，善于在民主的基础上实现正确的集中，把一班人的思想、意志和行动有效统一起来，充分调动每个班子成员的积极性、主动性、创造性，依靠班子合力，不断开创项目工作的新局面。

2）落实民主生活会

项目民主生活会，是指项目党员领导干部召开的旨在开展批评与自我批评的组织活动制度，项目部应由党支部书记主持，坚持把召开民主生活会作为解决项目班子存在问题的有效形式。在召开民主生活会前，班子成员通过多种形式，广泛征求支部党员和广大群众的意见，努力找准在党性党风方面存在的突出问题，按照"团结——批评——团结"的公式，开展积极健康的批评和自我批评，提高项目班子解决自身问题的能力，班子内部民主、团结、健康的氛围更加浓厚。

以下为项目领导班子民主生活会主要内容：

——贯彻执行党的路线、方针、政策和上级指示、本支部决议的情况；

——加强项目班子的自身建设，维护"一班人"团结，实行民主集中制的情况；

——发扬党的优良传统，艰苦奋斗，清正廉洁，遵纪守法，端正党风和纠正不正之风的情况；

——坚持群众路线，改进作风，深入调查研究，密切联系群众。

 6 项目文化建设实施

——其他重要问题。
3) 廉洁文化建设

项目要将廉洁文化建设纳入项目文化建设的年度工作安排，严格贯彻落实上级有关廉洁文化建设的各项要求，以落实本企业核心价值观为根本，进一步加强对项目班子和人财物等重要岗位人员的思想、纪律教育，切实增强清白做人、干净做事的坚定性和自觉性，营造风清气正的工作生活环境，如表6-6。

**廉洁文化建设主要内容和形式** 表6-6

| 廉洁文化建设主要内容 | 主要形式 |
| --- | --- |
| • 结合项目施工特点，因地制宜开展廉洁文化教育；<br>• 组织管理人员学习廉洁从业规定，提高执行制度的自觉性，营造崇廉耻贪的浓厚廉洁文化氛围；<br>• 严格执行分包队伍选择、原材料采购、现场材料管理、用工量计量、工程款支付等一系列规章制度，防止腐败行为的发生；<br>• 开展项目党风廉政建设责任制，签订党风廉政建设责任书，开展廉洁承诺、廉洁公约等活动，发挥廉洁文化建设对工程项目管理的保障作用；<br>• 做到工程建设廉洁、高效、优质，促进施工生产安全、质量、工期、成本、效益的协调统一，对工程建设发挥保障促进作用 | 利用施工现场、办公场所、生活区域、宣传栏、黑板报、橱窗等阵地，以报刊、手机信息、网络、会议及主题教育活动等形式，进行正面典型教育和反面警示教育 |

(2) 倡导模范人物行为

企业模范人物是企业的中坚力量，他们的行为在整个企业行为中占有重要的地位。在具有优秀企业文化的企业中，最受人敬重的是那些集中体现了企业价值观的企业模范人物。这些模范人物使企业的价值观人格化，他们是企业员工学习的榜样，他们的行为常常被企业员工作为仿效的行为规范。这些模范人物大都是从实践中涌现出来，项目正是模范人物的诞生地，被项目员工推选出来的普通人，他们在各自的岗位上做出了突出的成绩和贡献，因此成为企业的模范。

1) 倡导内容

党团模范——争当优秀共产党员、优秀共青团员，是加强党的基层组织建设和企业文化建设的一项经常性工作，对于以改革创新精神加强改进企业党建文化工作，不断将党的政治优势、组织优势、群众工作优势和党风廉政建设优势，转化为企业的竞争优势。如"亮牌示范"活动，项目党政组织通过设置党员责任区、党员示范岗、党员品牌工程、党员攻关项目、评选"星级共产党员"活动等多种形式，做到"佩戴党徽上岗，党员身份亮出来；讲学习比业务，党员素质亮出来；讲责任比贡献，党员业绩亮出来"，促进党员发挥先锋模范和示范带动作用。

生产模范——在生产、经营、管理和服务中，创造一流工作业绩的员工。如线条岗位能手，有优良的思想品德和职业道德，敬业爱岗，熟练掌握本岗位各项

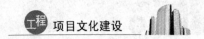

业务技能和理论知识，能够优质并超额完成本岗位各项年度考核指标，创造了较好经济效益的企业青年职工。

其他先进——在项目施工全过程中，在专业管理和社会责任等方面有突出贡献的各类员工及务工人员等。

2）倡导形式

总结提炼人物精神，调查采访人物事迹，以通讯报道、图片纪实、微电影等形式，在各种媒体、会议、活动、学习培训中进行宣传。

(3) 规范普通员工行为

现代企业管理的核心问题是要调动全体员工的工作积极性，规范员工的工作行为，促使每个员工都把企业看成自己的家，都把做好工作看成自己的事。项目文化把尊重人、关注人、关心人作为中心内容，给员工多重需要的满足，促使员工形成强烈的认同感、使命感和持久的驱动力，使员工的价值观接近于公司的价值观，并形成自我激励、自我加压的强烈意识，提升了工作效率与效益，因此对任何一个项目来说，文化就是"灵魂"，在规范项目员工时具有无法替代的作用。

1）加强制度建设

制度本身具有一定的约束力，它具体规定了员工的权利和义务，制定一套《项目员工行为规范》对员工来说是一种被动的管理手段，其目的是促使每个员工养成良好的职业习惯，形成良好的行为规范，促进项目管理水平的提升。目前，大部分项目不缺制度，缺少的是"可执行"的制度。因此，一个项目如果执行力普遍缺失，那么再好的发展目标也是镜中花、水中月，再好的管理制度也是一纸空文。因此，制度建设应重在执行力的建设，只有真正做到了制度的有效执行，项目文化建设才能取得成效，员工的行为才能做到有章可循，才能实现项目目标。

2）以人为本做好思想导入工作

人本管理，是规范员工行为管理中的最重要的环节，在日常的行为管理工作中，要确立人的中心地位，发挥人的重要作用。员工既是项目文化的建设者、发挥者，也是行为规范的执行者，行为规范最终要落实到职工的思想和行动中去，而这一过程，离开了员工群众的主动参与就不可能实现。要充分发挥文化建设和政治思想工作的作用，教育员工增强团队意识，处处从项目利益出发，时时为整体着想，始终以大局为重，鼓励职工积极参与、献计献策，营造良好的文化氛围，不断完善行为规范，提高员工的凝聚力，确保职工行为规范的有效执行。

3）加强员工培训工作

项目员工（特别是近几年入职的新员工）不了解企业文化的内涵，难以正确理解企业文化的本质，更不要说有效执行。把生产（工作）任务看得比较重，会投入大量的时间和精力,而把员工行为规范看成可有可无的事情,并不会当作是应该而且必须做好的一项重要工作。在实际工作中,不少员工的随意性就比较大,在安全、质量和现场管理工作中,往往忽视职工行为规范的有效执行,直接影响项目文化的建设。因此,加强对员工的培训,不仅可以更好地规范职工的行为,还能提高企业的核心竞争力。在对员工行为规范的管理工作中,必须抓住一切机会提供一切有利条件,采用不同形式地对员工进行不同层次的培训工作,这也是提高企业形象和发展的需要。

培训的前提是重视,培训的目的是提高,培训的绩效看考核。考核是衡量培训成果的一杆标尺,这也是强制性地增强培训效果的一种必要手段,从而不把培训工作流于形式。在考核工作中,要设立一定的目标奖惩措施来体现培训的重要性,激发员工的上进心与遵守行为规范的主动性,从而提高整个员工队伍的基本素质,确保员工的行为规范得到有效的执行。

4) 行为规范管理要保持持久性和长期性

项目员工的行为规范管理,是一件长期的工作,没有阶段性,要打持久战,长效管理是搞好该项工作的关键。在日常工作,不能墨守成规,形式老套,要严管更要善于管,要随着形势的变化及企业文化建设的要求,不断地更新管理思路,不断完善职工行为规范内容,在管理中塑形象,在创新中谋发展。

(4) 引导务工人员从众行为

务工人员已经成为项目施工生产的主力军,项目文化建设要引导务工人员从众行为。从众是在客观或心理上模糊的情景中,人们自觉与不自觉地以他人确定行为为准则做出的与他人一致的行为或行为反应倾向,如图6-6所示。

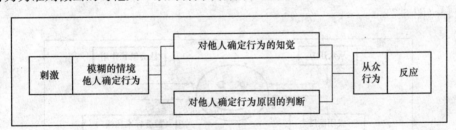

图 6-6 从众行为的"S—R"模式

由于企业一般不对务工人员制定有关行为规范,项目对务工人员的管理应引导和运用从众行为趋利避害,使务工人员按照项目文化和规范的指导开展工作。

1) 营造舆论氛围

形成一个积极向上、健康活泼、开拓进取的舆论或气氛,使务工人员产生一种不努力不行的压力。在这种氛围中所产生的从众心理是积极的,这种气氛往往使务工人员精神向上,使黑暗、卑劣、颓废的心理和行为自惭形秽。这样的项目中，务工人员的集体荣誉感强，不成文的规范力强，由群体产生的压力大，会增强务工人员的从众倾向。比如，有意识地把刚进项目而表现不佳的务工人员安排到先进的队伍中去工作，那么后进人员在积极向上的群体中就会受到压力，而逐渐改变其原来不好的行为。因此，项目着重建立和形成一个良好的、健康的舆论和气氛，它直接影响到引导从众行为的实际效果。

2) 树立权威人物

在需要群体对某个问题认同，形成合力，同心协力为目标奋斗时，可以让权威人物先发言表态，并且说明该人的权威性，务工人员就可能产生从众行为，人们往往有跟从权威的倾向，在权威面前一般比较依从，权威人士的意见对于人们的态度有一个暗示的作用。用权威人士的态度来影响务工人员，让务工人员屈从与群体规范产生从众行为，这就是所谓的"人微言轻、人贵言重"所说明的道理。

3) 发挥团队影响

团队的社会助长作用，有团队的其他成员在场，个体的工作动机会被激发得更强，效率比单独工作时可能更高。

——有人说，跟别人一起工作，消除了单调的情节，提高了工作的热情；

——也有人说，有别人在场，谁也不想落后，得暗中使劲；

——还有人说，有别人在场，无论如何面子上得过得去。

这就是社会助长作用，有别人在的时候团队的成员会比单独工作更努力，也更有效率。当然绩效可能也就更大。例如在项目中，以栋号、车间等较大单位开展劳动竞赛，往往能促进生产节点的按时、甚至超时完成，就是对此原理的最佳诠释（图6-7）。

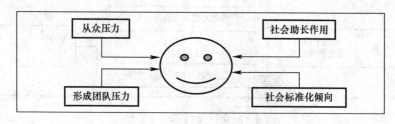

图6-7 团队对个人的影响

### 6.1.4 建设物质文化

项目物质文化，是由项目全体人员共同创造的产品和各种物资设备等构成，是以物质形态显示出来的表层项目文化。在项目施工实践中，要抓好建设物质文化的基础工作（表6-7），确保推进核心价值观的落地，并促进项目管理：

**建设物质文化的基础工作表** 表6-7

| | |
|---|---|
| 物质文化建设 | 项目环境管理良好,现场布局合理、文明规范 |
| | 规范使用企业视觉识别系统和项目形象宣传手册 |
| | 企业规定的宣传要素基本齐全 |
| | 优化项目技术设备管理,并满足视觉识别系统要求 |
| | 文化产品的策划、制作,以及文体设施和活动满足员工需求 |
| | 有效结合企业文化诉求,进行品牌宣传和形象展示 |

(1) 项目环境建设

项目环境建设是项目物质文化建设的重要内容。在项目进场前的施工组织设计过程中,要对项目环境和布局进行详细策划,并按《项目环境建设基本要求表》(表6-8)抓好实施:

——项目部作为项目施工的办公环境,代表所属企业行使项目管理职责,对外展示企业良好的社会形象,是建筑施工单位的无形广告,所以项目部的建设一定精心策划和布局。

——项目部作为所有项目员工、分包队伍和农民工的生活场所,要体现对出全体参建者的人文关怀,采取人性化的设计和布局,充分考虑到员工就餐、休息、体育锻炼和文化活动的场所。

——项目部的建设成本直接进入项目管理费用,在建设时要勤俭节约,合理设计,努力做到项目环境利用的最大化。

**项目环境建设基本要求表** 表6-8

| 区域 | 基本要求 |
|---|---|
| 办公区 | 会议室应张贴工程项目进度图表、管理组织机构图、企业价值观等文化理念,会议桌中心位置应放置国旗和企业桌旗;各办公室应悬挂门牌,张贴岗位职责;项目部应设置宣传橱窗、企务公开栏、板报等 |
| 施工区 | 工地应安插带有企业标志的彩旗;材料应堆放整齐,机械设备停置符合文明工地建设要求,现场布局合理;应制作规范醒目的工程简介牌、施工平面图、安全质量进度和环保目标牌、机械操作规程牌、安全标志及各种规章制度牌;应珍爱自然,创建绿色工地 |
| 生活区 | 职工宿舍应统一配发床上用品,物品摆放整齐,清洁卫生;应根据业主要求和项目实际,配置浴室、医疗室(医疗箱)、阅览室、活动室、运动场等场所设施;职工食堂应悬挂卫生制度,餐厅张贴就餐礼仪,生熟炊具、食品应分放,卫生达标 |

(2) 项目技术设备文化建设

技术、设备是项目活动的物质基础,是项目物质文化的重要保证,新技术、新设备、新材料、新工艺、新产品的开发和应用,生产进程和生产的机械化、自动化都直接关系到项目物质文化的发展水平和精神文化的发展,要适时引进新技术和新设备。

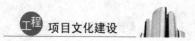

### (3) 文化产品

作为文化工作的一个重要组成部分,文化产品既是对企业取得成绩的一个总结,也是项目宣传工作的主要手段和方法,文化产品的不断创新,可以使文化工作的方式更加多元化,不断提升企业的社会知名度和企业文化的传播速度(表6-9)。

**项目文化产品类别及说明** 表6-9

| 类别 | 简要说明 |
| --- | --- |
| 文化手册 | 企业文化和项目文化塑造和设计的最终成果,供项目内外对核心价值观的理解与共享 |
| 内部刊物 | 报纸、杂志、网站,宣传公司和项目的文化理念、管理成果等 |
| 文化展板 | 内容涵盖企业代表工程、企业简介、文化理念和有影响力的重大活动等,对外展示企业形象 |
| 其他 | 先进人物事迹、故事集、微电影、歌曲、新闻报道集等,用于增强内外沟通,提升项目美誉度和影响力 |

在文化产品中,要重视新闻宣传和外部媒体的应用,通过传播和集辑宣传报道,形成文化产品。实施过程中,应对媒体进行分类,制定日常联系的媒体及联系人清单,按照影响力可以将媒体分为:核心媒体、重点媒体和一般媒体。核心媒体是影响力大、覆盖面广的全国性媒体以及北京、上海、广东主流媒体,在兼具重点媒体职能的同时,对行业舆论、公众舆论具有导向作用;重点媒体是企业所在省份省会城市的主流媒体,这些媒体的受众广泛,在传播中效果显著,在当地有较大影响;其他媒体可以列为一般媒体,可以起到信息的发布作用,此类媒体众多,但由于媒体本身受众的局限性,对传播效果产生局限性。

媒体对于塑造企业品牌形象和打造文化产品起重要作用,对媒体和记者的关系处理应遵循表6-10所示的原则。

**处理媒体和记者关系原则表** 表6-10

| 类别 | 核心媒体及重要媒体 | 一般媒体 |
| --- | --- | --- |
| 核心记者 | 应给予重大关注,尽量做到主动经常沟通,交换意见,一般性媒体事务参与较少,可作为企业高级战略顾问,高层人员一对一沟通与交流,注重情感沟通 | |
| 重要记者 | 重点关注,做到主动频繁沟通信息,交换意见。由于对各自媒体起导向作用,因此掌握了他们也就掌握了他们所在的媒体。可作为企业长期日常顾问,注意同级别小范围沟通,注重情感沟通 | 经常性沟通,强调信息的更新,技术层面顾问,业务人员情感沟通 |
| 一般记者 | 经常性沟通,强调信息的更新,技术层面顾问,业务人员情感沟通 | 非主动性沟通,被动性提供信息 |

### 6.1.5 建设品牌文化

在建筑品牌的范畴中,项目品牌涵盖了项目规模、工程质量、企业信誉、文化价值等各个方面,并且这是一个系统的、持续的、长期的、琐细的工作。项目品牌文化是项目形象、经验和成绩的集中展示,包括工程品牌(履约品牌、质量品牌、安全品牌、环保品牌、创优品牌)、人物品牌(优秀个人、优秀团队、优秀分包方)、活动品牌(生产活动、公益活动、团队建设)。

在项目施工实践中,要抓好建设品牌文化的基础工作(表6-11),确保推进核心价值观的落地,并促进项目管理。

建设品牌文化的基础工作表　　　　　　　　　　表 6-11

| 品牌文化 | 品牌创建规划、目标符合企业要求,并具有实操性、计划周密 |
| --- | --- |
| | 工程品牌、人物品牌和活动品牌能有效展示企业品牌 |
| | CI目标、策划和现场覆盖满足企业要求 |
| | 新闻宣传和对外沟通能有效传播企业品牌,并提升美誉度 |
| | 有危机事件预控制度,品牌创建结果满足目标 |

(1) 培育项目品牌的五个阶段

《世界经理人》杂志就项目品牌建设进行了调研,最后总结出项目品牌建设的五大关键阶段:宣传(pitch)、规划(plan)、平台(platform)、绩效(performance)和收尾(payoff),如图6-8所示。培育项目品牌除了与面向客户的外部品牌活动相同的优势之外,这个5P框架还能为项目管理带来特定的好处,包括利益相关者在支持一个项目或参与项目交付时所期待的功能元素(流程得到改进,从而更好地为客户服务)和情绪元素(作为有凝聚力和活力的项目组的一员而产生的个人满足感)。

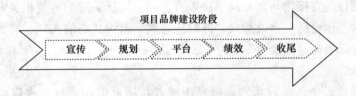

图 6-8　培育项目品牌 5P 框架图

此外,在培育项目品牌的过程中,不能把5P框架的运用当作是一次性的,而更应该在这上面持续努力,目的是让项目品牌自始至终都保持活力和重要性。

1) 宣传

宣传是指项目倡导者对品牌概念最初的定位,方法是借助项目将处理的潜在问题或将带来的机遇来说服关键决策者相信其重要性。如果不能说清楚"为什么",项目审批者就不会对"是什么"感兴趣。宣传的成果决定了项目是否能得到批准,是否能留下持久的第一印象。人们对项目重要性和价值的后续认知都是从这个第一印象开始的。这是一个关键时刻,如果你表现不佳,项目便可能无法吸引足够的资源和支持,甚至可能在有机会成长之前就被扼杀。

2）规划

培育项目品牌计划是澄清目标的过程,这个过程决定了项目团队何时需要做什么,预计了可能的风险,分配了任务,并制定出沟通策略,以保证正确的信息在合适的时候传递给合适的人,如表6-12。培育项目品牌计划的制定必须真诚、开放,因为真实性在树立项目的正面形象以及在更多的项目利益相关者中建立和维护对项目可行性的信心上扮演着一个很重要的角色。

项目品牌规划要求表　　　　表 6-12

| 项目策划阶段 | 项目实施阶段 | 平台搭建"六个有" |
|---|---|---|
| ·对业主的承诺一定要能兑现<br>·让上下游链条有利可图,不向他们转嫁风险<br>·对当地社会、环境有所贡献<br>·努力培养人才 | ·项目组织机构的设置,要符合行业和企业规范制度要求<br>·项目人员配置要满足行业要求、投标承诺、企业规定<br>·现场即市场:工期的履约即是最关键的履约<br>·产品如人品:质量的履约即是最长远的履约<br>·满意即效益:业主的满意、上下游资源体的满意、对自我管控水平的满意 | ·有目标:有目标才能让人振奋<br>·有标识:有标识才能让人认得<br>·有活动:有活动才能让人参与<br>·有故事:有故事才能让人感动<br>·有典型:有典型才能让人信服<br>·有品牌:有品牌才能让人满意 |

3）平台

培育项目品牌的平台是项目正式启动后所包含的所有可见活动的集合。在这个阶段,品牌建设的成功取决于项目如何被认可和接受,而且受众是整个组织而不仅限于项目的直接参与者和高层决策者。你必须让关键的利益相关者认识到项目对他们的工作业绩有重大意义,同时还有助于组织战略的实现。建设项目品牌平台搭建方面坚持"六个有"（参见表6-12）。

4）绩效

在品牌建设中,绩效指的是项目领导者和项目组在项目正式启动后关于项目承诺的实现进行的信息交流。在绩效阶段,项目品牌可能得到加强,也可能被削弱,这取决于项目进度报告的准时性和透明性、承诺收益的阶段性实现情况以及应对挫折的诚实度和韧性。项目领导者必须认识到绩效阶段沟通不足所带来的危险：只要存在信息真空,就会有与项目利益相悖或心存怀疑的人填补它。

5）收尾

收尾是整个品牌建设的顶点,这是一个把在前几个阶段建立的对项目品牌的认知固定下来、加强或削弱的机会。在这个阶段,可以通过举办各种文化活动来进一步扩大项目品牌的影响。同时,做好收尾总结也是为下一项目建设品牌的过

6 项目文化建设实施

程的经验总结。

(2) 培育项目品牌主要途径

1) 全员参与

品牌的根本要素是人，一个成功品牌的塑造不是一个人、一个部门或一个咨询公司能够独立完成的，它需要项目全体员工的参与，要求全体员工都必须有品牌管理意识，有意识地维护品牌形象，即要进行"全员品牌管理"。建筑工程的品牌塑造，只有在每一个环节都有强烈的责任心和自觉的品牌意识基础上，才能最终塑造出良好的品牌，所以说品牌塑造需要全体员工的全程参与。

2) 识"势"造"新闻"

塑造品牌的关键是做公关，而不是做广告。创造并发布新闻又是建筑企业和施工项目公关活动必不可少的关键环节。因此，创造合适的新闻就自然成了品牌塑造工作的重中之重。从建设项目品牌角度来说，一个品牌创造合适新闻的四个要素（表6-13）。

塑造品牌的"新闻四要素"表　　　　表6-13

| 要素及说明 | | 案　例 |
|---|---|---|
| 熟识社会发展之势 | 创造新闻必须认清社会发展的趋势，如以人为本、人文关怀，关心弱势群体、民工工资、工地安全问题等并有助于良好社会风气的培养与形成，为社会的进步做出力所能及的贡献。反之，新闻即使能够发表出来，也是"负面新闻"，对品牌伤害很大 | 识中国申奥之"势"，农夫山泉赞助北京申奥活动相关新闻。<br>识建筑钢结构行业发展之"势"，潮峰钢构赞助华东地区高校结构设计大赛相关新闻。<br>识社会焦点及关爱生命之"势"，SARS期间娃哈哈等众多公司的捐赠活动相关新闻等等 |
| 熟识行业发展之势 | 认清一个建筑行业发展的主要趋势，一个施工项目的新闻如果挖掘或顺应其所处行业发展之"势"，那么其不仅容易在相关媒体上发表，而且很容易得到广泛传播 | 潮峰钢构在深刻洞察建筑钢结构行业发展趋势的基础上创作出指导行业发展的新闻，分析指出行业已经进入全面洗牌阶段，并指出了应对洗牌的组合策略等等，被数百家媒体转载 |
| 熟识企业发展之势 | 企业发展远景和战略战术，企业创造的新闻才能推动品牌发展，"品牌即人品"，品牌是其全体品牌塑造人员人品的直接展现，一个品牌要创造合适的新闻不可违背企业实际状况和发展远景 | 例如众多不断死亡的保健品品牌，都应该引起大家的深思。正面的例子也有很多，如联想收购IBM公司PC业务的相关新闻，万科王石卸任前后的相关新闻、长虹倪润峰退位引发的相关新闻等，都在一定程度上促进了其品牌的发展 |
| 熟识大众兴趣之势 | 指新闻内容必须符合大众或广大消费者的兴趣发展态势以及某个阶段的兴趣重点，并且新闻内容能够给大众暗示：自己的品牌的产品或服务能够为消费者带来潜在的利益，以提高品牌在社会大众心中的知名度、美誉度和忠诚度 | 奥克斯空调"9·11反恐"（反对空调的价格恐怖）活动的相关新闻，价格屠夫格兰仕每一次大规模降价引爆的相关新闻等，告诉消费者：空调价格不存在恐怖，格兰仕产品价格公道，童叟无欺等 |

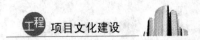

## 案例 6-9：中交某工程局品牌管理办法

### 第一章 总则

**第一条** 为规范公司品牌的管理，逐渐形成良好的品牌管理机制，全面提升品牌知名度、信誉度和美誉度，更好地发挥品牌的社会效应，为公司持续健康发展服务，特制定本办法。

**第二条** 品牌识别

（一）品牌名称：公司品牌名称为××××，经国家工商总局商标局批准注册为商标，有效期为 50 年。

（二）品牌应用组合图形

（三）品牌形象定位：安全优质、诚信高效、用心服务

（四）品牌形象广告用语：用心浇注您的满意

**第三条** 不仅仅是公司的产品品牌，而且是涵盖了公司文化、产品质量、管理、服务、形象等各个方面的企业品牌。

### 第二章 品牌目标

**第四条** 品牌的建设目标：始终致力于打造"第一品牌"；努力打造成国内外同行业著名商标。

### 第三章 建设与维护

**第五条** 营造建设氛围

作为建筑施工企业，更要注重全员、全过程的品牌打造，精心培育全员的品牌意识、品牌行为，提升品牌建设能力，全面展示公司"五优"形象，将品牌优势转化为市场竞争优势。

**第六条** 品牌资源体系

构建品牌资源是构成和展示公司品牌的重要载体，要充分挖掘公司在同行业中的比较优势，努力构筑品牌项目、品牌工程、品牌技术、品牌装备、品牌员工等品牌资源体系。

**第七条** 品牌推广

（一）品牌推广应用以公司《企业文化建设纲要》中确定的理念、行为及视觉识别系统为公司品牌管理的基本依据标准。在对外推广和应用品牌的所有活动中必须严格按照《视觉识别系统》所规范的字体颜色及本办法中关于品牌组合的规定使用品牌，以维护品牌形象的统一性和规范化。

（二）各单位各部门要主动推广品牌和形象广告用语，尤其要在项目基地布置、大型构筑物、铁路工程施工现场、海外工程现场等较明显部位增强推广意识。

（三）加大社会媒体推广力度，提升品牌知名度和美誉度；增强危机公关意识，规避媒体宣传给品牌形象带来的负效应。

第八条 品牌维护

（一）坚持"领导负责、协力共建、全员参与"的品牌管理原则，立足企业生产经营实际，将品牌管理纳入企业经营管理的全过程。全体员工要以核心价值观为引领，把握竞优、诚信、创新、坚韧、和谐、共赢的文化导向。

（二）公司品牌已正式进行商标注册，任何单位和个人未经授权不得擅自使用该品牌，凡因生产经营需要公开使用公司品牌的集体或个人，必须事前向本单位企业文化部门说明用途与范围，并留存记录；在难以确定使用的特殊情况下，应上报公司审批。

（三）严格执行《顾客满意度监控管理程序》，各单位每年至少要进行一次覆盖面较广的顾客满意度测量，不断提高满足业主期望的能力，提高品牌美誉度和忠诚度。

（四）公司所属各单位、项目部自文件下发后，一律主打品牌。公司所属各单位已注册子品牌的推广应用必须服从和服务于品牌的建设和推广，应用范围仅限于本单位所在地区。

（五）如发现其他单位或个人盗用品牌进行经营活动的，公司所属单位和个人都有责任及时向本单位或公司企业文化部举报，各相关单位应及时根据举报收集相关证据资料，并制止盗用行为。

第九条 奖惩制度

（一）公司定期举行品牌管理经验交流会，对先进典型进行推广，对违规事件进行曝光。

（二）公司采取半年检查和年终考评相结合的方式，定期对品牌经营管理工作先进单位和个人、优秀的品牌资源进行评比表彰。

（三）对于损害公司品牌形象的单位或个人一经查实，将予以严肃处理。

第十条 持续改进通过检查考评、交流研究，及时总结品牌经营管理的典型经验，发现品牌推进过程中的不足之处，不断改进品牌的管理方法，提升品牌价值。

第十一条 品牌国际化

充分利用各种契机，展示公司品牌。在海外工程建设过程中，全力塑造高诚信、高水准的中国大型企业品牌形象，逐步增强各工程所在国对品牌的认同度，推进我公司向"国际知名"企业发展。在形象展示方面，各种理念宣传均需使用中文和所在国官方用语两种语言。

## 第四章 管理职责

第十二条 品牌管理、监督和保护的主管机构是公司文化建设委员会，具体负责公司品牌管理的计划、方案、表彰与奖惩的审定等相关事项。

第十三条 公司品牌管理为企业文化部,负责品牌管理计划方案的制定、实施、督查、考评、改进等日常管理的牵头组织工作。具体包括:制定和完善公司品牌管理的有关规章制度和业务流程;规划、监督和指导公司品牌建设及对品牌的统一管理;协调和指导公司所属各单位的品牌管理业务;公司品牌整体形象的策划和宣传;与政府商标行政管理部门的联络和相关评优工作;品牌建设工作档案管理和信息处理等。

第十四条 品牌经营与管理是公司实施品牌战略、推进品牌经营的重要工作,公司所属各单位、各部门和各级领导干部都要增强品牌意识,积极参与,自觉纳入正常工作议事日程,保证品牌目标以及公司确定的品牌管理计划方案的全面落实。

第十五条 品牌目标的实现是全员参与的企业大事,公司全体员工都要立足本职岗位,自觉维护企业品牌形象,以实际行动为品牌增光添彩。

### 第五章 附则

第十六条 本办法适用于公司及公司所属各单位、项目部(分公司)。

(3) 建设企业形象视觉识别系统

企业视觉识别系统(Vision identity system,简称 VI 或 VIS)是企业识别系统 CIS 的视觉符号,是企业形象的视觉传递形式,它是 CIS 最有效、最直接的表达,是企业识别系统的重要组成部分。它是在理念识别(MI)和行为识别(BI)的基础上,通过一系列形象设计,将企业经营理念、行为规范等,即企业文化内涵,传达给社会公众的系统策略,是企业全部视觉形象的总和。企业视觉识别系统将企业的品牌理念与核心价值通过视觉传播形式,有组织有计划地传递给客户、公众及企业员工,从而树立起统一的企业形象。

VI 在整个企业识别中传播力量与感染力量最为具体而直接,项目最多,层面最广,让人一目了然。企业形象是存在人心中一种模糊、朦胧的感觉;或是存在于脑中记忆的片断。为了加深印象,设计和使用能适当表现、代表这些记忆、感觉的符号。以这种符号为媒介来启发或打开这种感情、记忆。认识的程度愈深,就更加强"信赖感"。

视觉识别包括基本要素和应用要素两个方面,它们之间的关系,可以用企业树的形式来表示(见图 6-9)。

企业视觉识别系统是企业形象最直观的表现。企业的 VI 系统需要保持内在的一致性和外在的差异性,即企业所有视觉设计都要严格地遵循统一的标准,同时要与其他企业保持鲜明的差异,以便促进客户产生强烈的共鸣。一个优秀的视觉识别系统可以使人们快速理解企业希望传递的信息。就建筑项目而言,更多地体现为整体色彩、临建搭设、现场布置及口号和标语的统一。

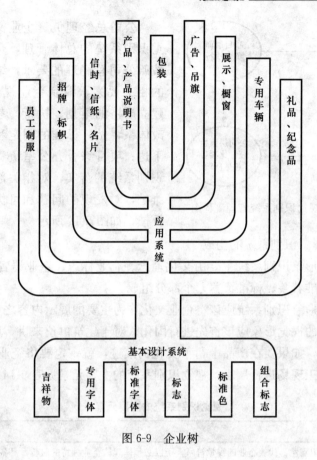

图 6-9 企业树

1）管理架构

企业视觉形象的管理，按照建筑单位的一般管理架构，应分为公司企业文化工作领导小组/主管领导→公司企业文化主管部门→项目部三层管理架构（图 6-10），并且对每一层的职责进行明确划分。

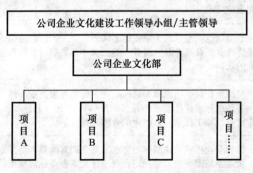

图 6-10 企业视觉形象管理架构图

公司总经理负责企业文化和企业视觉识别系统的总体管理，企业文化部门按照公司总经理的要求，结合企业文化的相关要素，编制企业视觉识别系统，建立严格的策划、执行、考核评价和整改体系，做好标准的制定和规定的上传下达；项目综合办公室负责对企业视觉识别系统的落实，对相关部位进行及时维护，对发现的问题和可优化部分及时反馈，如图6-11所示。

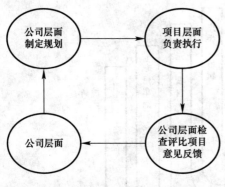

图6-11 企业视觉识别系统管理流程图

2）视觉形象识别系统的构成

项目视觉形象识别系统主要由文化理念、企业标志、企业语言、标准字体、标准颜色、标准着装、标准覆盖七个部分组成。

项目视觉形象识别系统应该将企业文化作为主要的展示内容之一，所以企业文化基本表述的视觉形象应该首先进行固化。对于建筑单位来讲，所出售的产品就是施工项目，如果要在产品上留下文化的痕迹，就一定要将企业的代表工程、文化理念在施工现场进行展示，视觉识别系统的主要元素见表6-14。

视觉识别系统的主要元素　　　　　　　　　表6-14

| 元　素 | 主要特征 |
| --- | --- |
| 企业标志：以特定、明确的造型和图案来代表企业，反映企业内涵和外在形象 | 识别性：代表企业的视觉符号，所以必须体现该企业独特的风貌，具备强烈的视觉冲击力、传达力，能迅速地被识别并与其他企业（特别是同类企业）相区分 |
| | 领导性：企业视觉传达要素的核心，在视觉识别计划的各个要素的展开设计中，企业标志作为必要的构成要素始终居于领导地位 |
| | 同一性：代表企业的理念、公司的规模、经营的内容、产品的特质，是企业的象征。因此，公众对于企业标志的认同就是对企业的认同。企业标志一经确定，在一个时期内，决不允许任意更改，否则会引起企业形象识别上的混乱，削弱消费者的信心，给企业带来负面的影响 |
| | 造型性：造型性也就是体现了企业标志的审美要求。标志造型的优劣，字体和图案是否美观直接体现企业及其商品（服务）的档次，更影响到客户对企业产品品质的信心和对企业形象的认同 |
| | 延展性：使用最广泛、出现频率最高的视觉传达要素。在不违背企业标志同一性原则的前提下，各种由标志标准形延伸开来的变体设计适用于各种不同的传播媒体、大小场合、制作材料、加工技术，以产生切合的表现效果 |
| | 系统性：作为企业视觉传达的核心要素，需要同其他基本要素组合使用，如与企业名称标准字、企业象征图案等。这种组合规范体现了企业标志应用的系统化、规格化、标准化，强化了企业视觉形象传达的系统性 |

续表

| 元素 | 主要特征 |
|---|---|
| 企业标志：以特定、明确的造型和图案来代表企业，反映企业内涵和外在形象 | 时代性：处在现实社会中的企业面对迅猛发展的科学技术、急速改变的生活形态、快速前进的工商活动、日益更新的社会思想观念、不断变化的流行时尚，必须定期地对企业标志进行检讨、改进，以符合时代的要求，体现时代精神，避免企业视觉形象的老大僵化、陈旧过时 |
| 企业语言：企业日常管理的标准化用语，如管理方针、质量安全理念和标准化管理体系等 | 实操性：企业语言是在企业的生产经营中所形成的特定的经验性的语言，所以企业语言一定是具有本企业的鲜明特征，具有切实的可操作性 |
| | 认可性：成功的企业语言一定是被广大员工、客户和社会所认可和接受，并且乐于传播和执行的 |
| | 关联性：企业语言要求简单精练，用简短的语言讲述企业管理的精要，指向明确、相互关联、通顺流畅 |
| | 规范性：企业语言一旦形成，就会作为管理的规定性语言，适用于生产经营的各个环节，并且具有该企业的特征，所以必须要有规范性和严肃性 |
| | 前瞻性：企业语言要具有一定的前瞻性和目标性，并以此带领团队向着更高的目标不断的迈进 |
| 标准字体 | 将企业的形象或有关称谓整理、组合成一个群体的字体，通过文字可读性、说明性等明确性特征，塑造企业独特风格，以达到企业识别的目的 |
| 标准颜色 | 企业指定某一特征的固定色彩或一组色彩系统，运用在所有视觉传达设计的媒体上，通过色彩具有的知觉刺激与心理反应，以突出企业经营理念、产品特征，塑造和传达企业形象 |
| 标准着装 | 相关人员统一着装是项目视觉效果的主要部分，直接展示了企业的正规化程度，也可以从人员的着装上直接对各类工种和岗位进行明确区分。施工项目可以根据实际情况，对项目管理人员、机操人员、劳务管理人员和工人进行区分；对管理人员方面，要对上级领导、项目经理班子成员、一般管理人员、安全员和工长进行明确区分，便于各类工作的对接和紧急情况的处理 |
| 标准覆盖 | 项目视觉宣传规范的落脚点，最终是在项目的覆盖上，但是怎么覆盖、覆盖到哪里，都必须按照企业规范标准化执行，做到所有施工项目的规范统一，将项目施工现场作为展示企业形象的重要窗口（企业视觉形象识别系统模版详见附件） |

3）管理和维护

对于建筑项目而言，视觉形象识别系统的管理和维护显得至关重要。受到现场施工环境的影响，视觉形象覆盖容易破损、掉色、变形，严重影响企业的对外形象，所以必须建立严格的日常管理和维护体系，明确相关责任人，确保对外展示的集中效果。视觉形象识别系统确定之后，推进、管理和维护就成为了一项非常重要的工作，必须持续性地开展。

### (4) 建设危机事件预防控制机制

由于危机事件影响到企业文化和企业品牌，各施工项目应根据项目特点，对全年危机管理工作进行策划，编制《危机工作计划书》、《危机事件处理程序》等，明确危机管理的指导思想、工作重点、工作步骤、工作内容，报企业主管部门审批后组织实施。

1) 危机事件主要类别

——施工生产过程中产生不良社会影响的质量、安全、环境保护和周边社会关系事件；

——施工现场因工资、生活待遇等权益问题而引发的农民工集体投诉事件；

——因管理不善和事故（事件）受到行业主管部门和上级点名批评、通报和处罚的事件；

——恶性群体上访事件；

——因经济纠纷或刑事案件被媒体曝光；

——施工过程中的纠纷由于外部力量介入，对企业产生重大负面影响的事件；

——有影响的媒体负面报道等。

2) 危机事件管理职责

各项目部应针对可能的危机事件，按表6-15明确相应的管理职责。

**施工项目危机公关职责表**　　　　表6-15

| 管理主体 | 管理职责 |
| --- | --- |
| 项目主管领导（经理/书记） | 就管理危机事件的重大事项做出决定，与政府领导、部门或事件相关单位领导进行沟通；担任项目新闻发言人，负责建立危机事件应对机制，牵头组织重大危机事件的处理 |
| 线条分管领导 | 负责主管线条内的危机事件处理，出面与相关业务主管部门沟通 |
| 综合办公室 | 作为危机事件应对机制的日常办事机构，具体负责危机事件应对机制相关制度的起草和实施，在危机事件发生后协调各方，及时与相关媒体沟通。在危机事件发生后，协调内部行政资源为危机事件处理服务，负责与政府、行业主管部门和上级单位沟通。在处理日常的经济纠纷、法律纠纷中树立危机意识，及时发现和报告可能的危机事件风险。在危机事件发生后，及时寻求法律意见。 |
| 发生影响的相关业务部门 | 建立本线条内部具体的危机事件处理程序，危机事件发生后，按危机处理预案执行。 |
| 员工 | 了解本岗位所在业务系统的危机事件点源以及预防和处理危机事件的方式方法。危机事件发生后，要严格按照企业宣传口径和渠道与外部接触，未经允许和授权不得发布、传播有关事件的实质性信息 |

3) 管理流程

——建立危机因素识别、控制制度，形成危机处理预案；

  6 项目文化建设实施

——发生公共关系危机事件后,及时报告上级,努力防止事件扩大;
——及时封闭施工现场;
——指定新闻发言人,统一发布信息;
——统一对外发布消息途径和口径,重要的信息要经集体讨论方可对外发布;
——第一时间将情况真实、全面的报告给上级主管部门,并在12小时之内上报《××××单位危机事件报告表》;
——组织调查,了解事件真相,商量对策;
——成立危机事件处理应急小组;
——研究制定处理方案,指定单位、部门和人员分工负责;
——出面与政府部门和上级单位沟通,争取各方面的理解、支持;
——及时向社会媒体通报情况,增强互信,引导社会舆论;
——及时向重要客户和职工通报情况,做好宣传解释工作,稳定人心;
——做好善后工作。

### 6.1.6 建设和谐文化

和谐文化是以和谐的内涵为理论基础的文化体系,是当今世界最先进的思想文化,是创建和谐社会与创建和谐世界的前提条件。施工项目要培育共同理想,倡导和谐精神,营造和谐的舆论环境和文化氛围,引导员工树立和谐的思想观念和思维方式,使和谐的理念成为项目的价值取向。在项目施工实践中,要抓好建设和谐文化的基础工作(表6-16),确保推进核心价值观的落地,并促进项目管理,协调各相关方关系。

建设和谐文化的基础工作表　　　　　　　　表6-16

| | |
|---|---|
| 和谐文化建设 | 建设道德,营造团结互助、平等友爱的人际关系 |
| | 建设协调沟通机制,与业主、监理、设计单位和地方政府、当地群众沟通良好 |
| | 与协作队伍、供方平等合作 |
| | 履行社会责任,注重节能减排和环境保护等 |
| | 实行农民工"五同"管理(政治上同对待、工作上同要求、素质上同提高、利益上同收获、生活上同关心) |
| | 维护员工的政治、文化、经济、社会权益 |
| | 开展联动联建和企地和谐共建活动 |

案例6-10:中铁某局济铁济南第二项目部六举措呵护员工心理健康

施工企业当前面临的竞争越来越激烈,各种压力越来越大,员工的心理问题也越来越多,中铁某局济铁济南第二项目部采取六项措施,帮助员工释放、缓解

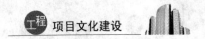

工作和精神压力，为企业发展凝聚了正能量。

一是提高对员工心理健康因素的认识。项目部把建设员工健康的心理素质，营造"以人为本"提高安全管理水平和保证安全生产持续、稳定、可控，作为项目党建工作的重点和"安全文化"的延伸。

二是高度重视员工的心理健康。项目部党政工团负责人，在思想和行动上牢固树立"不关心员工心理健康的管理者不是好负责人"的理念，在班子成员中广泛开展"争当员工心理学家"活动，坚持每月三分之二的时间，深入到现场、深入到员工和员工家中，沟通交流思想和情感，化解矛盾，营造和谐。

三是努力提高员工的生活质量。项目部切实把提高员工驻地宿舍、食堂饭菜质量作为重点，先后投入150多万元，为所有9个工点130多名员工集体和单身宿舍、职工餐厅、活动场所安装了空调机、电冰箱、消毒柜、太阳能和电热水器等设备。同时，还为员工结婚、生育、就医、子女升学、乔迁等方面提供服务，帮助他们解决实际问题，减少后顾之忧。

四是积极改善员工工作环境。良好的工作环境是留住人才、确保员工身心健康的关键。项目部加大"工地生活、工地文化、工地卫生""三工"建设力度，为员工提供一个悦目、爽心、舒适的工作、生活空间，保证员工能够休息好、活动好、工作好。

五是充分体现对员工的全方位关爱。项目部从关爱职工心理疏导，关爱职工生命安全，关爱职工精神文化需求，关爱职工智慧发挥，关爱困难职工生活，关爱职工健康成长等方面入手，让员工真正感到企业多方面的人文关怀，让每个员工释放心理压力达到最佳效果。

六是鼓励员工健康的生活方式。项目部通过举办员工集体赴桂林、西双版纳休养休假活动、开展各类体育比赛活动、文艺活动、读书演讲活动等，在员工中形成积极、健康、乐观的生活方式。

### （1）建设道德

作为一种特殊的文化形态，道德主要通过造成社会舆论、树立道德榜样、塑造理想人格、培养内心信念等方式，指导人们按照一定的善恶观念决定自己的行为，推动社会形成一定的主流风尚，调节和规范不同层面的社会关系，从而保持和维系一定的社会秩序。加强项目的道德建设，是建设项目和谐文化一项十分重要的任务。项目要大力倡导以文明礼貌、助人为乐、爱护公物、保护环境、遵纪守法为主要内容的社会公德。要提倡尊重人、关心人、热爱集体、热心公益、扶贫帮困，在项目中形成团结互助、平等友爱、共同前进的项目氛围和人际关系。唯有这样，项目员工才会对企业用人、用工和薪酬体制的人事与激励约束机制改革等措施有端正的认识，保证企业的健康快速发展。

——项目可开展道德讲堂，学习道德典范和先模人物等，增强实效，让员工浮躁的心静下来。而志愿服务作为学雷锋活动的重要载体，作为大规模的道德实践活动，应在项目上得到广泛开展，推动项目员工助人为乐、奉献企业的风尚日益形成。

——项目班子要清正，先正己，后正人，从某种意义上说，项目的官德建设重于民德建设，而由官德建设带动民德建设，庶几项目道德建设得以取得实质性进展。

——项目员工在其位就得谋其政，有其位就应当有所作为，不能抱着"不求有功，但求无过"的人生哲学。

——要虚实结合，虚功实做，把讲道理寓于办实事之中，把对员工的思想道德教育和文明风尚教化融入解决实际问题中，融入办实事中，办实事不忘讲道理，办实事是为了更好地深化教育，既促进实际问题的解决，又注重把实事成果转化为精神成果，提高员工的思想道德境界。

(2) 建设协调沟通机制

沟通时一定要注意从对方的利益以及感受出发，即所谓换位思考。沟通是管理的高境界，许多企业管理问题多是由于沟通不畅引起的。良好的沟通，可以使人际关系和谐，可以顺利完成工作任务，达成绩效目标。沟通不良会导致生产力、品质与服务不佳，使得成本增加。

沟通的实现有赖于良好的机制：第一种就是通过正式的沟通渠道，如月会、周会、座谈会。第二种就是通过非正式的沟通渠道。如企业内部刊物、员工手册、意见箱、调查问卷、小型聚会等。无论是通过哪种形式沟通，只要让员工说话，并且是说自己愿意说的话。

(3) 履行社会责任

所谓企业社会责任（CSR），是指企业在所从事的各种活动当中，应当对所有利益相关者承担相应的责任。从本质上看，社会责任理念包括企业在创造利润、对企业利益负责的同时，还要承担对员工、对社会和环境的社会责任，包括遵守商业道德、生产安全、职业健康、保护劳动者的合法权益、节约资源等，如图 6-12 所示。

在项目实践中，要坚持做到以下几个方面：

——履行价值责任，规范运作，遵守法律法规和社会公德、商业道德以及行业规则，完善沟通渠道，做好相关方关系管理工作，制定合理的利润分配方案。

——履行员工权益保护责任，按企业绩效考核体系和合理的薪酬福利体系完善项目员工保障体系，依法保障员工和务工人员的合法权益，注重职工培训和职

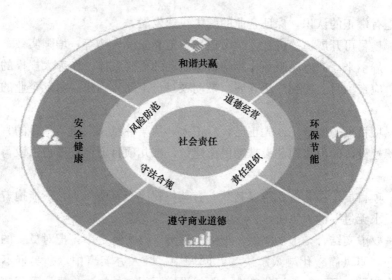

图 6-12 社会责任理念模型

业规划,创造员工价值,完善规范安全管理体系,保障施工人员安全。

——履行诚信责任,本着"携手共赢、共享价值"的理念保障供应商的利益,向客户提供高质量的产品,完善售后服务,提高客户满意度。

——履行绿色责任,以建设"资源节约型、环境友好型"项目为己任,落实执行节能环保政策、法规,健全环保管理制度,推行清洁生产,坚持可持续发展。

——履行公益责任,注重与各利益相关方建立良好的公共关系,支持就业,以高度责任感回报社会、服务社会,积极参与社会公益,为推进和谐社会建设贡献自己的力量。

**案例 6-11:浙建集团倡导美丽工地建设**

在浙建集团桐庐窄溪农民集聚安置房项目工地,来自衢州的流动党员余××兴奋地说,他不仅参加村里的支部活动,也参加项目的党员活动,2005年他对村里提出装自来水的建议被采纳,目前村里喝上了干净的自来水,今年年初他对项目部提出建自助厨房的建议被项目采纳了,他感到非常的高兴。而令钢筋工江××高兴的是,项目部建了整整一幢夫妻房,妻子也是钢筋工,做下料,来自安徽的他们分到了一间夫妻房,虽然简陋,但很实在,很温馨,在房里还可上网,他和妻子很满足。

90后泥工黎××,在老家江西上了一年大学,怀揣梦想出来打工,不到两年跑了5、6个工地。今年3月,跟老乡来到浙建集团这个工地,看到不一样的设施,有整幢的夫妻房,还有各种小活动、小沟通、心理咨询,就把妻子也叫来了,打算在这里安安心心多赚点钱,学点技艺,争取有更好的未来。

在浙建集团1000多个项目工地中,宿舍、食堂、浴室、厕所、活动室等"五小"设施配套率96%以上,职工书屋、职工学校、宣传栏等"五小"阵地配套率84%以上,并普遍开展了讲清"小道理"、解决"小问题"、办好"小事情"、开展"小活动"、宣传"小人物"等"五小"活动。每年劳动竞赛、趣味运动会、员工沟通日、在线交流、星级寝室评比等活动参与人数可达10万余人次,开展技能、文明礼仪、健康卫生知识、法律学识等培训达9万余人次,解决"小问题"数千个,项目志愿服务1万余人次,宣传"小人物"数千人次。与此同时,洗衣机、空调、电脑、夫妻房、自助厨房、医务室、技能大师工作室、心灵驿站等也得到推广。通过"五小"建设,一线工人出现了"三多三少"新气象:工余时间到学校听课、学习的多了,在宿舍赌博的少了;到阅览室读书看报上网的多了,外出瞎逛的少了;打篮球、打乒乓、下棋的多了,酗酒闹事、打架斗殴的少了。

浙建集团是在2009年充分调研的基础上提出规范改善"五小"设施的工作意见。2011年、2012年在创先争优打造服务型基层党组织活动中,又先后提出了"五小"活动和"五小"阵地建设,形成了一个从奠定一线物质基础到丰富员工精神生活、满足成长需要的一个相互关联、逐渐推进的三个"五小"系统工程,极具行业特色。

为了进一步推动"五小"工程建设,深化建设内涵,2013年4月,浙建集团在桐庐窄溪农民集聚安置房项目工地召开了推进"五小一校"建设暨"美丽工地"竞赛动员大会。会上表彰了"五小"建设先进集体和先进个人,交流了建设经验,同时发出了建设"美丽工地"的倡议,即建设"五小"设施,打造美丽家园,让一线工人过有尊严的生活;开展"五小"活动,打造精神家园,让一线工人过有笑容的生活;建立"五小"阵地,打造成长家园,让一线工人过有未来的生活。通过全面深化"五小"建设,实现美丽工地全覆盖,把集团上千个施工项目建设成为"美丽中国"不可或缺的重要元素,让13万一线建筑工人生活好、学习好、工作好、娱乐好。同时,浙建集团将加大科技投入推动施工技术进步,全面打造绿色工地,践行集团"建优筑福"的核心价值理念,为建设美丽中国尽责。

## 6.2 建设要求

### 6.2.1 学习型组织建设

美国《财富》杂志指出:"未来最成功的公司,将是那些基于学习型组织的公司。"壳牌石油公司企划总监德格认为:"唯一持久的竞争优势,或许是具备比你的竞争对手学习得更快的能力。"这充分说明学习型组织建设对一个团队目标实现的重要性。一个项目团队只有当它是学习型组织的时候,才能保证有源源不断的创新的出现,才能具备快速应变市场的能力,才能充分发挥员工人力资本和知识资本的作用,也才能实现项目团队满意、业主满意、员工满意、项目的企业和社会满意的最终目标。

(1) 学习型组织建设措施、做法或载体

1) 健全长效机制,创新学习型组织建设。

一是把握方向,完善思路。深化对学习型组织建设特点和规律的认识,深入推进运用网络文化平台创新学习型组织建设的实践探索,大力发展项目网络学习载体,拓展学习渠道,改进学习方式,努力营造创建学习型组织浓厚氛围,形成多渠道学习的长效机制,将学习型组织建设深度融入项目的经常性工作中。

二是加强领导,强势推动。将网络学习载体建设列入项目管理的重要议程,"一把手"负总责、亲自抓,各部门都参与,形成统一领导、上下联动、全员参与的工作格局。制定创建学习型项目活动实施方案和考评细则,重点检查对学习的认识和态度、学习计划落实情况、集中学习出勤情况、发言记录、认真调研、撰写心得体会、学习质量和效果等情况,检查项目领导是否真正发挥带头、组织、指导和督促作用,确保推进有力并取得实效。

三是健全机构,强化管理。结合项目的实际情况,制定完善的创建学习型党组织活动工作小组及主管机构,明确责任人,制定管理规定,加强学习型组织建设常态化管理。

四是强化考核结果评估。坚持学习、考核、使用、待遇一体化,正确评估学习取得的成绩,把学习效果作为员工评先创优、职级晋升、业绩考核的重要依据。

2) 强化阵地建设,搭建立体的学习交流平台。

应结合打造"书香项目"的要求,大力建设学习型项目,并明确建设实施路径(图6-13):

一方面,项目可以建立项目广播站、创办宣传栏、编撰项目简报、创办电子杂志等作为推进学习宣传的重要载体,围绕项目中心工作和重点任务,及时组织多层面的宣传报道,强化正面舆论导向,强化项目员工对重点工作的准确把握,引导项目员工把思想统一到项目的各项决策部署上来,积极投身到中心工作中去。组织项目员工以生动活泼的文艺形式,开展学习交流,宣传项目工作,传播先进文化,塑造美好心灵。

另一方面,是构建远程教育、交流网络体系,实现学习教育全覆盖、便捷

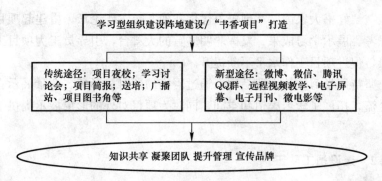

图 6-13 项目学习型组织建设实施路径图

化。在充分利用传统的纸质媒体交流学习,以及项目夜校、会议等载体培训的基础上,建设项目微博、微信、腾讯 QQ 群等,即时的新闻信息传播、开通知识共享、举办网络研讨和视频讲座、展示学习成果等形式,为项目员工学习培训提供高效便捷的网络学习平台,促进资源共享交流,拓展了学习渠道和空间,同时也为项目对外形象展示提供了广阔的平台。

3) 突出理论和实际结合,形成学以致用、用以促学、学用结合的良好态势。

坚持学习与思考相结合,提倡带着问题学习,结合工作实际学习,通过对问题的深入思考来深化对知识的理解,从而提高思维能力、改善思维定式,培养创新思维。

坚持学习与创新工作相结合。大力弘扬理论联系实际的作风,把学习与解放思想、树立创新意识结合,不断研究工作新情况,总结推广新经验,开创工作新局面。

(2) 学习型组织建设要发挥的作用

——坚持用学习指导工作,在工作中深化学习。在推进学习中全面查摆问题、深刻分析问题、大胆破除问题、努力解决问题,最终达到了学用结合、学用相长、学以致用的目的。

——坚持用学习凝聚团队。畅通网络"面对面"交流沟通渠道,改善项目思想政治工作途径方式。通过微博论坛、微信群组、腾讯 QQ 群等,为项目员工提供宽松、开放的心理诉求和情绪表达空间,为及时做好项目员工意见的收集和反馈,加强队伍思想动态分析提供有力依据。同时,针对项目员工普遍关心的热点、难点问题,项目可邀请公司领导以及相关专家进行交互式沟通,认真解疑释惑,加强思想引导,化解矛盾情绪,增进相互理解。

——坚持用学习提升项目管理。通过举办网络主题论坛,引导项目员工有序民主参与、贡献智慧力量。借助微信、腾讯 QQ 群,组织项目员工开展管理性建议活动、读书活动、成果交流活动等。例如,"我为项目工作献计策"、"科学发展大家谈"、"好书大家读"、"创先争优你我他"等主题论坛，搭建起项目员工深化学习思考、展示学习成果、发挥聪明才智的大舞台，引导员工为项目工作积极建言献策，促进项目工作水平不断提升。

——坚持用学习宣传企业品牌。通过网络的即时、形象、全景展示在促进资源共享交流，拓展了学习渠道和空间，同时为项目对外的形象展示提供了广阔的平台。

### 6.2.2 建设员工队伍

员工队伍建设是关系一个企业能否发展的重要课题，对于项目团队也是一样。团队的力量无与伦比，一个项目团队风气正则人心顺，人心顺则精神振，精神振则事业兴。员工既是项目的主人，又是管理对象，他们既是项目利益共同体，又是利益分配的矛盾面，只有切实加强员工思想政治工作，有效引导职工树立正确世界观、人生观和价值观，加强员工队伍建设，促进各项工作的顺利开展。

（1）加强教育，持之以恒地加强学习培训

培养"学习型"员工队伍，逐步实现员工学习态度、发展观念、发展思路、工作作风和工作心态的转变，共同促进项目的各项工作更上台阶。

（2）创新学习方式，确保学习效果

项目充分利用各种载体，采取多种形式，如开展导师带徒活动、举办主题的演讲比赛、组织员工座谈会、外出接受培训教育、丰富员工文体活动等方式；成立项目夜校和项目图书角，举办学习讨论会，创建项目简报、微博、微信、腾讯QQ群、电子月刊等。通过多维度、持久、稳健的学习制度，造就一支爱岗敬业、遵纪守法的项目职工队伍，不断提高职工整体素质。

（3）将员工队伍建设与精神文化建设工作结合

要围绕增强集体凝聚力的目标，把全体员工的思想行动统一到服务于项目管理工作上来。项目通过明确项目管理目标，开展项目使命、价值观征集、提炼、宣传活动，让员工在参与的活动中接受文化教育，统一目标，汇聚正能量。

（4）建章立制，规范员工管理

没有规矩不成方圆，规范的员工管理必须以完善的规章制度为基础，项目的规章制度要涵盖每个业务岗位、每个操作环节，使员工队伍建设规范化、制度化。

（5）完善机制，优化队伍结构

打造高素质的员工队伍的关键在于建立优胜劣汰的员工管理机制，把员工置于不进则退的境地，才能充分调动员工遵章守纪、自我提高、自我发展的自觉性。

——开展导师带徒。项目为青年员工明确具有丰富的现场实践经验、思想素质高、责任心强的人员为导师，并签订导师带徒弟合同。导师在工作过程中对徒弟多指点，在生活上多关心，多交流，为徒弟树立好榜样；作为徒弟，要积极主动向师傅求教，多动脑，勤动手，在实践中，针对性地学习专业技能本领，学专、学精、学强，给自己定一个奋斗目标，快速成长，迅速成才。

——组织全员参加岗位技能测试。以岗位职责、操作流程、规章制度、标准规范为重点，组织员工学习，并通过测试的方式，强化员工执业能力的提高。并将测试的结果纳入员工的年度绩效考核之列，把员工的业务素质、工作能力、工作业绩与员工的收入、进退挂起钩来，形成"岗位靠竞争，收入靠贡献，成才靠努力"的良好氛围，充分调动了广大员工积极性，真正建立按绩计酬、按劳取酬的分配激励机制，充分调动全体员工的积极性、主动性和创造性。

——开展技能比武。通过开展知识竞赛、技能比武、劳动竞赛等活动，激发员工的激情，起到以比促学，以学促用，以用促进的效果，让更多年轻的优秀员工脱颖而出；淘汰不适应工作岗位，业绩长期落后的员工，加强队伍整体素质、优化人力资源结构。

（6）以人为本，关爱员工，努力稳定职工队伍

——通过提高岗位级别和增加薪资等方式，适当调整职工工资，激发职工工作积极性。

——鼓励职工自学成才。鼓励项目员工利用工余时间参加相关专业文凭的自学考试，或通过函授、网络远程学习等取得专业文凭。

——及时发放企业的福利待遇。每逢重大节日，项目要按公司要求及时给员工发过节费、夏季降温费、冬季取暖费等。职工每年休探亲假，报销往返路费，在规定假期内给予发放基本工资和各种补贴等。

——关心项目员工生活和疾苦。搞好项目员工食堂管理；职工或家属大病住院治疗期间，项目以不同的方式表达关心与慰问；对家庭特别困难或因灾致贫的员工，项目发动大家的力量给予援助，使他们感受到了团队的温暖。

——坚持评先活动。每月按照职工10%的比例，评选优秀员工，并给予一定的物质奖励，使大家学有榜样。

（7）抓监督制约机制，增强队伍的廉洁自律意识

做好项目管理按制度办事，管理流程公开，民主集中决策。开展廉洁文化教育，对关键岗位签订廉洁从业书，杜绝以权谋私。

（8）发挥团队作用

面对当前市场激烈竞争态势，项目加强员工队伍建设将促进项目各项管理目

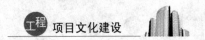

标的实现,现时还可以为企业培养出优秀人才。主要发挥的作用有三点:

——通过团队建设,增强团队凝聚力。通过以人为本,关爱员工,提高员工的忠诚度,凝聚人心,增强团队凝聚力。

——通过团队建设,打造优秀团队。通过完善机制,优化队伍结构,提高员工的工作激情,提高团队的执行力,打造优秀团队。

——通过团队建设,培养优秀人才,提升项目管理品质。通过培养、竞赛、岗位磨炼以及考核,激发员工主动学,积极投入工作,注重工作效果,在提高项目管理效益的同时,个人的能力也得到了提高,为企业培养优秀人才。

**案例 6-12**:中建某局二公司《关于加强工程项目文化建设的指导意见》(节录)

一、项目文化建设的内涵与目的

(略)

三、项目文化建设的指导思想与工作目标

(一)指导思想:坚持以科学发展观为指导,紧密围绕项目建设安全、质量、工期、效益、技术创新等目标,以"铸魂、育人、塑形"为主线,以企业价值体系为核心,以项目精神文化、行为文化、制度文化、物质文化建设为重点,使公司"铁脚板"文化在项目内化于心、固化于制、外化于行,聚化于气、优化于利,推动公司"铁脚板"文化建设和项目管理水平、经济效益和社会效益的不断提升,为促进企业科学发展提供文化支撑。

(二)工作目标:加强项目文化建设,努力实现"四大成果":

打造一批优质工程。包括结构质量、功能质量、魅力质量、可持续发展质量和服务品牌质量。

创新一组科技成果。注重创新,包括自主创新、集成创新、引进消化吸收再创新。自主创新就是要有所创造,有所发明,有所专利;集成创新就是要把其他行业、其他专业的技术综合运用到建筑上来;引进消化吸收再创新,就是把全人类先进的技术拿来为我所用。特别要注重信息技术、数字技术在项目上的应用,通过实践创造自己成熟的工法。

形成一套管理经验。一是标准化管理;二是统筹协调管理;三是知识管理;四是现场管理。形成一整套属于自己的先进的管理经验。

造就一批优秀人才。人才主要有四类:一是项目经理人才,二是专项管理人才,三是专业技术人才,四是技工队伍。每个项目都要为员工提供岗位,创造条件,使他们学到知识,增长才干。每个项目都要为企业创造利润、为客户创造价值、为员工创造前途、为环境创造美景,更要造就一批优秀人才。

四、项目文化建设的内容及要求

（一）项目文化建设的主要内容。精神文化、行为文化、制度文化、物质文化、人本文化、廉洁文化、和谐文化七大文化构成公司项目文化的主要内容。精神文化是核心，行为文化是关键，制度文化是支撑，物质文化是基础，人本文化是根本，廉洁文化是保证，和谐文化是目标。

（二）项目精神文化建设。精神文化在整个项目文化系统中处于核心地位，是物质文化、行为文化的升华，因此，各项目要积极开展以"铁脚板精神"为主题的教育活动，以"二次创业建百年名企"为共同愿景，以做"×局贡献支柱、中建品质先锋、行业管理标杆"企业为目标，使企业核心价值理念融入每一个员工的精神世界，变成自觉行动，并通过文化理念的渗透和贯彻，转化为员工的共同价值取向，成为引领员工不断奋进的动力源泉；要加强"铁脚板"文化发展史的宣传教育，用企业的光荣史，激发广大员工奉献企业、为企争光的自豪感和责任感；要加强形势任务教育，不断强化广大员工的使命，激发广大员工爱岗敬业、顽强拼搏、争创一流的工作热情；要加强"立诚守信，有诺必践"的诚信教育，树立"以诚信赢得客户，以诚信凝聚员工，以诚信立足社会"的理念，营造忠诚守信的文化氛围，将忠诚守信转化为爱企敬业的精神品格。

（三）项目行为文化建设。大力培养广大员工遵章守纪、按章办事、行为规范、文明施工的良好习惯，严格落实安全质量责任制，进行全过程、全环节、全方位质量控制和安全控制，努力形成以文化促管理、以文化保安全质量的良好局面。

（四）项目制度文化建设。以精细化管理为重点，通过强化精细化管理理念，大力加强精细化管理的宣传教育和培训，引导员工牢固树立"履约就是最大的节约"、"精致铸就品质，细节决定效益"意识，不断降低项目成本，提升项目效益的最大化；通过统一认识、完善项目精细化管理的制度文化体系，进一步细化岗位职责标准、工序流程和执行程序等，推进项目管理的精细化、规范化、程序化、标准化和信息化，不断提升项目管理的控制力和执行力；通过积极营造和开展"精细化管理、降本增效"的良好文化氛围和活动，在项目努力做到人人守规则，事事精细化，处处创效益，使精细化管理、降本增效成为提升项目管理的主旋律，成为每个员工的共识和自觉行动。

（五）项目物质文化建设。以品牌形象为重点，精心打造"中国建筑"品牌，牢固树立"名牌塑造品牌，规模支撑品牌，技术创新品牌，文化提升品牌，宣传唱响品牌"的品牌观，使"中国建筑"品牌在全公司项目得到全面推广；要加强品牌文化建设，深入开展安全标准化工地、文明工地、文明宿舍和资源节约型、环境友好型项目创建活动，通过推进科技创新、重点工程建设、质量信誉评价、创造精品工程等途径和深化"四优形象"即：优秀员工形象、优质工程形象、优良服务形象、优美环境形象的创建活动等，坚持和实现"干一个项目，树一座丰碑，创一个品牌，占一方市场"，充分彰显"中国建筑"品牌形象。

（六）人本文化建设。牢固树立"依靠员工、为了员工、福利员工"的理念，不断增强员工对企业的认同感、归属感和荣誉感，增强企业的凝聚力；强化"人才是争先之本"的理念，积极营造人尽其才，才尽其用的成长环境，为员工创造更好的成长机会，提供更大的发展舞台；加强劳务队伍的教育管理，把具有中建特色的项目文化渗透到劳务队伍教育管理中，使企业的价值理念转化为广大劳务工的自觉行动，使劳务工与企业共铸诚信、共创和谐、共同发展；建立健全激励机制与有效的绩效评价体系，进一步完善队伍管理办法和文明行为规范考核与奖励细则，激励约束员工养成良好的职业行为习惯，激发员工的潜能，努力把员工培育成富有创造精神和创新能力，讲诚信、守承诺的高素质管理主体。

（七）项目廉洁文化建设。以"三优一零"即："工程优质、效益优良、员工优秀，违纪违法为零"为重点，营造廉洁文化氛围，创造健康的生态环境；以项目班子成员和关键岗位人员为重点，自觉筑牢拒腐防变的思想道德防线；在广大员工中积极开展反腐倡廉形势任务教育，使廉洁意识深入人心，形成人人思廉、全员倡廉的文化氛围；要建立健全道德教育、反腐倡廉和监督机制，大力开展"服务中心"的效能监察活动，加强对重点人员、重点环节、重点部位的监督，全面推行劳务队伍选用、工程材料采购等"阳光"工程建设，强化事前介入、过程监控、结果回访，保证项目健康发展；大力开展项目廉洁文化示范点创建活动，开展廉洁承诺、廉洁公约、聘请廉洁监督员等活动，推进廉洁文化进项目、进工地、进岗位，努力实现"工程优质、效益优良、员工优秀，违纪违法为零"的目标，促进项目的规范管理和健康发展。

（八）项目和谐文化建设。树立"同舟共济，和合生赢"的和谐文化理念，努力营造干群关系和谐、员工关系和睦、内外关系和顺、人与自然和谐的项目文化氛围；加强与业主、监理、设计单位的沟通，加强与地方政府和当地群众的联系，加强与供货方的合作，为项目建设创造良好的外部环境；加强绿色施工、清洁生产、节能减排和环境保护，促进人与自然和谐；要用和谐文化凝聚发展力量，尊重员工的主体地位，发挥员工的主体作用，推进民主管理，落实员工参与项目管理的民主权利，改善员工的生产生活条件，落实劳务队伍"五同"管理，建立企业和谐稳定的劳动关系。

五、项目文化建设的保证措施

（略）

### 6.2.3 开展联建联动

在推进党组织建设的同时,同步推进"两新"组织工会、共青团、妇联等群团组织建设,形成"多方联动、共建互促"的党建工作局面,巩固党的执政地位,扩大党在"两新"组织的影响力,推进"两新"组织快速健康发展。项目可以通过上级主管部门、相关方,采取走出去观摩学习、请进来共同交流,联建联动,实现共同提升的目标,如表6-17。

施工项目文化建设联建联动表　　　　　　　　　　　　表6-17

| 班子联建 | 共同抓好基层组织建设,增强班子的工作合力,使基层党组织建设成为能够带领员工出色完成各项任务的坚强战斗堡垒 |
|---|---|
| 队伍联带 | 互相交流做好思想政治工作、员工队伍建设、技术攻坚、科技创新等方面的工作,发挥各自优势,取长补短,共同把员工队伍建设成为综合素质高、作用发挥好、战斗力强的优秀群体 |
| 组织共创 | 共同开展创建先进基层党组织和党建工作先进单位活动,培育项目专项管理工作以及项目管理先进典型 |
| 联动帮扶 | 充分利用自身的资源优势,通过相互互动,优势互补,关心、支持联建方的各项工作开展,促使联建方各项管理目标的完美实现 |

施工项目文化建设联建联动要发挥如下作用:

——进一步增强项目团队的战斗力。通过联动联建,积极探索员工队伍管理的新机制,发挥创先争优的作用,激发员工团结进取的激情与信心。

——进一步拓宽项目对外沟通渠道。通过联动联建,通过广听他人建议,结合自身实际,理清发展思路。同时,借助他人有效资源,不断拓展创效的门路,以及解决问题的路径。

——进一步完善项目的管理制度。通过联建联动,学习政府的管理制度、学习他人的先进管理经验,寻找自身的不足,取长补短,提高本项目的管理水平。

——进一步提高项目的社会美誉度。通过联建联动,建立了联建方对本项目的了解,通过他人之口,对外传播项目以及企业的美誉。

### 6.2.4 与思想政治工作和精神文明建设相结合

抓物质文明建设决不能以牺牲精神文明建设为代价,项目文化建设要倡导"三个文明一起抓,三项成果一起要"的思想,重视宣传思想政治工作,重视文明建设,加强以培养有理想、有道德、有文化、有纪律的新人为目标的社会主义精神文明建设加强项目的精神文明建设,以此促进项目的生产经营与管理。

——变"管理型"为"开发型"。项目文化建设要充分发挥思想政治工作优势,积极挖掘项目员工思想中的先进成分,主动发现并推动职工先进思想的产生，尊重个性，鼓励创新，充分调动职工的工作积极性。如开展头脑风暴活动、才艺达人评选等。

——循序渐进地培养群体意识。通过思想政治工作培养职工的集体荣誉感、对企业的归属感等群体意识，以此激发职工的高度责任心，使企业内部形成强大的凝聚力。从不同企业群体的特点出发，塑造职工爱岗敬业的群体意识，引导职工把个人生理想、工作理想和企业共同理想及发展目标相结合，最终升华到爱国家、爱人民、爱社会主义的崇高境界，如通过视频学习、组织外出参加学习等。

——注意精神鼓励，注意影响人们积极性的基本因素。在工作方法上，项目要注意思想教育与解决实际问题的有机结合。在工作手段上，要注意精神与物质鼓励相结合的方式，注意培养员工的人生观、道德观，真正调动人们的积极性，使精神文明建设上升到一定的高度，项目就要注重精神鼓励，在这方面多做工作，如制作光荣榜、颁发证书、运用新媒体对典型进行宣传等。

### 6.2.5 保障员工文化权益

党的十七大报告提出，"要坚持社会主义先进文化前进方向，兴起社会主义文化建设新高潮，激发全民族文化创造活力，提高国家文化软实力，使人民基本文化权益得到更好保障，使社会文化生活更加丰富多彩，使人民精神风貌更加昂扬向上。"这一论述不仅明确指出了社会主义文化建设的基本方向及其在我国整体发展战略中的地位和作用，而且还从社会主义文化关怀的角度表达了对保障人民基本文化权益的高度重视。在党的十八大报告中文化作为单独的一章进行阐述，从更高的层面，从国家整个发展，全面建设小康社会的层面来进一步关注文化建设和人民文化权益。

(1) 保障员工文化权益的措施

文化权益的彰显与实现，既是社会走向文明的必然，也是社会进步的动力。保障企业员工的基本文化权益，让员工生活得更有尊严，这不仅是每一个有责任的企业奋斗目标，也是实践科学发展观的根本要求。

1) 建立机制

维护员工文化权益，必须有一个良好的环境保障平台，包括硬件条件和软件条件。硬件条件主要是工作生活环境；软件条件主要是企业的人文环境，包括政策导向、舆论导向等。

——建立和完善政策和法规的保障机制。通过坚持平等协商制度，监督和保证《劳动法》、《工会法》等法律法规以及其他关于保障员工权益的相关政策在企业的贯彻落实。

——建立和完善增强员工素质的激励机制。坚持公开、公平、公正的原则，合理支持企业推行岗位竞争、定岗定薪制度。实行工作业绩与收入挂钩的办法，有效地激发职工岗位成才的积极性、主动性、创造性。发挥典型示范作用，大力发掘和弘扬在企业技术创新、降本增效等方面的典型人物、典型事迹、典型做法。

——建立和完善满足健康需求的安全机制。认真履行员工劳动保护监督职能，协同企业不间断地开展环境创新检查、文明创建检查，保障员工应享有的健康、舒适、安全的工作环境。从而切实把维护员工的学习权、健康权、发展权与企业的各项运行机制联系起来并不断改进和加强。

2）改进基础建设

加强和改进基础建设工作是维护职工权益的基本保证，应遵循表 6-18 中的各项要求进行实施。其中，组织建设、制度建设、阵地建设、信息网络建设是基础建设的重要组成部分。

项目员工文化权益保障措施表　　　　　　　　　　表 6-18

| 建设内容 | 保障措施 |
| --- | --- |
| 组织建设 | 项目工会小组可以发挥项目员工文化权益维护的作用 |
| 平台建设 | 项目可以建立意见箱、邮箱、领导接待日等，为员工建立维权的沟通平台 |
| 制度建设 | 要根据国家、企业的法律法规、相关政策，严格落实执行，做到有法可依、按章办事 |
| 阵地建设 | 根据项目的实际情况，明确员工文化阵地建设的资金投入，不断改善文化阵地的环境和质量 |
| 信息网络建设 | 要建立健全上下贯通、快速反应的信息化网络，加强信息员队伍建设，增强信息员队伍素质，通过快捷有效的上情下达、下情反馈的信息渠道，增强维护职工权益的针对性、时效性 |

3）发挥作用

知识经济迅速发展，市场的竞争已是知识的竞争、科技的竞争、人才的竞争，保障员工精神文化权益，能够提高员工的科技文化素质，提高员工应对市场的生存能力、竞争能力、发展能力和抗风险能力，项目员工的文化素质与企业持续发展的关系日益密切，如图 6-14 所示。

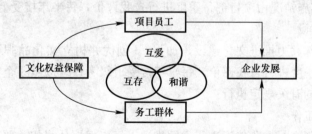

图 6-14　项目员工文化权益保障与企业发展逻辑图

项目通过教育、培训、参观、旅游以及读书自学等一系列文化参与和享受，让项目员工看到多彩的世界、真实的社会、美好的希望，从而激起员工热爱工

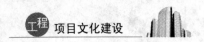

作、热爱自身发展的激情,提高员工的自信心、自强能力,并为项目、为企业和社会做出更大贡献。

## 6.3 文化活动管理

### 6.3.1 活动策划

(1) 活动目标

项目根据业主、上级和相关方设定的目标,策划"建做创"(建精品工程、做优秀项目经理、创明星区域公司)活动和"名品、名人、名企"打造,编制《□□公司□□项目部□□年度文化工作目标策划表》,实施情况由项目部每季度进行自我评价,每半年接受上级考核。

(2) 活动计划

项目根据工作目标,编制和实施《项目部年度文化工作事项策划表》,完成情况由项目部每季度进行自我评价,每半年接受上级考核。

(3) 工作创新

项目立足自身特点,根据公司文化工作的创新要求,编制《项目部年度文化工作创新工作表》,每年实施专项创新课题,并努力在局内外部申报成果、奖项等,每年四季度接受上级考核。

### 6.3.2 工作实施

(1) 基础工作

1) 文化宣贯培训

项目经理部结合农民工夜校,将企业文化宣贯培训纳入《项目部培训教育活动计划表》,实施情况由项目部每季度进行自我评价,每半年接受上级考核。

2) 载体建设

项目经理部大力推进文化建设,加强CI创优并树立文化品牌形象;实施情况由项目部每季度进行自我评价,每半年接受上级考核。按照《企业形象视觉识别规范手册》的有关规定执行。

(2) 抓手工作

项目经理部应对文化建设进行主题推进,每年根据公司相关要求,编制《项目部年度文化载体建设表》建设各类文化载体,编制《项目部年度文化建设活动表》(活动应考虑与相关方联动联建,提升影响力),实施情况由项目部每季度进行自我评价,每半年接受上级考核。

## 6.4 《企业视觉形象识别工作手册》内容要求

《企业视觉形象识别工作手册》是指导项目部在工地应用视觉形象识别系统的指导性文件,项目视觉形象识别系统主要由文化理念、企业标志、企业语言、标准字体、标准颜色、标准着装、标准覆盖七个部分组成。

(1) 文化理念的统一标识。

项目视觉形象识别系统应该将企业文化作为主要的展示内容之一,所以企业文化基本表述的视觉形象应该首先进行固化。对于建筑单位来讲,所出售的产品就是施工项目,如果要在产品上留下文化的痕迹,就一定要将企业的代表工程、文化理念在施工现场进行展示。

(2) 视觉识别系统的主要元素。

1) 企业标志

以特定、明确的造型和图案来代表企业,反映企业内涵和外在形象。

企业标志的特征:

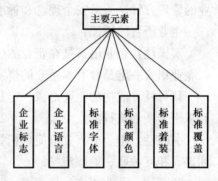

图 6-15 视觉识别系统主要元素

识别性:企业标志是代表企业的视觉符号,所以必须体现该企业独特的风貌,具备强烈的视觉冲击力、传达力,能迅速地被识别并与其他企业(特别是同类企业)相区分。

领导性:企业标志是企业视觉传达要素的核心,在视觉识别计划的各个要素的展开设计中,企业标志作为必要的构成要素始终居于领导地位。

同一性:企业标志代表企业的理念、公司的规模、经营的内容、产品的特质,是企业的象征。因此,公众对于企业标志的认同就是对企业的认同。企业标志一经确定,在一个时期内,决不允许任意更改,否则会引起企业形象识别上的混乱,削弱消费者的信心,给企业带来负面的影响。

造型性:造型性也就是体现了企业标志的审美要求。标志造型的优劣,字体和图案是否美观直接体现企业及其商品(服务)的档次,更影响到客户对企业产品品质的信心和对企业形象的认同。

延展性:企业标志是使用最广泛、出现频率最高的视觉传达要素。在不违背企业标志同一性原则的前提下,各种由标志标准形延伸开来的变体设计适用于各种不同的传播媒体、大小场合、制作材料、加工技术,以产生切合的表现效果。

系统性:企业标志作为企业视觉传达的核心要素,需要同其他基本要素组合使用，如与企业名称标准字、企业象征图案等。这种组合规范体现了企业标志应用的系统化、规格化、标准化，强化了企业视觉形象传达的系统性。

时代性：处在现实社会中的企业面对迅猛发展的科学技术、急速改变的生活形态、快速前进的工商活动、日益更新的社会思想观念、不断变化的流行时尚，必须定期地对企业标志进行检讨、改进，以符合时代的要求，体现时代精神，避免企业视觉形象的老大僵化、陈旧过时。

2）企业语言

企业语言是指企业在日常管理中的标准化用语，具体到项目施工现场就是企业的管理方针、质量安全理念和标准化管理体系等。

企业语言的特征：

实操性：企业语言是在企业的生产经营中所形成的特定的经验性的语言，所以企业语言一定是具有本企业的鲜明特征，具有切实的可操作性。

认可性：成功的企业语言一定是被广大员工、客户和社会所认可和接受，并且乐于传播和执行的。

关联性：企业语言要求简单精练，用简短的语言讲述企业管理的精要，指向明确、相互关联、通顺流畅。

规范性：企业语言一旦形成，就会作为管理的规定性语言，适用于生产经营的各个环节，并且具有该企业的特征，所以必须要有规范性和严肃性。

前瞻性：企业语言要具有一定的前瞻性和目标性，并以此带领团队向着更高的目标不断的迈进。

3）标准字体

将企业的形象或有关称谓整理、组合成一个群体的字体，通过文字可读性、说明性等明确性特征，塑造企业独特风格，以达到企业识别的目的。

4）标准颜色

企业指定某一特征的固定色彩或一组色彩系统，运用在所有视觉传达设计的媒体上，通过色彩具有的知觉刺激与心理反应，以突出企业经营理念、产品特征，塑造和传达企业形象。

5）标准着装（例：以红色为企业标准色）

作为项目视觉效果的主要部分，相关人员的统一着装也是非常重要的，直接展示了企业的正规化程度，也可以从人员的着装上直接对各类工种和岗位进行明确区分。施工项目可以根据实际情况，对项目管理人员、机操人员、劳务管理人员和工人进行区分；对管理人员方面，要对上级领导、项目经理班子成员、一般管理人员、安全员和工长进行明确区分，便于各类工作的对接和紧急情况的处理。

安全帽：用颜色对工种进行明显区分（图6-16）。

# 6 项目文化建设实施

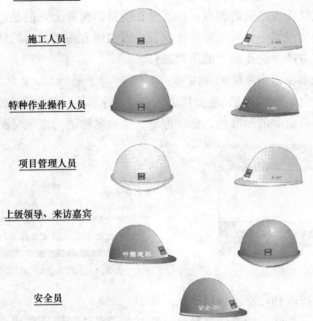

施工现场安全帽

施工人员

特种作业操作人员

项目管理人员

上级领导、来访嘉宾

安全员

图 6-16 安全帽

工　装：用颜色对工种进行统一区分（图 6-17）

红　色：安全员

灰　色：项目管理人员

蓝　色：特殊工种

工作牌（图 6-18）：

图 6-17 工装

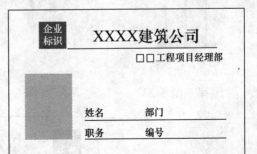

图 6-18 工作牌

159

6）标准覆盖

项目视觉宣传规范的落脚点，最终是在项目的覆盖上，但是怎么覆盖、覆盖到哪里，都必须按照企业规范标准化执行，做到所有施工项目的规范统一，将项目施工现场作为展示企业形象的重要窗口。

（3）视觉形象识别系统的应用

大门：以企业的标准色、企业标志、企业名称和项目名称进行搭配（图6-19）。

外围墙：以企业的标准色、企业标志、企业名称进行搭配（图6-20）。

图6-19 大门

图6-20 外围墙

旗帜：以国旗和司旗进行搭配（图6-21）。

办公临建：临建采用企业标准色，并对企业宣传标语进行覆盖（图6-22）。

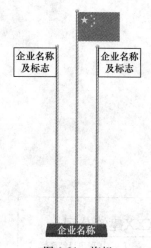

图6-21 旗帜

图6-22 办公临建

门牌（图6-23）：

图6-23 门牌

机械设备（图 6-24）：

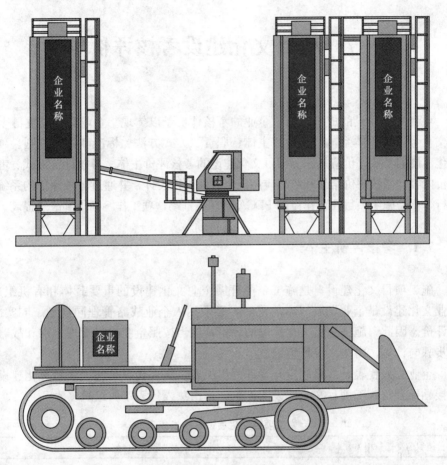

图 6-24　机械设备

# 7 项目文化建设考核评价

项目文化建设的成果,通过企业的考核评价予以体现。企业必须建立健全项目文化考核评价体系,明确考核主体、职责、方式方法、标准和评分细则。项目文化建设的考核评价应从施工项目文化建设的考核评价主体、考核评价方式、考核评价内容、考核评价结果和结果应用五个方面进行设计,并通过考核评价的系统性运行,促使施工项目文化建设的PDCA循环,推动这项工作不断得到改进提高。

## 7.1 考核评价主体

施工项目文化建设,是施工企业开展企业文化建设的重要载体和有机组成。企业文化建设是企业发展战略的范畴,必须纳入企业战略管理同规划、同实施、同评价。因此,施工项目文化建设的评价,应当按照企业战略管理要求和战略实施步骤与计划,由法人统筹组织。

企业法人代表是战略制定与管理的组织者,法人代表是施工项目文化建设的直接领导者,施工项目文化建设的评价工作由法人代表牵头组织(表7-1)。

**施工项目文化建设评价组织表** 表7-1

| 评价组织的责任与相关方 | | 主要职责 |
|---|---|---|
| 法人 | 公司 | 制定包括施工项目文化建设在内的施工企业文化发展战略,明确项目文化建设评价计划与评价方式 |
| | 法人代表 | 督导施工项目文化评价工作,对评价的系统性、有效性负责 |
| | 企业文化管理部门 | 在法人代表的领导下,按计划组织实施评价工作,对评价的真实性、公正性负责 |
| | 其他职能部门 | 按照法人赋予的职责,对项目文化建设涉及本职能系统的文化建设工作进行评价 |
| 分公司和区域公司 | | 协助法人的项目文化建设评价 |
| 施工项目部 | | 总结汇报项目文化建设工作,主动配合项目文化评价工作的开展 |

## 7.2 考核评价方式

施工项目文化评价的主要流程:评价策划→评价实施→问题整改→编写评价

报告，提出改进要求。

### 7.2.1 评价策划

法人的企业文化建设主管部门执行"临时检查＋专项考评＋年度考评"三种检查（考核评价）方式，以验证过程运行的有效性，并评价各项工作是否创造价值和实现增值（表7-2）。

**项目文化建设考核方式表** 表7-2

| 考评方式 | 频次 | 说　明 | 考评方法 | 其他要求 |
|---|---|---|---|---|
| 临时检查 | 随时 | 随时根据临时事务，由检查主体临时指定检查时间与范围 | 现场检查<br>资料检查<br>综合检查 | 下发考核通知<br>·编写考核提纲/表格<br>·做好考核记录<br>·组织问题整改<br>·编写检查报告 |
| 专项检查 | 每季或每半年 | 根据专项事务，由检查主体按事项属性授权进行（下属分支机构可结合综合检查每季或每半年进行一次） | | |
| 年度检查 | 每年四季度 | 由法人将文化建设、CI工作的检查与考评结合其他与之相关的工作一并进行，每年四季度由法人企业文化管理部门制定当年的《施工项目文化建设工作业绩考核评分表》，并组织对各项目进行考核评价 | | |

### 7.2.2 问题整改

各类检查与评价发现问题时，检查主体应发出《施工项目文化建设工作整改通知单》，由受检项目所在的分支机构督导项目组织问题责任者进行原因分析，并采取措施进行限期整改。整改完成后，由受检项目所在的分支机构组织复查，并报检查人进行验证。检查人根据问题严重程度、措施可行性等进行分析，必要时可指定委托人进行复查。

当年发出的文化建设《整改通知单》超出5份，或检查者认为存在问题比较普遍或严重时，应在四季度进行综合统计分析，在检查报告中反映。

### 7.2.3 检查报告

专项考评、年度考评均应编写考评报告，报告内容包括：
·考评综述（考评范围，考评人员、时间等）
·考评发现（工作中的优劣）
·存在问题及原因分析（含整改情况）
·改进措施

考评报告应提交受检项目所在的分支机构主管文化建设的领导和上一级主管部门。

### 7.2.4 工作总结

项目文化建设应总结当年工作开展情况，将其作为项目年度《工作总结》的内容，并用于：

（1）企业文化建设、品牌建设的工作总结；

（2）对文化建设部门和人员的绩效考核和责任追究；

（3）项目文化建设、品牌建设成果的评比、申报，以及对先进人物的表彰；

（4）下一年度项目文化建设、品牌建设工作的改进与策划等。

项目文化建设的总结表彰随法人对其他工作的总结表彰活动一并进行，特殊情况下可通过文化节或其他活动进行总结、表彰。

### 案例 7-1：中铁某局项目文化建设标准及评比办法

#### 一、项目文化建设标准

（一）品牌宣传

项目无论规模大小、工期长短，要使用规范、统一的企业标志、企业价值观、企业精神和企业歌曲，不得另有其他的提法。具体要求及评比分值如下：

1. 在工地牌楼、驻地大门、宣传广告、工地围墙（围栏）、彩旗上喷绘醒目的集团公司标志。（15分）

2. 牌楼的制作样式按照集团工地形象基本规范的标准执行。（2分）

3. 传广告的制作样式按照集团工地形象基本规范的标准执行，广告牌上一律使用"中铁某局集团"统一的名称。（2分）

4. 集团所有工地必须有一条固定的标语，内容为"中铁某局集团承建×××工程"，样式为蓝底白字，字体为黑体字。其他标语视情况自行布置。（2分）

5. 彩旗的制作样式按照集团工地形象基本规范的标准执行。（2分）

6. 施工现场或驻地靠近交通要道设置有集团标志和项目部名称的指示牌。（2分）

7. 在自有的大中型机械设备、车辆上喷绘集团公司的标志。（5分）

8. 开工典礼、竣工典礼、各类会议所用的条幅、彩旗以及项目部的门牌，均应按规范制作，在单位的名称前必须冠以总公司或集团公司的标志。（5分）

9. 在安全帽上喷绘集团公司的标志。（5分）

10. 在宣传册、项目手册、会议室、项目宣传橱窗以及驻地等处印制、喷绘或悬挂集团公司标志、企业价值观、企业精神来鼓舞员工士气、展示企业形象的

宣传口号。(5分)

11. 规范制作名片、信封、桌旗、贺年卡、胸卡、服装等，其他办公用品、物件上也应印制统一的企业标志，制作样式应符合规范。(5分)

12. 有条件的项目部要在驻地显要位置升挂国旗、中国铁建的旗帜和集团公司的旗帜。

(左为中国铁建的旗帜，中为国旗，右为集团公司的旗帜)。集团公司旗帜由两部分构成：上方为完整的中国铁建标志，下方为集团名称。(5分)

13. 唱响《铁建员工之歌》、《铁道兵志在四方》两首企业歌曲。(5分)

(二) 现场布置

1. 制作并布置好工程简介牌（工程明示牌）、环保目标牌、机械操作规程牌、安全警示牌及各种规章制度牌。(4分)

2. 材料堆码整齐，机械设备停置有序，现场布局合理。(2分)

3. 员工挂牌上岗，举止文明，作业规范，爱岗敬业。(2分)

4. 保护环境，创建绿色工地。(2分)

(三) 驻地环境

1. 室内环境

(1) 会议室张贴企业价值观等文化理念，会议室中心位置放置国旗。(3分)

(2) 办公室按集团工地形象建设的要求悬挂门牌，张挂"六牌二图二栏一表"等。(2分)

(3) 员工宿舍物品摆放整齐，环境清洁，空气清新。(2分)

(4) 员工食堂悬挂卫生制度，餐厅张贴就餐礼仪，生熟炊具、食品分放标明，卫生达标。(2分)

(5) 浴室、医疗室、阅览室、活动室等设施齐全规范。(2分)

2. 室外环境

(1) 驻地规划整齐，做到绿化、美化。(2分)

(2) 项目部设置宣传橱窗、企务公开栏。(2分)

(四) 文化创新

1. 各项目部要认真践行企业员工行为规范，树立社会主义荣辱观，培育"四有"新人。(5分)

2. 采取多种形式，深入浅出地对员工进行总公司企业价值观、企业精神等方面的教育，使文化理念植根于员工心灵深处，使员工自觉融入企业主流文化。(5分)

3. 从项目实际出发，认真落实集团公司下发的一系列关于项目经营、管理的文件规定，在此基础上，深入抓好系列制度的构建和完善，使企业文化与项目

管理全方位结合，全面提升企业的管理水平。(5分)

二、评比办法

(一) 评比标准

项目文化建设满分为100分。其中品牌宣传部分60分；现场布置部分10分；驻地环境部分15分；文化创新部分15分。60～69分为及格，70～85分为良好，86分以上为优秀。项目凭借文化管理获得甲方或地市级以上安全、质量、文明工地等奖项加5分。统一使用企业标志、企业价值观、企业精神和企业歌曲得分低于50分为不达标项目。发生等级以上质量事故、责任死亡安全事故的项目，取消参评资格。

(二) 评比程序

集团公司每年度评比一次"企业文化建设优秀项目部"，评比采取自下而上的方法。平时的检查、考核、评比、奖励由各单位自行组织。检查、考核结合其他相关工作一并进行。每年年底，各单位向集团公司企业文化部推荐本单位的一个优秀项目部，由集团公司组织有关人员进行考核，提出初评意见，报集团公司企业文化建设领导小组审批。

(三) 表彰形式

集团公司党委、集团公司对评出的"企业文化建设优秀项目部"作出表彰决定，颁发奖牌，并采取多种形式广泛宣传。对于特别优秀的项目部，集团公司将推荐给总公司，参加总公司年度企业文化建设优秀项目部的评比。

(以下略)

## 7.3 考核评价内容

施工项目文化建设评价，是对项目文化管理的系统性、完善性、实效性、先进性等方面的整体评价，包括定性评价和定量评价，同时对项目班子重视情况、员工满意度和用户满意度、社会美誉度情况等进行考量，并确定不同权重给予测评认定（表7-3）。

施工项目文化建设考核评价主要内容表　　　表7-3

| | 评价性质 | 序号 | 评价维度 |
|---|---|---|---|
| 考核评价内容 | 项目文化建设定性评价 | 1 | 施工项目文化策划体系 |
| | | 2 | 施工项目文化建设情况 |
| | | 3 | 施工项目文化管理规章制度 |
| | | 4 | 施工项目经营管理情况 |

续表

| 评价性质 | 序号 | 评价维度 |
|---|---|---|
| 考核评价内容 | 项目文化建设定量评价 | 1 | 施工项目精神文化 |
| | | 2 | 施工项目制度文化 |
| | | 3 | 施工项目行为文化 |
| | | 4 | 施工项目物质文化 |
| | | 5 | 施工项目品牌文化 |
| | | 6 | 施工项目和谐文化 |
| | 辅助评价内容 | 1 | 项目班子对文化建设的重视情况 |
| | | 2 | 员工满意度 |
| | | 3 | 用户满意度 |
| | | 4 | 社会美誉度 |

（1）施工项目文化管理定性评价

1）测评分值设定：项目文化管理定性测评满分 100 分，设定四个考评维度，每个维度满分 25 分；二十个子维度，对应五种状态分值。

2）测评权重设定：项目文化管理定性测评权重 30％。

3）测评应用工具：《施工项目文化管理测评定性考核表》（见表 7-4）。

施工项目文化管理测评定性考核表　　　　表 7-4

| 考评维度 | 子维度 | 优秀 5 | 良好 4 | 一般 3 | 较差 2 | 很差 1 | 实得分 |
|---|---|---|---|---|---|---|---|
| 施工项目文化策划体系（满分 25 分） | 完善性 | | | | | | |
| | 适用性 | | | | | | |
| | 指导性 | | | | | | |
| | 领先性 | | | | | | |
| | 特色性 | | | | | | |
| 施工项目文化建设情况（满分 25 分） | 机构设置 | | | | | | |
| | 人员配备 | | | | | | |
| | 宣传教育 | | | | | | |
| | 开展活动 | | | | | | |
| | 经费保障 | | | | | | |
| 施工项目文化管理规章制度（满分 25 分） | 健全性 | | | | | | |
| | 规范性 | | | | | | |
| | 操作性 | | | | | | |
| | 有效性 | | | | | | |
| | 执行力 | | | | | | |

续表

| 考评维度 | 子维度 | 优秀 5 | 良好 4 | 一般 3 | 较差 2 | 很差 1 | 实得分 |
|---|---|---|---|---|---|---|---|
| 施工项目经营管理情况（满分25分） | 目标清晰 | | | | | | |
| | 业绩优秀 | | | | | | |
| | 创新管理 | | | | | | |
| | 环境和谐 | | | | | | |
| | 社会责任 | | | | | | |

定性考核测评满分：100分　　　　　　实得总分：　　　分

测评权重：30%　　　　　　　　　　　定性测评分：　　　分

测评人员签字：

　　　　　　　　　　　　　　　　　　　　　　　　年　月　日

（2）施工项目文化管理定量评价

1）测评分值设定：施工项目文化管理定量测评考核满分100分，设定一级指标七个类别，分别为组织保证10分，精神文化、制度文化、行为文化、物质文化、品牌文化、和谐文化各占15分。

2）测评权重设定：施工项目文化管理定量测评权重30%。

3）测评应用工具：《施工项目文化管理测评定量考核表》（见表7-5）。

**施工项目文化管理测评定量考核表**　　　　　表7-5

| 测评维度 | 测评内容 | 满分 | 评分 |
|---|---|---|---|
| 组织保证 | 成立项目文化建设领导机构 | 1 | |
| | 明确项目文化建设的专兼职工作人员 | 1 | |
| | 开展全员企业文化和项目文化知识培训 | 2 | |
| | 发动全员参与项目文化建设 | 10 | 2 |
| | 明确项目文化建设专门款项 | 2 | |
| | 配备项目文化建设的设施和设备 | 2 | |
| 精神文化建设 | 项目全员熟记本企业理念，明确项目的使命、愿景和价值观 | 3 | |
| | 制定项目建设目标及项目文化建设目标 | 3 | |
| | 将本企业的理念全面融入项目管理 | 15 | 3 |
| | 开展企业历史、企业文化和发展战略等教育 | 2 | |
| | 唱响企业司歌，传播文化故事 | 2 | |
| | 举行升国旗、司旗仪式，培育团队精神 | 2 | |

续表

| 测评维度 | 测评内容 | 满分 | 评分 |
|---|---|---|---|
| 制度文化建设 | 优化领导体制和组织机构，结合企业规章制度，制定本项目管理制度 | 15 | |
| | 编制项目管理手册和作业程序文件等 | | |
| | 建立规范严谨的岗位责任制 | | |
| | 制定各项奖惩办法，严格考核 | | |
| | 熟记管理者操守、员工操守、科技人员操守、员工行为规范，项目管理的主要制度和文明规范上墙 | | |
| | 制订项目精细化管理和标准化管理制度和办法 | | |
| 行为文化建设 | 优化领导班子行为、员工行为和务工人员的从众行为 | 15 | |
| | 倡导模范行为和文明风尚，养成良好的工作习惯和健康的生活方式 | | |
| | 培育安全文化、质量文化、廉洁文化、诚信文化 | | |
| | 开展职业道德教育和文明礼仪训练，定期开展员工岗位技能培训 | | |
| | 党、工、团组织的各项活动效果明显 | | |
| | 项目文明施工，员工作业规范，团队行为文明 | | |
| 物质文化建设 | 项目环境管理良好，现场布局合理、文明规范 | 15 | |
| | 规范使用企业视觉识别系统和项目形象宣传手册 | | |
| | 企业规定的宣传要素基本齐全 | | |
| | 优化项目技术设备管理，并满足视觉识别系统要求 | | |
| | 文化产品的策划、制作，以及文体设施和活动满足员工需求 | | |
| | 有效结合企业文化诉求，进行品牌宣传和形象展示 | | |
| 品牌文化 | 品牌创建规划、目标符合企业要求，并具有实操性、计划周密 | 15 | |
| | 工程品牌、人物品牌和活动品牌能有效展示企业品牌 | | |
| | CI 目标、策划和现场覆盖满足企业要求 | | |
| | 新闻宣传和对外沟通能有效传播企业品牌，并提升美誉度 | | |
| | 有危机事件预控制度，品牌创建结果满足目标 | | |
| 和谐文化建设 | 建设道德，营造团结互助、平等友爱的人际关系 | 15 | |
| | 建设协调沟通机制，与业主、监理、设计单位和地方政府、当地群众沟通良好 | | |
| | 与协作队伍、供方平等合作 | | |
| | 履行社会责任，注重节能减排和环境保护等 | | |
| | 实行农民工"五同"管理（政治上同对待、工作上同要求、素质上同提高、利益上同收获、生活上同关心） | | |
| | 维护员工的政治、文化、经济、社会权益 | | |
| | 开展联动联建和企地和谐共建活动 | | |
| 特色分 | 项目文化建设富有特色可据实加 1~5 分 | 5 | 5 |
| 加减分 加分 | 获得甲方或地市级以上安全、质量、文明工地等奖项<br>按国家级 5 分，省部级 3 分，以下 1~2 分计 | | |
| 减分 | 出现一般事故、负面事件减 1~5 分，出现重大安全事故不得评为优秀 | | |
| 总分 | 经加分后如超过 100 分，超过部分为参考分 | 100 | |

满分列各子项分值：制度文化建设 3,2,2,3,2,3；行为文化建设 3,2,3,3,2,2；物质文化建设 3,2,3,3,2,3；品牌文化 3,2,2,2,3；和谐文化建设 3,1,2,2,2,4,1。

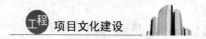

(3) 施工项目领导班子重视项目文化建设测评

1) 测评指向性：项目领导的文化自觉和文化自信在很大程度上决定企业文化建设可能达到的程度和水平。

2) 测评分值设定：项目领导班子重视项目文化建设测评考核满分100分，设定一级指标二个类别，满分各50分；二级指标十项，每项分为三种状态。

3) 测评权重设定：项目领导班子重视项目文化建设测评权重10%。

4) 测评应用工具：《施工项目领导班子重视企业文化建设测评表》(见表7-6)

施工项目领导班子重视项目文化建设测评表　　表7-6

| 一级指标 | 二级指标 | 分值 | 量化标准 | 实得分 | 测评依据 |
|---|---|---|---|---|---|
| 引领项目文化方向<br>满分：50分<br>实得：　分 | 纳入议事日程 | 10 | 制度化、经常化、阶段性总结部署。满分10分 |  | 工作制度<br>会议记录 |
| | | | 随时安排，专题研究，无专项制度。满分6分 | | |
| | | | 生产繁忙，无暇顾及，临时安排。满分2分 | | |
| | 制定项目文化建设规划 | 10 | 制定本项目从开工到竣工的项目文化建设规划。满分10分 | | 书面文本 |
| | | | 仅制定一段时期规划，或规划不能体现项目建设的全过程。满分6分 | | |
| | | | 没有制定规划。0分 | | |
| | 领导率先垂范 | 10 | 项目经理为第一责任人，项目分管副职主抓。满分10分 | | 汇报材料<br>有关文件 |
| | | | 项目班子分工负责，项目分管副职全面抓。满分8分 | | |
| | | | 班子没有明确分工，由部门领导负责。满分5分 | | |
| | 培育文化理念 | 10 | 分解落实上级企业文化理念，根据实际形成有助于本项目管理的定理。满分10分 | | 书面文本<br>实地询问 |
| | | | 机械地照搬上级企业文化理念，未结合实际分解落实。满分5分 | | |
| | | | 项目班子对上级企业文化理念认识模糊。满分1分 | | |
| | 形成项目文化建设成果 | 10 | 项目经理或分管副职针对项目文化建设有理论性文章在报纸杂志发表。满分10分 | | 实物样本<br>书面文本 |
| | | | 由项目经理牵头主编本项目文化建设成果总结。满分6分 | | |
| | | | 项目经理或项目分管副职参加上级或外部项目文化建设交流，有交流材料。满分3分 | | |

续表

| 一级指标 | 二级指标 | 分值 | 量化标准 | 实得分 | 测评依据 |
|---|---|---|---|---|---|
| 重视项目文化建设<br>满分：50分<br>实得：　分 | 健全组织机构 | 10 | 成立项目文化建设领导小组，领导负责，人员分工合理。满分10分 | | 有关文件 |
| | | | 设置项目文化建设主管部门。满分6分 | | |
| | | | 没有明确领导小组和主管部门。0分 | | |
| | 配备管理人员 | 10 | 明确第一责任人、分管领导和主管部门，配备1名以上专职人员和若干兼职人员。满分10分 | | 有关文件 |
| | | | 未明确领导责任，分管部门人员分工不清晰。满分5分 | | |
| | | | 没有明确指定项目文化工作人员。0分 | | |
| | 保证文化投入 | 10 | 项目文化投入有计划，能保证项目文化实施需要。满分10分 | | 汇报材料<br>资金计划<br>投入讨账 |
| | | | 没有资金计划，但能保证项目文化建设基本需要。满分5分 | | |
| | | | 没有资金计划，影响工作开展。满分1分 | | |
| | 开展文化活动 | 10 | 满足员工精神需求，活动丰富多彩。满分10分 | | 活动记录<br>影像资料 |
| | | | 开展节日文体活动，活跃文化氛围。满分8分 | | |
| | | | 生产繁忙，经费紧张，不常开展。满分2分 | | |
| | 树立文化典型 | 10 | 树立项目文化建设典型，给予奖励和向上级引荐晋升。满分10分 | | 汇报材料<br>有关记录 |
| | | | 树立典型，给予精神和物质奖励。满分8分 | | |
| | | | 经常给予表扬，鼓励员工积极参与。满分5分 | | |
| 领导班子测评满分：100分 | | | 实得总分：　　　分 | | |
| 测评权重：10% | | | 领导班子测评分：　　　分 | | |
| 测评人员签字： | | | | | |
| | | | | 年　　月　　日 | |

(4)"员工满意度调查"测评

1) 测评指向性：员工满意度是项目内部群体表达的心理指数，能够反映项目成员对项目管理、文化氛围、工作环境、人际关系、自我价值实现等方面的感觉与认知程度。

2) 测评分值设定："员工满意度调查"测评分值设定满分100分，设定四个维度，每个维度满分25分；二十个子维度，对应五种状态分值。

3) 测评权重设定："员工满意度调查"测评考核测评权重10%。

4) 测评应用工具：《员工满意度测评表》（见表7-7）。

员工满意度调查测评表　　　　　　表 7-7

| 考评维度 | 子维度 | 非常满意 5 | 很满意 4 | 满意 3 | 不太满意 2 | 很不满意 1 | 实得分 |
|---|---|---|---|---|---|---|---|
| 物质回报<br>（满分25分） | 薪酬水平 | | | | | | |
| | 福利待遇 | | | | | | |
| | 业绩奖励 | | | | | | |
| | 社会保险 | | | | | | |
| | 节日假日 | | | | | | |
| 成长发展<br>（满分25分） | 职务晋升 | | | | | | |
| | 特长发挥 | | | | | | |
| | 发展空间 | | | | | | |
| | 组织培养 | | | | | | |
| | 各项活动 | | | | | | |
| 培训学习<br>（满分25分） | 岗位技能 | | | | | | |
| | 培训形式 | | | | | | |
| | 鼓励支持 | | | | | | |
| | 学习内容 | | | | | | |
| | 考察考核 | | | | | | |
| 人际关系<br>（满分25分） | 团队认同 | | | | | | |
| | 领导关怀 | | | | | | |
| | 同事关系 | | | | | | |
| | 心理咨询 | | | | | | |
| | 建家活动 | | | | | | |
| 员工满意度测评满分：100分 | | | | 实得总分： 分 | | | |
| 测评权重：10% | | | | 员工满意度测评分： 分 | | | |
| 测评人员签字： | | | | | | | |
| | | | | | | 年　月　日 | |

(5)"用户满意度调查"测评

1）测评指向性：用户满意度是项目直接服务的工程建设业主群体和与项目建立工程施工监理关系的群体表达的心理指数，能够反映项目直接服务对象对项目及其管理理念、文化氛围、品牌形象等方面的感觉与认同程度。

2）测评分值设定："用户满意度调查"测评分值设定满分100分，设定四个维度，每个维度满分25分；二十个子维度，对应五种状态分值。

3）测评权重设定："用户满意度调查"测评考核测评权重10%。

4）测评应用工具：《用户满意度测评表》（见表7-8）。

7 项目文化建设考核评价

客户满意度调查测评表　　　　　　　　　　表 7-8

| 考评维度 | 子维度 | 非常满意 5 | 很满意 4 | 满意 3 | 不太满意 2 | 很不满意 1 | 实得分 |
|---|---|---|---|---|---|---|---|
| 服务管理（满分 25 分） | 服务标准 | | | | | | |
| | 服务理念 | | | | | | |
| | 服务制度 | | | | | | |
| | 服务环境 | | | | | | |
| | 服务培训 | | | | | | |
| 服务行为（满分 25 分） | 服务承诺 | | | | | | |
| | 服务技能 | | | | | | |
| | 服务素质 | | | | | | |
| | 服务设施 | | | | | | |
| | 保修服务 | | | | | | |
| 服务礼仪（满分 25 分） | 服务意识 | | | | | | |
| | 服务态度 | | | | | | |
| | 服务用语 | | | | | | |
| | 服饰整洁 | | | | | | |
| | 服务沟通 | | | | | | |
| 服务质量（满分 25 分） | 尊重用户 | | | | | | |
| | 方式便捷 | | | | | | |
| | 听取建议 | | | | | | |
| | 及时处理 | | | | | | |
| | 答复明确 | | | | | | |
| 用户满意度测评满分：100 分 | | | | 实得总分： | | 分 | |
| 测评权重：10% | | | | 用户满意度测评分： | | 分 | |
| 测评人员签字： | | | | | | | |
| | | | | | 年　月　日 | | |

(6) "社会美誉度调查" 测评

1) 测评指向性：社会美誉度是项目外部社会相关方群体表达的心理指数，能够反映社会公众对项目及其管理理念、文化氛围、品牌形象等方面的感觉与认同程度。

2) 测评分值设定："社会美誉度调查" 测评分值设定满分 100 分，设定四个维度，每个维度满分 25 分；二十个子维度，对应五种状态分值。

3) 测评权重设定："社会美誉度调查" 测评考核测评权重 10%。

4) 测评应用工具：《社会美誉度测评表》(见表 7-9)

**社会美誉度调查测评表**　　　　　　　　　　　　　　　　表 7-9

| 考评维度 | 子维度 | 非常满意 5 | 很满意 4 | 满意 3 | 不太满意 2 | 很不满意 1 | 实得分 |
|---|---|---|---|---|---|---|---|
| 安全环保（满分 25 分） | 项目形象 | | | | | | |
| | 安全生产 | | | | | | |
| | 环境保护 | | | | | | |
| | 文明施工 | | | | | | |
| | 低碳节能 | | | | | | |
| 和谐共建（满分 25 分） | 行业管理 | | | | | | |
| | 社区共建 | | | | | | |
| | 警民共建 | | | | | | |
| | 治安联防 | | | | | | |
| | 社会责任 | | | | | | |
| 品牌影响（满分 25 分） | 品牌宣传 | | | | | | |
| | 文化氛围 | | | | | | |
| | 实体质量 | | | | | | |
| | 品牌认同 | | | | | | |
| | 品质保障 | | | | | | |
| 供方关系（满分 25 分） | 诚信履约 | | | | | | |
| | 合规经营 | | | | | | |
| | 劳务培训 | | | | | | |
| | 生活保障 | | | | | | |
| | 劳动保护 | | | | | | |
| 社会信誉度测评满分：100 分 | | | | | 实得总分： | 分 | |
| 测评权重：10% | | | | | 社会信誉度测评分： | 分 | |
| 测评人员签字： | | | | | | | |
| | | | | | 年　月　日 | | |

(7) 测评分数统计公式

1) 实得总分计算公式：

实得总分是各实得分累加之和，由测评专家计算确定，计算公式：

$$实得总分 = 实得分(1 + 2 + 3 \cdots\cdots + n)$$

2) 测评分计算公式：

测评分是实得总分的权重分值，由测评专家计算确定，计算公式：

$$(各单元)测评分 = 实得总分 \times 测评权重$$

3) 测评总分计算公式：

测评总分是各单元测评分的累计分数,由测评专家计算确定,是对项目文化状态最终认定的重要依据,计算公式:

测评总分＝ 定性测评分＋定量测评分＋项目领导班子测评分

＋员工满意度测评分＋用户满意度测评分＋社会美誉度测评分

4) 测评认定总分计算公式:

测评认定总分是各测评总分的算术平均数,由测评专家组统一计算,是对项目文化状态最终认定的充分依据,计算公式:

$$测评认定总分 = 测评总分(1＋2＋3＋\cdots＋n)÷n$$

## 7.4 考核评价结果

法人对工程项目文化建设的评价,应作出评价结论,并将结论应用于对工程项目的文化建设推广应用和绩效考核执行。

(1) 评价结论确定

由企业法定代表人(董事长或总经理)主持结论确定,法人的企业文化管理部门组织实施,参与测评的关联部门参加。应坚持以下原则:

1) 坚持公平、公正、公开的原则;
2) 坚持尊重现场测评评分客观事实的原则;
3) 坚持集体以会议形式当场汇总测评分数的原则。

(2) 评价结果表述

测评分数汇总后,应以适当的方式对评价结果进行表述,以判断工程项目文化建设的现状,并以此推论各工程项目文化建设的总体水平和法人企业文化在工程项目的落实情况。可以用下述方式表述:

1) 将汇总分数进行加权平均,同比工程项目文化建设整体水平的升降情况;
2) 按照工程项目个体的测评总分进行等级区分:划分为 4 个等级,即示范项目(95 分以上)、达标项目(94 分～85 分)、基本达标项目(84 分～70 分)、不达标项目(69 分以下);

## 7.5 考核评价结果应用

(1) 应用于测评总结:对工程项目文化建设作出评价结论后,应及时进行评价总结,撰写《工程项目文化建设总结报告》,分别报董事会(党委会)、总经理层。

评价总结报告应至少包含以下内容:

1) 简述工程项目文化建设背景;

2) 概要本次工程项目文化建设评价工作过程;

3) 评价中发现的成绩与问题、亮点与不足;

4) 工程项目文化建设取得的经验与教训;

5) 下一步的工作建议。

(2) 应用于工程项目文化建设管理:在法人层面正式行文对评价结果进行通报,以推动工程项目文化建设上台阶、出品质,不断促进项目文化建设自觉性。通报内容应至少包含以下元素:

1) 评价总结报告;

2) 被评价对象的单项得分和测评总分(如果评价的工程项目在3个以上,应进行单项得分和测评总分排名);

3) 奖罚;

4) 对好措施、好做法的推广应用要求,对问题和不足的整改要求。

(3) 应用于健全和完善文化建设系统:法人文化管理部门应系统总结测评结果,思考企业文化建设体系对工程项目文化建设的指导性、相容性、普适性,提炼工程项目文化建设好的做法和经验,去伪存真,去粗存细,导入企业文化建设体系对工程项目文化建设的要求。

1) 要求工程项目文化建设示范项目组织,全面总结本项目的文化建设实践,形成项目文化建设成果;

2) 要求其他项目对实际做出来的突出亮点深入挖掘,提炼具体做法,形成可操作、可借鉴的应用成果;

3) 法人的文化管理部门组织对项目文化建设应用成果针对本企业的符合性、有效性、系统性进行评审,通过不断提炼升华,将好的做法和经验熔于一炉,导入企业文化建设体系,指导和应用于工程项目文化建设实践,并通过PDCA循环,不断实现项目文化建设的改进提高。

(4) 应用于绩效激励:项目文化建设评价结果必须应用于对员工的精神和物质激励,才能刺激文化建设自觉性、创新性的不断提高,促进项目文化建设不断提质升级。

1) 正向激励:

① 荣誉激励:授牌表彰,对测评总分95分以上的项目授予"文化建设示范项目"牌匾,同时授予企业文化建设先进集体;对测评总分94-85分的项目授予"文化建设达标项目"牌匾;同时作为评优评奖的重要依据之一。

② 薪酬激励:工程项目文化建设测评结果作为项目管理的有机组成,直接与项目管理绩效考核挂钩,并参与考核评分,影响员工薪酬收入。

③ 岗位激励:评价结果作为项目经理竞聘下一项目同一岗位的重要依据之

**7** 项目文化建设考核评价

一,同时作为项目班子所有成员职务晋升的依据。

④ 其他正向激励措施。

2) 负向激励:对于评价结果为"基本达标"的,进行勉励并指出不足、督促整改和改进;对于评价结果为"不达标"的,进行通报批评和经济处罚,并限期整改。

案例 7-2:中铁某局开展找差距活动,下重力推进项目文化建设

中铁某局集团公司通过开展"对内检查找不足,对外观摩学习找差距"活动,全面贯彻落实股份公司项目文化建设现场会议精神,下重力推进集团公司项目文化建设迈上新台阶。

在内部联合检查评比活动中,集团公司抽调各单位的党委副书记、党委宣传部部长等 18 人组成 3 个检查考核小组,按照《工程局企业文化建设考核实施细则》具体要求,就项目文化建设的组织领导、精神文化、物质文化、行为文化、制度文化五个方面进行量化考核,并选定 18 个在建项目进行平推检查考核。这些项目部跨全国 8 个省市和自治区,包括铁路工程、桥梁工程、制梁场、轨道板生产基地、地铁盾构施工等领域。通过为期 10 多天的平推检查,详细掌握了集团公司内部项目文化建设的现状,摸清了存在的问题,形成了检查通报,制定了整改措施,为提升项目文化建设水平奠定了基础。

在对外观摩学习活动中,集团公司在股份公司项目文化建设现场会议结束后,立即下发了项目文化建设观摩活动通知,由党委副书记、纪委书记带队,组织所属各成员单位党委书记、总经理,各指挥部党工委书记、指挥长等 30 余人的领导干部观摩团赴深圳东莞中铁隧道局狮子洋隧道项目部进行观摩学习。观摩团在狮子洋隧道项目部负责人的引导和讲解下,参观了"狮子洋之影"文化室、生活区、管片生产车间、隧道盾构施工情况,观看了狮子洋隧道项目录像片,系统了解了狮子洋隧道项目部精益化管理软件。在观摩后的座谈研讨会上,参加观摩人员畅谈了此次观摩的体会、感想和收获,并一致表示:通过此次观摩学习,对项目文化的内涵加深了认识和理解,开阔了眼界,看到了差距,坚定了抓好项目文化建设的决心和信心。

集团公司将在内部检查评比和外部观摩学习活动的基础上,结合本单位实际,围绕"学习实践科学发展观"和"打好施工生产攻坚战"两大中心任务,大力加强项目文化建设,高效务实,与时俱进,持续改进,不断提高,推动企业文化建设由表层建设向内涵建设渗透,由形象建设向理念建设深化,打造具有中铁某局特色的先进文化,推动和提升项目管理水平,实现"科学发展上水平,职工群众得实惠"的目标。

# 8 项目文化建设绩效

项目文化建设的绩效，体现在为实现其文化建设目标而展现在不同层面上的有效输出，是工程项目文化建设在特定时间内可描述的文化建设行为、可测量的文化建设结果和取得成效的总和。为方便表述，我们在这里采用定性绩效与定量绩效来衡量。

定性绩效用以反映项目文化建设的感性效果，定量绩效用以反映项目文化建设的刚性效果。两者相辅相成，互相补充，以揭示项目文化建设的系统性、符合性、有效性效果。

## 8.1 定性绩效

工程项目文化建设是项目和谐业主、和谐股东、和谐环境、和谐社会、和谐相关方的主要方式，是促进项目管理目标实现的重要手段，其工作应主要围绕"满意客户、成就员工、回报企业、造福社会"开展，这四个方面共同构成了工程项目文化建设的效果。

（1）满意客户

1）项目建造过程中的各项管理与管理结果满足客户要求；

2）项目的产品品质满足客户要求；

3）产品功能达到或超过设计要求；

4）产品售后服务满足合同规定的要求；

5）项目建造资金投入在客户预算范围内，被客户认为物有所值；

6）项目竣工后，与客户保持良好的关系，其建造的工程产品和其所在的建筑企业被客户自觉推广宣传，客户愿意将后续工程介绍或委托其承建；

7）在承建项目过程中，延伸了市场，承接到客户的后续工程或通过项目承建发展了市场和潜在的客户；

8）客户对项目班子高度认可，认为项目班子诚信度高、团结有力、协调有方、指挥得当、专业精良、搭配合理、凝聚力强，整体素质较高，项目班子成员讲诚信、重和谐、专业素养、领导能力、沟通能力、协调带动能力较强，较好地坚守了关注社会、关注顾客、关注员工的管理方针；

9）客户对项目团队高度认可，认为项目团队整体素质高，团结协作联动性好，讲求商业诚信与和谐沟通，具有较强的战斗力。

（2）成就员工

1）项目为员工工作与成长提供了公开、公平、公正的制度环境和健康、和谐、向上的人际环境，绝大部分员工认为员工的职业发展和个人价值实现具有较好的条件和载体；

2）项目的人才成长目标圆满实现，得到员工认可；

3）项目为员工提供了再教育福利和培训学习空间，学习型组织建设得到员工认可，员工的职业成长环境良好；

4）员工收入通过项目效益实现得到同比例增长，阳光下的个人薪酬收入最大化得到充分体现；

5）企业的核心价值观成功导入并深植项目的员工队伍，项目对员工的人生观、世界观、价值观引导正确，员工的思想理念符合社会主流观念；

6）员工以本项目的成功引以为自豪和骄傲，具有较强的成就感、成长感、归属感，能分享项目建设的成果。

（3）回报企业

1）圆满实现与企业签订的管理目标，项目管理绩效得到企业认可；

2）企业的管理制度、经营理念在项目得到全面执行，并为企业创新管理提供了鲜活的经验；

3）项目管理未给企业带来现实风险或潜在风险，企业的社会信誉与经济效益得到可靠保障；

4）项目品牌建设为企业赢得了很高的市场信誉，得到政府主管部门、行业和社会认可；

5）通过项目建设，按照企业的核心价值观塑造和培育了员工，提升了员工对企业的忠诚度，员工对企业具有强烈归宿感，团队和谐，凝聚力强；

6）项目建造过程资源开发有效，为企业培育了优秀的分供方和各种生产力资源。

7）项目遵守安全文明环保要求，未发生重大的安全、质量、环境污染事故，绿色建造、文明施工、安全管理、劳动保护得到市场认可，并被社会和市场引以为典范；

8）企业通过项目建设，赢得了社会和市场的高度信赖，项目为企业拓展市场创造了良好条件。

（4）造福社会

1）项目建造过程与所处的外部环境建立了和谐共生关系，与周边环境、当

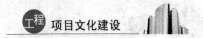

地社区高度融合,赢得社会的理解与支持;

2)执行国家的方针政策和项目所在地管理规定,主动融入社会开展有利于社区和谐的帮扶困难、抢险救灾等公益性活动,社会责任体现明显,发挥的作用和结果得到各方公认;

3)项目在安全文明创建、质量管理、环境保护等各方面获得党政机关和行业的地市级以上荣誉称号;项目选树的典型得到地市级以上奖励;培育选树典型或工作经验得到地市级以上媒体、组织的宣传报道和推广;

4)项目合法合规经营,诚信纳税,按时足额缴纳各种规费和税费;

5)项目对农民工坚持"政治上同对待、工作上同要求、素质上同提高、利益上同提高、生活上同关心"的"五同"原则,与项目合作的农民工队伍在思想道德水平、技术技能素质、薪酬待遇与生活质量等方面得到了有效提高;

6)项目在施工过程中,通过资源组合、生产要素配置建立供需关系,促进了建筑产业与关联产业的发展。

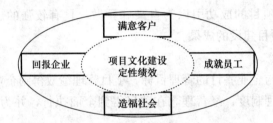

图 8-1 项目文化建设定性绩效相互作用图

**案例 8-1:某集团公司命名表彰 2010 年度工程项目文化建设示范点**

2011 年 5 月底,某集团公司党政联合发文,决定授予西宝铁路客运专线 XBZQ-1 标工程指挥部第一项目经理部、桥梁工程有限公司哈尔滨市三环路西线跨松花江大桥 1 标段项目经理部等 28 个项目为"2010 年度项目文化建设示范点"称号并颁发奖牌。

自 2009 年该集团公司开展项目文化建设达标活动以来,集团公司所属各单位坚持把工程项目作为企业文化建设的主阵地,把项目文化建设作为企业文化建设的重要内容,大力加强诚信文化、安全文化、责任文化、创新文化、廉洁文化、和谐文化建设,取得了用文化理念统一员工思想、规范员工行为、促进项目工程安全、优质、高效推进的良好成效。

根据集团公司项目文化建设达标活动 2010 年年底合格率要达到在建项目的 50%以上的要求,2011 年初集团公司确定了 196 个拟达标项目。经过各单位的不懈努力,年底全部达标,并涌现出一批工作扎实、特色鲜明、氛围和谐、成绩突出的"工程项目文化示范点"。

## 8.2 定量绩效

工程项目文化建设围绕"满意客户、成就员工、回报企业、造福社会"四个方面和项目文化建设表现形式,对于可以用量化方法确定的绩效,可以尽量量化,以便科学测量、准确评价(见表 8-1)。

项目文化建设定量绩效(参考)模块分配表　　　表 8-1

| 模块 | | 定量内容 | 量化指标 |
|---|---|---|---|
| 1 | 满意客户 | 客户向行业主管部门投诉 | 0 次 |
| | | 客户向工程项目部的上级企业投诉 | 项目施工全过程不超过 1 次 |
| | | 项目部与客户集体沟通工作 | 施工过程每季度 1 次 |
| | | 回访客户与售后服务 | 项目竣工后不少于 3 次 |
| | | 客户提出的合理问题 | 24 小时内着手解决 |
| | | 对施工管理过程产生的与客户的意见分歧 | 主动沟通不少于 3 次 |
| | | 客户对项目施工满意度 | 不低于 90% |
| | | 客户对项目(企业)的文化理念认同度 | 不低于 90% |
| | | 客户参与项目组织的文化活动 | 每次有代表参加 |
| 2 | 成就员工 | 建立职工夜校 | 1 所 |
| | | 组织业务提升和素质提升学习 | 每周不低于 4 课时 |
| | | 价值观教育或时事政治、形势教育 | 项目建设周期内不少于 3 次 |
| | | 外请专业人员授课 | 每季度不少于 1 次或不低于 3 课时 |
| | | 员工培训覆盖率 | 100% |
| | | 管理人员职业资格持证率 | 不低于 75% |
| | | 管理人员培养目标/目标实现率 | 覆盖率 80%以上/80%以上 |
| | | 28 岁以下的年轻员工职业生涯设计 | 覆盖率 100% |
| | | 组织员工技能大赛 | 项目建设周期内不少于 2 次 |
| | | 组织全员劳动竞赛 | 项目建设周期内不少于 2 次 |
| | | 公平公正公开环境下的员工绩效考核 | 每季度 1 次 |
| | | 项目班子组织绩效考核面谈/面谈覆盖率 | 每季度 1 次(绩效考核后进行)/100% |
| | | 项目班子与自有员工的思想沟通 | 每人不少于 1 次 |
| | | 表彰优秀员工 | 每年不少于 1 次,表彰率 20%~30% |
| | | 员工之间纠纷调解成功率 | 100% |
| | | 员工群体性事件(含劳务工) | 施工全过程不超过 1 次 |
| | | 员工对企业文化理念和本项目文化建设规划 | 100%了解 |
| | | 拖欠工资 | 0 次 |

续表

| 模块 | | 定量内容 | 量化指标 |
|---|---|---|---|
| 3 | 回报企业 | 项目文化建设与企业文化理念融合度 | 100% |
| | | 企业与项目签订的管理目标实现率 | 100% |
| | | 一般安全事故、重大安全事故 | 5‰以内、0次 |
| | | 工程质量事故 | 0次 |
| | | 环境污染事故 | 0次 |
| | | 因管理原因引发的内部群体纠纷/个体纠纷 | 0次/2次以下 |
| | | 影响企业声誉的各种事件 | 0次 |
| | | 员工离职率 | 不高于1% |
| | | 培育的合格分供方 | 3家以上 |
| | | 项目对企业的制度、标准、决策等的执行率 | 100% |
| | | 管理上有创新,创新成果可推广 | 1项以上 |
| 4 | 造福社会 | 社区对项目管理投诉 | 0次 |
| | | 集体参与社会公益事业 | 施工全过程不少于3次 |
| | | 上门走访社区 | 每季度不少于1次 |
| | | 扰民事件 | 0次 |
| | | 社会满意度测评 | 不低于90% |
| | | 获得地市级以上各种荣誉 | 不少于3项 |
| | | 组织农民工队伍集体培训/培训覆盖率 | 每月不少于1次/90%以上 |
| | | 拖欠税费和各种规费 | 0次 |
| | | 拖欠农民工工资 | 0次 |
| 5 | 文化建设表现形式 | 企业CI视觉识别系统在项目的执行 | 缺少元素低于1项 |
| | | 项目宣传展示栏 | 不少于2个且每个规格不小于3m×1m |
| | | 安全质量环保文化覆盖率 | 行业强制执行处覆盖率不低于90% |
| | | 图书阅览室 | 1个 |
| | | 员工文体活动场所 | 室内不少于1处、室外不少于1处 |
| | | 组织员工外出开展拓展活动 | 每年不少于2次 |
| | | 组织开展集体文体活动或演讲、知识等竞赛 | 每月不少于1次 |
| | | 建设"书香项目",推荐内容健康书籍 | 不少于1本 |
| | | 组织文明行为和社会及商务礼仪讲座或培训 | 项目建设周期内不少于2次 |
| | | 组织全员撰写读书心得/读书讨论座谈会 | 1次,参加率90%以上/1次以上 |
| | | 组织项目文化建设专题会 | 每季度不少于1次 |
| | | 在企业内部发表文章 | 每月不少于1篇 |
| | | 向外媒投稿被采用或外媒报道 | 不少于3次 |
| | | 项目广播站定期播放 | 每天不少于3次,每次不少于30分钟 |
| | | 项目文化建设特色活动 | 不少于1项 |
| | | 项目文化建设特色活动的开展 | 每月不少于1项 |

注:此表仅作为一种形式提供参考,项目文化建设具体定量绩效需要法人的文化管理部门协同关联部门、关联人员深入分析,梳理出全面反映项目文化建设可供科学测评的系统性定性指标

案例 8-2：某集团公司工程项目文化建设内容及评分标准一览表（表 8-2）

项目文化建设评分标准　　　　　　　　　　　表 8-2

| 类别 | 内容 | | 标准 | 分值 | 备注 |
|---|---|---|---|---|---|
| 一 | 规范使用统一的企业标志、企业价值观、企业精神和企业歌曲 | 1 | 在施工现场彩门、营区大门和条件允许的工地围栏、围墙上喷绘醒目的总公司或集团公司标志 | 25 | 除第六条外，其余各条按项检查，缺一项扣一分，扣完分值为止，不计负分。本栏分值低于 50 分为整体不达标项目 |
| | | 2 | 在自有的大中型机械设备、车辆上喷绘集团公司标志 | 5 | |
| | | 3 | 在安全帽上喷绘集团公司标志 | 5 | |
| | | 4 | 在施工资料、宣传册、项目手册、会议室、项目宣传橱窗以及营区等处印制、喷绘或悬挂集团公司标志、企业价值观、企业精神以及其他鼓舞士气、展示企业精神风貌的宣传口号 | 5 | 60 |
| | | 5 | 开工典礼、竣工典礼、各类会议所用的条幅、彩旗以及项目部的大门牌，均按规范制作，在各单位名称前冠以中国铁建标志 | 5 | |
| | | 6 | 规范制作名片、信封、桌旗、贺年卡、胸卡、服装等，其他办公用品、物件上也印制企业统一标志 | 5 | |
| | | 7 | 在营区显要位置升挂国旗、总公司旗、集团公司旗（左为总公司旗，中为国旗，右为集团公司旗） | 5 | |
| | | 8 | 员工会唱《铁建员工之歌》、《铁道兵志在四方》两首企业歌曲 | 5 | |
| 二 | 生产生活环境建设 | 1 | 会议室张贴工程项目进度图表、管理组织机构图、企业价值观等文化理念，会议室中心位置放置国旗和企业桌旗 | 2 | 22 |
| | | 2 | 各部门办公室悬挂门牌，张贴岗位职责等 | 2 | |
| | | 3 | 职工宿舍统一配发床上用品，物品摆放整齐，清洁卫生，空气清新 | 2 | |
| | | 4 | 浴室、医疗室（医疗箱）、阅览室、活动室等设施齐全规范 | 2 | |
| | | 5 | 职工食堂悬挂卫生制度，餐厅张贴就餐礼仪，生熟炊具、食品分放标明，卫生达标 | 2 | |
| | | 6 | 项目部设置宣传橱窗、企务公开栏、板报等 | 2 | |
| | | 7 | 工地安插带有企业标志的彩旗 | 2 | |
| | | 8 | 材料堆放整齐，标记明晰；机械设备停放符合文明工地建设要求；现场布局合理 | 2 | |
| | | 9 | 制作规范醒目的工程简介牌、施工平面图、安全质量进度和环保目标牌、机械操作规程牌、安全标志及各种规章制度 | 2 | |
| | | 10 | 珍爱自然，创建绿色工地 | 2 | |
| | | 11 | 员工挂牌上岗，举止文明，行为符合《中铁十三局集团员工行为规范》 | 2 | |

续表

| 类别 | 内容 | | 标 准 | 分值 | 备注 |
|---|---|---|---|---|---|
| 三 | 宣传教育 | 1 | 项目部结合自身特点和业主要求,提炼出个性鲜明的项目管理理念 | 5 | |
| | | 2 | 《中铁十三局集团员工行为规范》分类张贴上墙,员工熟悉规范内容并自觉遵循 | 3 | |
| | | 3 | 经常通过主题报告会、座谈会、知识竞赛等多种形式,对员工进行精神文化和行为文化的教育,使总公司和集团公司的主体文化根植于员工心灵深处,成为其精神动力和自觉遵循的行为准则 | 3 | 有文字记载 |
| | | 4 | 及时抓住项目管理、工程质量、进度、效益、安全、人物、队伍全面建设等施工管理中的亮点,积极开展对外宣传,在局级以上媒体刊发新闻作品,对内鼓舞士气,对外扩大企业社会知名度 | 3 | 在局级以上媒体发表过 |
| | | 5 | 充分利用会议室、宣传橱窗、驻地围墙等载体宣传十三局业绩 | 3 | 有实例 |
| | | 6 | 积极选树并宣传本项目先进典型,影响和带动全体员工学先进、见行动,干好本职工作 | 3 | 有实例 |

注:1. 满分100分。其中第一项满分60分,低于50分为整体不达标项目。

2. 通过文化管理获得甲方或局以上安全、质量、文明工地等奖项,每项加2分。加分不设上限。

# 参 考 文 献

[1] 刘光明. 现代企业文化 [M]. 北京：经济管理出版社，2005.
[2] 张德，潘文君. 企业文化（第二版）[M]. 北京：清华大学出版社，2013.
[3] 国家电网公司人力资源部. 企业文化 [M]. 北京：中国电力出版社，2010.
[4] 杨克明. 企业文化落地高效手册 [M]. 北京：北京大学出版社，2010.
[5] 张德. 企业文化建设（第二版）[M]. 北京：清华大学出版社，2009.
[6] 孟祥林. 10 天读懂企业文化——讲理论. 析案例. 品故事 [M]. 北京：经济科学出版社，2012.
[7] 王成荣. 企业文化学教程（第二版）[M]. 北京：中国人民大学出版社，2009.
[8] 李玉海. 企业文化建设实务与案例 [M]. 北京：清华大学出版社，2007.
[9] 王中义. 企业文化与企业宣传 [M] 北京：北京大学出版社，2008.
[10] 张德，吴剑平. 企业文化与 CI 策划（第四版）[M]. 北京：清华大学出版社，2013.
[11] 陈春花. 企业文化管理 [M]. 广州：华南理工大学出版社，2002
[12] 陈少峰. 企业文化与企业伦理 [M]. 上海：复旦大学出版社，2009.
[13] 王晓春. 价值观契合与企业文化文本：概念、测量及其关系研究 [M]. 北京：经济管理出版社，2012.
[14] 阿伦·肯尼迪，特伦斯·迪尔. 公司文化 [M]. 北京：生活·读者·新知三联书店，1989.
[15] 约翰·科特，詹姆斯·赫斯克特. 企业文化与经营业绩 [M] 北京：华夏出版社，1997.
[16] 刘中露. 战略支持性企业文化 [J]. 商业研究，1998，(7).
[17] 杰克琳·谢瑞顿，詹姆斯·J·斯特思. 企业文化的排除：企业成功的潜在障碍 [M]. 上海：上海人民出版社，1998.
[18] 罗长海. 企业文化学 [M]. 北京：中国人民大学出版社，1991.
[19] 于国祥，陈家振. 国内外企业文化论述精选 [C]. 北京：新华出版社，1991.
[20] 王缓，张新胜. 文化制胜——赢得优势的最佳选择 [M]. 北京：新华出版社，1990.
[21] 刘光明，夏梦. 企业文化与企业人文指标体系 [M]. 北京：经济管理出版社，2011.